頼山陽

―詩魂と史眼

揖斐 高

Takashi Ibi

岩波新書

2016

はじめに

『頼山陽全書』や『頼山陽書翰集』を編集し、その後の頼山陽研究の基礎を作った木崎好尚《こうしょう》（愛吉）は、明治三十八年（一九〇五）に『家庭の頼山陽』と題する著書を出版した。ドイツ留学から帰国し、言語学者・国語学者として重きをなしていた東京帝国大学文科大学教授上田万年《かずとし》は、それに次のような序文を寄せた。

> 維新前後に於て、人の最も広く愛誦したるもの、山陽の詩文に若《し》くはあらざるべし。当時の青年、初めて詩句を誦するや、「兵児謡《へこのうた》」にあらざれば、則ち「泊天草洋《あまくさなだにはくす》」なりき。其の初めて国史に通ずるや、『外史』にあらざれば、則ち『政記』によれるなりき。山陽の思想が、人心に影響せし事の偉大なる、知るべきのみ。而して当時の青年は、今日の大人なり。当時の青年が山陽より享受したる感化は、啻《ただ》に維新の大業を補翼したるのみならず、今日尚《な》ほ我が思想界に、重大なる権威を有するを見る。

明治維新前後の青年たちは頼山陽の「兵児謡」や「泊天草洋」という漢詩や、『日本外史』『日本政記』という漢文で書かれた史書を愛誦・愛読し、それらに「感化」されて「維新の大業」を遂行しただけでなく、彼らが年を経て社会の指導的地位に就いた明治末年に至っても、山陽は「思想界」においてなお大いなる「権威」であり続けているというのである。ここには今日の私たちが想像する以上に頼山陽という存在が大きかったことが示されているが、それは必ずしも序文にありがちな過褒な評価というわけではなかった。

例えば日本的な無教会主義を提唱しキリスト教の伝道者として青少年に大きな影響力を発揮していた内村鑑三は、明治二十七年七月に行った講話「後生への最大遺物」において、『山陽詩鈔』の巻頭詩「癸丑《きちゅう》の歳《とし》、偶作《ぐうさく》」は、「私の幼《ちい》さいときに私の心を励ました詩」であったと回顧し、「今日の王政復古を持来《もちきた》した原動力は何であつたかと云へば、多くの歴史家が云ふ通り山陽の『日本外史』がその一つでありし事は能く分て居る」と述べるにとどまらず、「『日本外史』から新日本国は生れて来ました」とまで言い切った。

また、明治の後期に小学生だった芥川龍之介は「追憶」という文章の中で、「僕は小学校へはひつた時から、この「お師匠さん」の一人息子に英語と漢文を習つた。……僕は夜になると、ナショナル・リイダアや『日本外史』をかかへ、せつせと相生町二丁目の「お師匠さん」の家へ通つて行つた」と記し、学校の勉強とは別に、一中節《いっちゅうぶし》の「お師匠さん」の息子のもとに、英語と『日本外史』を習うために通ったことを回想している。

明治の青少年に与えた山陽の影響は男子だけに及んだのではなかった。森鷗外の妹で歌人・翻訳家として活躍した小金井喜美子は、『鷗外の思ひ出』の中で、千住の家に住んでいた「小学生で十歳位」すなわち明治十年代前半の頃には、隣家に出かけて「私は『日本外史』などを習ってゐました」と記し、『日本外史』は少女も学ぶ書物であったことを回顧している。ちなみに喜美子が通っていた隣家の先生のもとには、千住の遊女屋の旦那までもが『日本外史』を習いに来ていたという。

さらに社会運動家として婦人解放運動に尽力した福田英子は、自伝『妾《わらわ》の半生涯《はんせいがい》』において次のように回想している。

妾《しょう》は八、九歳の時、屋敷内にて怜悧なる娘と誉めそやされ、学校の先生達には、活潑なる無邪気なる子と可愛がられ、十一、二歳の時には、県令学務委員等の臨める試験場にて、特に撰抜せられて十八史略や、日本外史の講義をなし、之れを無上の光栄と喜びつゝ、世に妾ほど怜悧なる者は有るまじなど、心私《ひそか》に郷党に誇りたりき。

福田英子が誇らしげに『日本外史』の講義をした十一、二歳というのは、明治十年前後である。このほかにも、明治・大正・昭和にかけて活躍した文学者や思想家の自伝や回想録の中には、しばしば頼山陽や『日本外史』という言葉が見られ、その影響がいかに大きかったかが分かる。

武家政権の成立と展開を跡づけた山陽の『日本外史』は、人知を超える「勢」が歴史を動かすとしつつも、歴史の展開のさまざまな局面——山陽はこれを「機」と名付けた——に際会した人間がどのような表情を見せ、どのような行動を選択してその「機」に対処し、歴史に参加しようとしたのかを、平明な漢文を用いて生き生きとした筆致で表現した。歴史の中の人間の姿を鮮やかに描き出した『日本外史』は、武家政権の崩壊を経て天皇中心の中央集権国家へという歴史上の大転換を経験しつつあった明治の人々にとって、歴史の転換期における人間の在るべき姿を指し示してくれる、魅力的な歴史書だったのである。

山陽は『日本外史』を著述するにあたって、歴史を展開させる原動力が人知を超える「勢」であることを常に意識していたが、それとともに歴史を現実化するのが人間であることを重視して、歴史における勝者と敗者の姿を具体的に描き、その心情にも分け入ろうとした。山陽は江戸時代を代表する漢詩人の一人であり、内村鑑三も回顧したように、その詩は人々に愛誦された。山陽の詩人としての洞察力と表現力は、『日本外史』における生き生きとした人物描写を可能にし、読者を熱狂させた。しかし、そのことによって『日本外史』は歴史を客観的・実証的に再現しようとした史書ではなく、歴史上の人物を主観的な判断に基づいて描いた文学作品に過ぎないという、負の評価に見舞われることにもなった。

唐突ながら、このことと関連して思い起こされるのは、『日本外史』の成立から百三十年ほど後の昭和三十一年(一九五六)に起こった昭和史論争である。唯物史観に拠る気鋭の歴史学者三人が執筆した岩波新書『昭和史』が、昭和三十年(一九五五)十一月に出版された。この歴史書はアジア・太平洋戦争を中心にした昭和の歴史を、「政治、外交、経済の動きと関連させて、とらえようとしたもの」(「はしがき」)で、特に「なぜ私たち国民が戦争にまきこまれ、おしながされたのか、なぜ国民の力でこれをふせぐことができなかったのか、という点」(同)を明らかにしようとして執筆され、ベストセラーになった。

その出版から三ヶ月後の昭和三十一年二月、文芸評論家亀井勝一郎は「現代歴史家への疑問」(『文藝春秋』昭和三十一年三月号)を発表して『昭和史』を批判し、論争の口火が切られた。亀井の批判の要点を一言でいえば、「この歴史(『昭和史』を指す)には人間がいないということ」であった。つまり、歴史とは「人間を描く行為」であり、歴史上の人間は「国民」という一般的で無機質な概念によって代替されるべきものではない。「思想は、どんな思想でも、人間像を伴わないかぎり決して人心には浸透しない」のであるから、歴史家には「人間の描写力」をそなえた文学的才能が求められ、「歴史家と文学者あるいは詩人は、この点で同居しなければならない。統計的な意味での実証だけが発達して、人間性の実証力は衰退している」として、『昭和史』という歴史書の人間不在を厳しく批判した。

もちろん、歴史上の個々の人物がいかに生き生きと描かれていても、その積み重ねだけで歴史を再構成することはできない。個々の人間や事象を超えた歴史的な連関、山陽のいう「勢」や、唯物史観のいう「必然」への考察は歴史の著述には不可欠である。しかし、亀井勝一郎が指摘したように、歴史が科学であろうとするあまりに、歴史における人間の描写が欠落したままでは、人の心を動かし、強い影響力を与える歴史書にはならない。ここは昭和史論争を評価する場ではないので、この論争にはこれ以上立ち入らないが、述べておきたいことは、昭和史論争で亀井勝一郎が論点とした歴史における人間の役割とその描写、歴史と文学という問題は、山陽が『日本外史』や『日本政記』という歴史書を編むに当たって強く意識するところでもあったということである。

山陽の歴史に対するそのような問題意識と歴史著述の方法は、山陽のどのような人生から生まれたのか。山陽の漢詩人としてのあり方、そして歴史意識や歴史著述の方法は具体的にどのような内実をそなえていたのか。今日に通行する山陽像にとらわれることなく、詩を詠み、史を編む人、すなわち詩人と歴史家が同居していた山陽の全体像を、山陽自身の言説をもとにできるだけ具体的に明らかにしたいと思う。

本書は専門的な研究書ではなく入門的な概説書である。文章はできるだけ平明で読み易いものであることが求められる。そこで、本書の記述に際しては以下のような方針を採用した。

（1）引用する文章の多くは漢文であるが、書き下しにして引用した。書き下しにした場合も、煩わしさを避けて、その原文が漢文であることを示す（原漢文）などの注記は省いた。なお、漢詩の引用は、上段に原詩を、下段にその書き下しを配した。

（2）多く引用する江戸時代の書簡は、原文のままでは読みにくく、意味を取りがたい場合も少なくないので、適宜読み仮名を付けたり、送り仮名や活用語尾を補ったり、平仮名文中の片仮名文を平仮名に置き換えたり、また和文中に混じる漢文を書き下しにしたりするなどして、読み易くなるよう手を加えた。

(3) 引用文にはその後に(　)を付して出典を表示したが、表示が煩瑣になるのを避けるため、主な出典については、再出以後は次のような略称を用いた。

『頼山陽詩集』(頼山陽全書) → 『詩集』
『頼山陽文集』(頼山陽全書) → 『文集』
『頼山陽全伝』(頼山陽全書) → 『全伝』
『山陽先生書後』(頼山陽全書) → 『書後』
『山陽先生題跋』(頼山陽全書) → 『題跋』
『日本外史』 → 『外史』
『日本政記』 → 『政記』
『山陽詩鈔』 → 『詩鈔』
『山陽遺稿』 → 『遺稿』

なお、『頼山陽書翰集』上巻・下巻・続編については、『書翰集』上・下・続と略称し、その後に書簡番号を掲げた。

目　次

II

III

図版出典一覧

第Ⅰ部扉　「頼山陽肖像画」(東山義亮画・頼三樹三郎賛)　福山誠之館同窓会所蔵

第Ⅱ部扉　「頼山陽書簡」(頼春風宛て)　竹原・春風館所蔵

第Ⅲ部扉　「頼山陽墓碑」(東山長楽寺)　『没後百五十年　頼山陽展』(頼山陽旧跡保存会・日本経済新聞社、一九八二年)

I

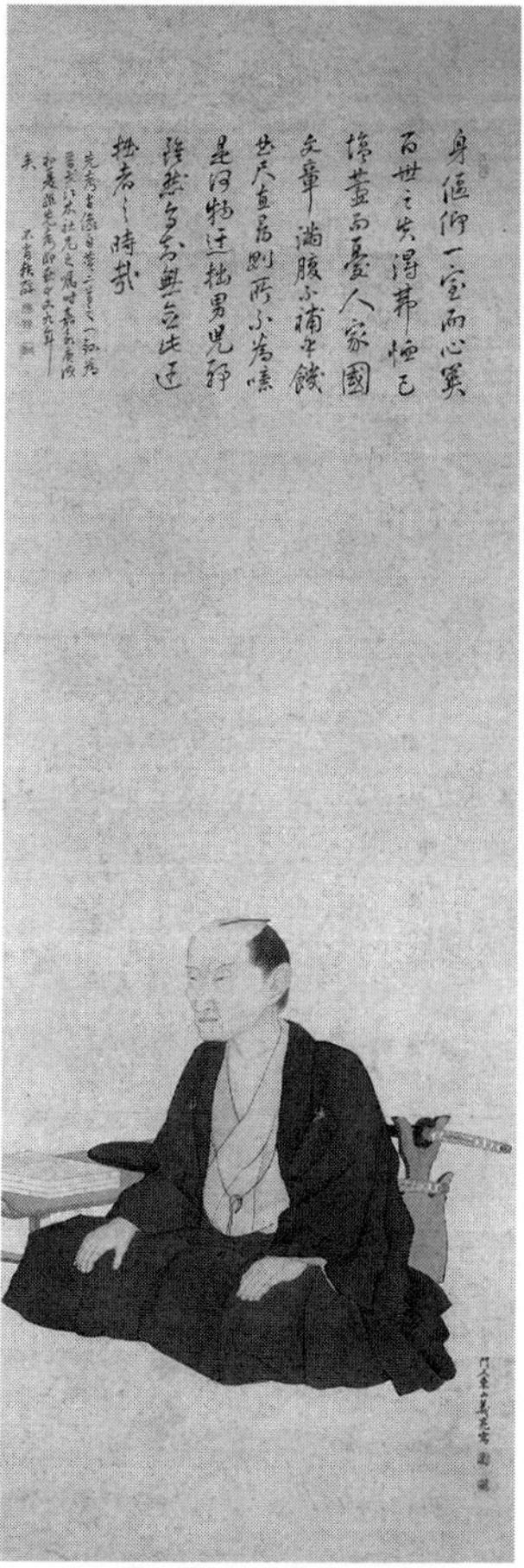

頼山陽肖像画(東山義亮画，賛は山陽稿の「自ら小影に題す」を息子の三樹三郎が書したもの)

第一章　生いたち

頼山陽は、安永九年(一七八〇)十二月二十七日、大坂江戸堀北一丁目(現、大阪市西区江戸堀一丁目)の地に、父頼春水《しゅんすい》三十五歳、母静子二十一歳の長男として生まれた(以下、年齢はすべて数え年)。名は襄《のぼる》、字は子成《しせい》、通称は初め久太郎《ひさたろう》、後に憐二《れんじ》また徳太郎と改め、さらに久太郎《きゅうたろう》と改めた。山陽は号である。

父春水(名は惟完、字は千秋、通称は弥太郎)は、山陽が生まれた頃は大坂江戸堀北一丁目で青山社という私塾を開いて朱子学を教授しており、当時大坂の詩社として名高かった混沌社《こんとんしゃ》にも参加し、詩人・書家としても知られていた。春水は安藝国《あきのくに》竹原(現、広島県竹原市)の出身だが、二十一歳で大坂に遊学し、そのまま大坂に留まって塾を開いていたのである。

春水の父、すなわち山陽の祖父惟清は、竹原で頼兼屋《よりかねや》という屋号で紺屋を営む町人であったが、京都の歌人小沢蘆庵《ろあん》に入門し、亨翁《こうおう》と号して和歌を能くした。春水の母、すなわち山陽の祖母仲子もまた和歌を詠んだ。頼という珍しい姓は、本姓の頼金《よりかね》、あるいは屋号の頼兼屋に拠って称するようになったという。

山陽の祖父亨翁には三人の息子がいた。長男が惟完(号を春水)、次男が春水より七歳下の惟彊(号を春風《しゅんぷう》)、三男が春水より十歳下の惟柔(号を杏坪《きょうへい》)である。山陽の父春水は遊学後十六年ほど大坂に住み、三十六歳の天明元年(一七八一)に広島藩儒に迎えられて広島に居を移した。広島藩儒になってからは、江戸の藩邸と広島との間を往き来しながら、藩侯の世子《せいし》(浅野斉賢《なりかた》)の教育や藩校の運営に携わり、広島藩の文教政策に大きな役割を果たした。

春水の弟春風と杏坪は、山陽にとっては叔父であるが、彼らもまた若き日に大坂に遊学した。大坂の文人たちは頼三兄弟を目して、「春水は方、春風は円、春草(杏坪)は三角」(『春風館詩鈔』篠崎小竹序)と戯評したという。春水は四角四面の堅物、春風は人格円満、杏坪は尖っていると兄弟三人の性格を言い当てたのである。三兄弟は性格こそ違え、生涯仲睦まじい関係を保った。春風は医業として竹原の頼本家を継ぎ、杏坪は広島藩に初めは儒者として仕え、後に地方《じかた》の役人に転じて治績を挙げた。彼ら二人の叔父は、問題児山陽をさまざまな面で支えてくれる存在になった。

母静子(夫の春水没後、夫の遺言に従って梅颸《ばいし》と号した)は、大坂立売堀《いたちぼり》裏町の医者飯岡《いのおか》義斎《ぎさい》(医名は篠田徳庵)の女《むすめ》である。静子の妹直子は、後に春水の親友で幕府の儒者に招聘された尾藤《びとう》二洲《じしゅう》の後妻に迎えられた。春水と静子は大坂の町人のための学校懐徳堂の堂主中井竹山《ちくざん》の媒酌で、安永八年

(一七七九)に結婚した。春水三十四歳、静子二十歳だった。静子は和歌を能くしたが、酒好き、煙草好き、芝居好き、話し好きという、浪華の快活な町娘らしい一面もあり、夫春水とは対照的な性格だった。

天明元年(一七八一)山陽二歳の年末、春水は広島藩に儒者として召し抱えられた。春水の広島赴任に半年ほど遅れて、天明二年六月に静子(以下、梅颸を通称として用いる)は三歳の山陽を連れて広島に移り住んだ。その後、春水が江戸詰めになったため、梅颸は山陽を連れて一時大坂の実家に戻って生活したこともあったが、山陽六歳の天明五年(一七八五)以後は広島に定住した。

江木鰐水《えぎがくすい》の「山陽先生行状《ぎょうじょう》」(『山陽遺稿』所収)によれば、山陽は六歳の頃、母梅颸に対して「天とはどんなものですか」とふいに質問したという。梅颸は「回転して止まない、そのようなものとしか言えません」と答えた。すると山陽は庭に降りて天を仰いで嘆き、「不思議だ」と呟いて、一時間ほど泣いていたという。六歳にして「天」というものが理解を超える不可知なものであることを察知し、おそらくは畏怖したのであろう。山陽の鋭敏さが窺える逸話である。ちなみに、幼い頃朱子は、日は何に附属しているのですかと問い、役人が天に附属しているものだと答えると、朱子はその天は何に附属しているのですかとさらに尋ねたという(木下菊所『好青館漫筆』巻一)。

天明八年一月、九歳になった山陽は広島藩の藩校学問所に入学した。そして同年六月十日、宮島の厳島神社への参詣の途次、広島に父を訪ねてきた父の親友菅茶山《かんちゃざん》と、山陽は初めて面会した。茶山は春水より二歳年少でこの年四十一歳。備後国神辺《かんなべ》(現、広島県福山市神辺町)で家塾を開いて近隣の子弟を教育していた。茶山は詩人として名高く、山陽道を往来する詩人や文人たちは多くその書斎黄葉夕陽村舎《こうようせきようそんしゃ》を訪ねた。茶山はかつて上方に遊学して朱子学や医学を学んだことがあり、その縁で春水と親交を結んでいたのである。茶山の漢詩文集『黄葉夕陽村舎詩』(正編は文化九年刊、後編は文政六年刊)は、後に山陽の編集で出版されることになる。山陽にとって茶山は父執《ふしゅう》(父の友人)というにとどまらず、後に大きな恩義を受けるなど、良き理解者になった。茶山は山陽を初めて見た時の印象を、「久太郎甫《はじ》めて九歳、秀発にして戯弄《ぎろう》を好まず。客を喜び、侍坐して終日倦《う》まず。詩及び書画を学ぶ。皆な観るべし」(『遊藝日記』天明八年六月十二日)と書き記した。

伝存する山陽最初期の詩である七言絶句「朝日山」は、この年天明八年九歳の作である。山陽は頭の良い勉強好きな少年だった。寛政三年(一七九一)山陽十二歳の漢文「立志論」(『遺稿』巻下)は、伝存する山陽の漢文ではもっとも早い時期のものであるが、その冒頭部を書き下して紹介しておこう。

男児は学ばざれば則ち已《や》む。学ばば則ち当《まさ》に群を超ゆべし。今日の天下は、猶《な》ほ古昔の天下のごときなり。今日の民は、猶ほ古昔の民のごときなり。天下と民と、古《いにし》へ今に異ならず。而《しか》るに之を治むる所以《ゆえん》の、今の古へに及ばざる者は何ぞや。国の勢《せい》異なるか。人の情《じょう》異なるか。志有るの人无《な》きなり。……

少年らしい、いかにも意気軒昂な習作的文章である。また、その二年後の寛政五年十四歳の時には、後に出版される『山陽詩鈔』(天保四年刊)巻一の巻頭を飾ることになる、「癸丑《きちゅう》の歳《とし》、偶作《ぐうさく》」と題する、次のような詩を詠んだ。

十有三春秋　　十有三《じゅうゆうさん》の春秋《しゅんじゅう》
逝者已如水　　逝《ゆ》く者《もの》は已《すで》に水《みず》の如《ごと》し
天地無始終　　天地《てんち》　始終《しじゅう》無《な》く
人生有生死　　人生《じんせい》　生死《せいし》有《あ》り
安得類古人　　安《いず》くんぞ古人《こじん》に類《るい》して
千載列青史　　千載《せんざい》　青史《せいし》に列《れっ》するを得《え》ん

古人のように千年後の歴史に名を残したいという、これもまたいかにも少年らしい述志の詩である。歴史に名を残すような有用な人物になりたいというのが、少年山陽の初志であったが、何を為すべきか、具体的な目標が定まっていたわけではない。

山陽十三歳の寛政四年、春水は何度目かの江戸詰めになった。広島の梅颸から江戸の春水のもとに送られてきた手紙の中には、しばしば山陽の作った詩が記されていた。それを見た大人たちは山陽の詩を褒めたという。そのことを薩摩藩儒赤崎海門《かいもん》(彦礼)から聞いた春水の友人の幕府儒者柴野栗山《りつざん》は、「千秋(春水の字)、子有り。之を教へて実才と成さざるは、乃《すなわ》ち詞人と為さんと欲するか。

宜しく先づ史を読み、古今の事を知らしむべし。而して史は綱目より始めよ」と洩らした(『山陽先生書後』巻中「通鑑綱目を読む」)。江戸から薩摩に帰国の途中、広島の頼家を訪うた赤崎海門から栗山の忠告の言葉を伝えられた山陽は、発憤して朱子の『資治通鑑綱目《しじつがんこうもく》』を読んだ。もともと山陽は軍記物の絵本を読むのを好んでいたが、この忠告が山陽が歴史の勉強に本格的に向かうようになるきっかけになったという。

少年期の山陽の勉学について、「山陽先生行状」は次のように概括している。

　年十四、五、家学を受け、『小学』『近思録』は皆な誦習す。一日、曝書に因って、東坡《とうば》(蘇軾《そしょく》)の史論を見る。訖《おどろ》きて曰く、「天地の間に此《かく》の如き喜ぶ可きの文有るか」と。遂に力を文章に肆《ほしいまま》にし、最も史学に精《くわ》し。

勉強好きで神経の鋭い子供にはありがちなことだが、山陽はすぐに寝込むような虚弱体質の少年だった。少年期の山陽が病弱だったことは、『春水日記』と『梅颸日記』という父と母の日記から詳しく知ることができる。ともに『頼山陽全書』附録に収載されているが、『春水日記』は春水が広島藩に出仕した三十六歳の天明元年(山陽は二歳)十二月十六日から七十歳の文化十二年十二月二日まで三十五年間に及び、『梅颸日記』は梅颸二十六歳の天明五年(山陽は六歳)五月十三日から八十四歳の天保十四年(一八四三)九月二十四日までの五十九年間に及ぶ長期の日記である。

父母それぞれの日記には頻繁に山陽の体調不良の記事が見られるが、成長にともなって目につくようになるのは、山陽の精神状態の不安定さを心配する記事である。例えば山陽八歳の『梅颸日記』天明七年九月十八日には、「久太郎《ひさたろう》、昼後より少々気色あしく、申《さる》の刻斗《ばかり》大熱。折々正気なく、かんぺきの症なり。林留守。近所の医師招け共《ども》、留守也。漸々に林・東へよびに行、暮前来る。暮過、又実正になし。後快《こころよき》ていにて、夜半斗《ばかり》又其キミ、其後よく寝」。また山陽十四歳の『梅颸日記』寛政五年九月二十六日には、「久太郎同事之内、狂気の様成事《ようなること》、物ごとにうたがひふかし。申の刻前より暮六つ迄ねる。朝七つ頃より夜の明迄ねる」などとある。こうした山陽の病症を、かかりつけの医者は癇癖《かんぺき》症と見立てていた。癇癖症とは怒りっぽいなど感情のコントロールがきかない精神不安定の症状をいう。『梅颸日記』『春水日記』の記事を見ていくと、山陽には躁状態と鬱状態との交替が起こっていることが窺われる。現代風にいえば双極性障害(躁鬱病)ということになるのかもしれない。

　山陽の病状に関わる記事の中で特に注目されるのは、『春水日記』寛政八年六月十四日の、「久児宿痾《しゅくあ》暴発、狼狽《ろうばい》、昼夜看護、此間事件、茫乎《ぼうこ》として記《き》せず」という山陽十七歳の記事である。この年五月、疱瘡に罹って山陽の妹三穂(八歳)と弟大二郎(三歳)が発熱し、妹三穂は乗りきったものの、弟大二郎は危篤に陥り死んでしまった。看病に忙殺され、二男の死に直面した母梅颸は気力を失ったのか、この年の『梅颸日記』は五月二十五日で中断し、以後は翌年元日に再開されるまでは空白になっており、残念ながら『梅颸日記』に六月十四日の山陽の「宿痾暴発」の記事は見られない。

幼い弟の死という大事件が兄山陽にどう影響したのかは分からないが、『春水日記』によれば、弟の死後ほどなくして山陽の病症が「暴発」し、父春水は「昼夜看護」したものの、「狼狽」のあまり茫然としてその間の記憶がないと記しているのである。この時の「宿痾暴発」は、それまでには無かったような重症の発作だったように思われる。これについては後に山陽自身が触れた文章もある。山陽二十歳寛政十一年の「輔仁会《ほじんかい》巻後に書す」(『頼山陽文集』巻二)という文章の中で、広島藩の重臣で山陽にとっては師でもあった築山捧盈《つきやまたかみつ》が山陽の心身を案じて、「然して今、女《なんじ》の身は四歳の憂患に死せず。今より以往、安楽にして生きざること毋《なか》れ」と忠告してくれたという。この「四歳の憂患」というのは、寛政十一年から遡れば四年前に当たる寛政八年六月十四日の「宿痾暴発」を指していると推測される。そうだとすれば、この時の山陽の発作は死に瀕するような重篤なものだったことになる。冷静な父春水が「狼狽」したのももっともであった。

山陽は「宿痾暴発」から三ヶ月ほど後の十月二十六日、叔父杏坪に伴われて石見国の有福《ありふく》温泉へ湯治に出かけ、二週間ほど逗留した後、広島に戻った。「宿痾」治療のための湯治だったのであろう。さらに、これも「宿痾」治療のために思い立たれたものかもしれないが、年明けの寛政九年、江戸藩邸詰めとなって江戸に赴く叔父杏坪に伴われて、十八歳の山陽は江戸に遊学することになった。杏坪・山陽一行は三月十二日に広島を発ち、東海道を経て四月十一日に江戸に着いた。

旅の途中、三月十四日に発した母宛ての手紙に、「謹慎に自体自愛仕《つかまつ》り、旅行無事に仕帰り、旧染を洗《すすぎ》候はば、少しは御心安めに相成申す可しと、それのみ学問と仕り申候様に存じ奉り候」(『書翰集』上・一)とあり、やはりこの東遊の主目的が「学問」そのものよりも「旧染を洗《すす》」ぐこと、すなわち「宿痾」と関わるものであったことが窺われるのである。この往路の旅の様子を絵と詩を織り交ぜて記した紀行文が『東遊漫録』である。旅中の詩は「丁巳《ていし》東遊《とうゆう》六首」と題されて『詩鈔』巻一にも収められている。

江戸に着いた山陽は初め藩邸に寓居し、湯島の昌平黌《しょうへいこう》内の役宅に住む尾藤二洲のもとに通ったり、麹町にあった服部栗斎《りっさい》の麹渓《きくけい》書院に通って勉学に励んだ。そうした江戸での生活を、山陽は寛政九年十月二十一日付の母宛ての手紙の中で、「何の患苦も御坐無く、食事抔《など》は此節大きに進み申し候方にて御坐候。定日の灸も油断無くすへ申し候。憚《はばか》り乍《なが》ら御安心遊ばされ下さる可く候」(『書翰集』続・二)と報告している。この間に父の友人の柴野栗山や古賀精里《せいり》などの知遇も得、一時的には昌平黌内の尾藤二洲宅に寄寓したこともあったらしい。「宿痾」の発作が暴発することもなく、まずは無事に一年ほどの山陽の江戸遊学は過ぎていった。

当初からの予定だったのかどうかは明らかでないが、山陽の江戸遊学は一年ほどで終わり、寛政十年四月四日、叔父杏坪が江戸詰めを終えて広島に帰るのに伴われて山陽も帰国の途に就いた。復路は木曾道中を経由し、京の小沢蘆庵、大坂の篠崎三島《さんとう》・小竹《しょうちく》父子、さらに四月二十四日には大坂の木村蒹葭《けんか》堂《どう》を訪ね(『蒹葭堂日記』)、五月十三日に広島に帰着した。帰途においても山陽の体調に問題はなかった。

しかし、父母の願いもむなしく、帰国後ほどなくして山陽の「宿痾」は再発した。『春水日記』寛政十年六月八日に「久太郎、鬱症。萬四郎(杏坪)至」、『梅颸日記』寛政十年六月六日に「久太郎、気色あしき方」とあり、同月十一日には「久太郎、夜へかけ、気色よろしからず。夜、林まねき、薬もらふ」ともあって、「宿痾」の再発が書き留められている。

このような時、唐突に山陽の結婚話が進められることになった。結婚すれば山陽の気分も変わり、精神不安定の病症も改善されるのではないかという、両親の思いが背景にあったのかもしれない。江戸遊学も結果的には山陽の病症を治癒させることができなかったため、次の方策として結婚が考えられたということだったのであろう。早くも寛政十年十二月五日には縁談がまとまり、翌寛政十一年二月二十二日に婚礼が行われた。山陽二十歳、新婦は広島藩の藩医御園道英《みそのどうえい》の女《むすめ》淳子十五歳、未熟な者同士の結婚だった。

やがて両親の切なる期待は裏切られることになった。結婚後しばらくすると山陽の遊蕩が始まった。山陽はしばしば外出して夜遅く帰宅したり、朝帰りしたりするようになった。宮島の遊女屋にも遊びに行くようになったらしい。そうした山陽の乱脈な生活ぶりを見かねた父春水は、山陽を戒諭し(『春水日記』寛政十一年十月十九日)、藩の重臣築山捧盈に頼み込んで輔仁会という集まりを開いてもらい、そこに山陽を出席させることで、山陽の生活を規制しようと試みた。築山捧盈が盟主となって結成された輔仁会は、藩の有志による経学《けいがく》・詩文の勉強会として、寛政十一年十月二十三日に第一回が開かれた。以後、毎月二十三日・二十四日頃を定日として月次の会が持たれ、山陽はそれに出席した。

年明けの寛政十二年一月十五日、周囲からの戒めもあって、山陽は「是迄の心得違ひを改めし事」を父春水に伝えた(『梅颸日記』)。しかし、これで山陽の素行が収まることはなく、心身の不調にも時々見舞われた。やがて不調の波は新婦の淳子にも及ぶようになり、淳子もまた精神不安定になって床に臥しがちになった。そして同年五月五日には、「淳やはり平臥、……ねる時分は小児のごとく、くちがましく、今日など別して何やら気に叶はぬよしにて、伊(頼家の従僕手島伊助)共よびよせなく。久太郎がおもてへ、つくゑ・ほん共持行《もちゆく》を、わづらふものをすて置《おき》、そばに居ぬと云口《いうく》舌《ぜつ》也」(『梅颸日記』)と、淳子は泣きながら夫山陽の不人情をなじるようになった。

結婚もまた山陽の精神安定の役には立たず、新婦をも巻き込んで頼家には暗雲が垂れ込めた。父春水は江戸詰めのため、寛政十二年三月八日に広島を発ち、広島の頼家は主人不在の留守宅になった。厳格な父春水の監督から解放され、甘くなりがちな母梅颸のもとで、山陽の気ままな行動が復活した。同年八月四日付の杏坪書簡(日本の名著28『頼山陽』解説、頼惟勤「頼山陽と『日本外史』」所引)は、竹原の春風に宛てて次のような報告をしている。

彼児(山陽)事、当時は愈《いよいよ》気ままに昼夜共出行仕り候。正人はきらひにて、菟角《とかく》放縦不徳の者のみ交り申し候。私も分炊の事(同居していないこと)故、手も届き申さず候。嫂君《あねぎみ》(梅颸を指す)例の放下仕舞《ほうかじまい》にて、厳に出し申さずといふ様の事、出来申さず候。又其の上に鬱病を御恐れ成され候故に、無理に内に置き候事も御好み成されず候。旁々《かたがた》以て昼夜出行候事と相成り申し候。

そのような状態の広島の頼家に、同年九月三日、竹原の大叔父伝五郎(惟宣)が七十五歳で亡くなったという訃音《ふいん》が届いた。梅颸は杏坪と相談し、弔問のため、当主春水の名代として山陽を竹原に遣わすことにした。

第二章　脱藩逃亡

寛政十二年(一八〇〇)九月五日、二十一歳の山陽は若党太助を供に竹原に向かった。ところが、道中、山陽は供の太助をまいて、突然姿をくらましてしまったのである。山陽の母梅颸の実家を継いだ大坂の飯岡存斎《そんさい》(医名を篠田剛蔵)に宛て、九月十九日に書簡(坂本箕山《きざん》『頼山陽大観』所収)を発した山陽の叔父杏坪は、この不測の大事件を次のように報告し、協力を依頼した。

竹原への道中で山陽を見失ってしまった供の太助から事の次第の報告があった。竹原から追手を出したが、未だに行方が知れない。山陽が広島藩領から備後福山藩領へ出たことは分かっている。そうであるならば「洛摂《らくせつ》間」(京都・大坂辺り)に身を潜めているのではないかと思い、大坂の中井竹山・蕉園《しょうえん》父子のもとにも事情を知らせて助力を乞うた。広島藩の藩法では、藩士の嫡子が出奔した場合には「甚《はなはだ》落度《おちど》に相成」り、追打《おいうち》(追手を差し向けて討ち果たすこと)になっても致し方なく、家の存亡にも関わる大事が起きてしまった。したがって山陽を何としても捜し出して連れ帰らねばならず、飯岡の方でも中井父子と相談のうえ捜索に尽力して欲しいと杏坪は訴えた。その一方で杏坪は、山陽がなぜこのような大事を惹き起こしてしまったのかについて、「本人義、別に刑憲を犯し遁去《にげさり》候義は毛頭これ無く、但《ただ》豪俠狂妄の所為にて御座候。然し狂妄なりに宿志もこれ有る事と相見へ候得《そうらえ》ば」と、その「狂妄」を非難しつつも、山陽の「宿志」が招いた行動ではないかという同情的な理由付けもした。

この手紙には書かれていないが、山陽は京都の福井新九郎のもとに身を寄せているのではないかと杏坪は予想していた。福井新九郎は前年の寛政十一年三月二十五日に広島に遊学して春水に入門し、同年七月四日に帰京するまで頼家に寄寓していたので、山陽とは親交があった。福井新九郎は京都の儒者福井敬斎の息子（京都の医者福井榕亭の甥）ではないかと推測され（頼山陽史跡資料館令和四年度企画展図録『青年頼山陽』）、その屋敷は衣笠等持院《とうじいん》門前にあった。はたして杏坪の予想通り、福井新九郎のもとに山陽が身を潜めていることが判明した。そこで自由に動ける竹原の叔父春風が上洛して山陽の身柄を確保した。十月十三日、山陽は叔父春風に伴われて京都を発ち、十一月三日に広島に帰着して、屋敷内に急造された「囲《かこい》」（座敷牢）に入れられた。「囲」には錠前が掛けられ、番人も付けられたという（『頼山陽全伝』寛政十二年十二月二十八日所引、菅野真斎宛て春水書簡）。

江戸にいた春水は梅颸からの手紙で山陽の脱藩逃亡を知った。知らせを受けた春水は江戸藩邸詰めの年寄山田図書《ずしょ》に事態を報告し、処分を待った。脱藩は重い不法行為なので、重罰を覚悟せねばならなかったが、春水は「当年より六、七年之間、京大坂其外西国筋迄も遍歴仕り候て医療も相頼み、且《か》つ其方角之学者へ随従仕り候て、学事修行も仕り候様存じ奉り候。尤《もっと》も右年数之間は、私手元は全く不通に仕り候て、弟共幷《ならび》に私懇意之面々より取斗《とりはから》ひ候筈《はず》に御座候」(頼惟勤『日本漢学論集』所収、頼弥次郎「山陽脱藩始末」)という「口上之覚」を山田図書に提出し、穏便な処分を願い出た。春水に対する藩主浅野斉賢《なりかた》の信任が厚かったこともあって、十月十二日に藩主の恩命が伝えられ、「発狂」による異常行動として山陽は重罰を免れることになった。

　座敷牢に幽閉された山陽は、通称を久太郎から憐二に改められた。藩主の憐憫の情による寛大な処置に感謝しての改称であろう。十月二十四日、山陽を廃嫡《はいちゃく》し、春風の男《むすこ》熊吉(景譲《かげのり》)を養嗣子にしたい旨の書付を、春水は藩へ提出した。この願いが正式に聞き届けられるのは四年後の享和四年(一八〇四)一月十五日のことである。また妊娠中だった山陽の妻淳子は山陽脱藩の翌年、享和元年の二月十六日に離縁され、その四日後の二月二十日に山陽の子都具雄《とくお》(後に餘一、号を聿庵《いつあん》)を出産した。山陽の廃嫡、淳子の離縁は、藩に対する頼家としての謹慎の意の表明であり、頼家存続のための手立てでもあった。

　『梅颸日記』によれば、享和元年(一八〇一)四月二十八日、山陽は「囲」から「仁室」に移され、監視をやや緩められて、書物の閲覧や著述が許されることになった。さらに仁室から山陽が解放されるのは、二十四歳の享和三年十二月のことである。「囲」と「仁室」でのほぼ三年間の幽閉期間中、山陽は己の置かれている立場に改めて思いを致し、何を為すべきかを思案した。「仁室」に起居していた享和三年頃、父の門人で山陽の監視役兼相談役であった梶山立斎《りっさい》に宛てた、「憐二」名の長大な山陽書簡（『書翰集』下・別集三二四）がある。その中で「僕敢テ情実ヲ吐露セザランヤ」として、山陽は次のような思いを述べた。

脱藩により「罪ヲ得テ」幽閉の身の上となった「憂愁」を晴らし、その「罪ヲ償フ」ために、「文章」によって身を立てようと僕は決心した。そのために無益な詩歌は「一切ヤメ」、「六経四子ノ文」を深く学んで文章力を身につけ、「日東ニ生レタル儒ノ職分」として、「永享以降、織・豊ノ交ニ至迄ノ旧聞ノ放失ヲ罔羅《もうら》シ、遺日（異日の意）太史氏ノ秉録《へいろく》ヲマツト云《いう》業ヲナサント」思っている。これが「兇頑児《きょうがんじ》」「狂童」と非難されるような振る舞いをしたにもかかわらず、幸いに「漏誅《ろうちゅう》」した（誅殺を免れた）僕の「大罪」の償い方である。かつては「功名ヲ経済（経世済民）ノ上ニアラハシ、不《シカラズン》バ遊俠ナドシテ娯楽ニ身ヲヘン」などと思っていたために、僕は今のような状態に陥ってしまった。僕はそれを反省して、「幼少ヨリ家翁・家叔ヲ労シタル文学ノ悦《よろこ》ブ可ク楽シム可キハ、終身遁隠ノ地トスルニ足ラズト存ジ極メ候也」と自分の未来の目指すべき方向を決定したという。

幽閉中にもかかわらず山陽は相変わらず意気軒昂であるが、今後の具体的な生き方として山陽が考え始めていたのは、償罪のために日本歴史の編纂を自分の仕事にしたいということであった。

『梅颸日記』によれば、享和三年十二月七日に藩の裁許があり、山陽は三年間の幽閉生活から解放され、家族との対面も許された。そしてこの頃になって、いったんは「一切ヤメ」ていた詩歌の詠作も復活させた。しかし、この時点では屋敷外への自由な外出は許されておらず、さらに二年後の文化二年(一八〇五)五月十五日に、「外出御免」と「憐二」から「久太郎」への復称の内祝が頼家で行われたことが『梅颸日記』に記されている。ようやくこの日を境に、山陽は晴れて自由に外出できるようになったのである。山陽はすでに二十六歳になっていた。

自由の身になったとはいえ、廃嫡された山陽に表立って活動できる場は少なかった。父春水はそんな山陽のために、家塾の代講をさせるなどした。しかし、広島の城下では山陽が脱藩逃亡したこと、その結果として長年にわたって幽閉されていたことは周知の事実であり、「狂人」視されがちだった山陽にとって、広島は居心地の良い場所ではなくなっていた。それもあってか、またしても山陽の遊蕩が始まった。しかも、今度は山陽廃嫡の後、広島の頼家を継ぐべく春水の養嗣子に迎えられた景譲を巻き込んでのものだった。春水は友人菅茶山に宛てた手紙の中で、山陽を「大豚」、景譲を「小豚」と呼び、彼らの「遊冶《ゆうや》等の事、全然浪華町家少年輩の情態に候へば、結局如何これ有るべく候や、苦心御察し下さる可く候」と窮状を訴えた。父春水は心配のあまり山陽を問い詰め色々と言い聞かせたりもしたが、山陽の遊蕩は治まらなかった。

山陽の遊蕩が目に余るようになっていた文化六年(一八〇九)九月十日、春水のもとに菅茶山から手紙が届いた。九歳の山陽が父の友人茶山と対面していたことは、すでに紹介した。茶山は備後神辺に黄葉夕陽村舎を構え、塾を開いて近隣の子弟を教育していた。その茶山の塾は寛政八年に福山藩から郷塾《きょうじゅく》として認められ、廉塾《れんじゅく》と称するようになっていた。山陽の学才を高く評価していた茶山は、春水からの窮状を訴える手紙に応じて、山陽へ救いの手をさしのべようとした。跡継ぎのいなかった六十二歳の茶山は、廉塾の都講《とこう》として山陽を迎え、将来的には廉塾の運営を山陽に委ねたいと考えた。

この申し出を受けた春水は願ってもないことと喜んだが、藩の許可を得る必要があった。そこでこれまで何かと山陽のことを気に掛けてくれていた藩の用人築山捧盈に相談し、捧盈を介して山陽を福山藩領である神辺に預けたい旨の願い状を藩当局に提出したところ、同年十二月二十一日に藩からの許可が下りた。歳も押し迫った十二月二十七日、山陽は広島を発って備後神辺に向かった。こうして山陽の備後神辺での新たな生活が始まった。

『詩鈔』巻一に収める「始めて廉塾に寓す二首」は、神辺の廉塾で生活するようになった当初の詩であるが、その二首目の詩は次のように詠まれている。

万里江湖宿志存　　万里《ばんり》江湖《こうこ》　宿志《しゅくし》存《そん》す
身如病鶴脱籠樊　　身《み》は病鶴《びょうかく》の籠樊《ろうはん》を脱《だっ》するが如《ごと》し
回頭故国白雲下　　頭《こうべ》を回《めぐ》らせば故国《ここく》は白雲《はくうん》の下《した》
寄跡夕陽黄葉村　　跡《あと》を寄《よ》するは夕陽黄葉《せきようこうよう》の村《むら》

紘誦幾時従父執
煙霞到処総君恩
廿年無事酬温飽
深愧相知嗤犬豚

紘誦《げんしょう》幾時《いくとき》 父執《ふしゅう》に従《したが》ひ
煙霞《えんか》到《いた》る処《ところ》 総《すべ》て君恩《くんおん》
廿年《にじゅうねん》 事《こと》の温飽《おんぽう》に酬《むく》ゆる無《な》し
深《ふか》く愧《は》づ 相知《そうち》の犬豚《けんとん》を嗤《わら》ふを

「紘誦」は、広く書物を朗誦すること。つまり、廉塾での授業のさまである。「父執」は、父の友人。茶山を指す。「相知」は、知人。「犬豚」は、不肖の子をいう。不肖の子として周囲から嘲笑されてきたこれまでの我が身が恥ずかしいという、殊勝な心ばえを詠んだ詩である。しかし、刺激の少ない田舎の塾で、素朴な少年たちを教える生活に、山陽はしだいに飽きたらなさを感じるようになっていった。

そもそも、山陽が廉塾の都講として神辺にやって来たのは、居場所を無くしていた広島から脱出するための便宜に過ぎず、山陽の最終的な願望は三都に出て俊秀たちと競い合いながら、学者としての名前を挙げることだった。ところが、子供のいない茶山は山陽を養子にし、自分の姪と結婚させて菅家を継がせ、福山藩に仕えさせようと考えていた。山陽にとって茶山の意向に従うことは、自分の一生を備後神辺という田舎に閉じ込めることを意味した。それは山陽にとっては到底受け入れることのできないものであった。

文化七年三月、武元君立《たけもとくんりゅう》(号を北林)が廉塾に茶山を訪れ、この時山陽は君立と知り合った。君立は明和六年(一七六九)に備前国和気《わけ》郡北方村(現、岡山県備前市吉永町)の大庄屋の家に生まれ、山陽より十一歳年長だった。岡山藩の郷学閑谷《しずたに》学校に学び、後に江戸に遊学したこともあった。神辺を去った後に君立が山陽に宛てた書簡への山陽からの返信が、文化七年七月十六日付の漢文書簡「武元君立に答ふる書」(『文集』巻五)である。

この返信において、山陽は「日夕、与《とも》に語るべき者無し。多き所は蚊蝱蟣蝨《ぶんぼうきしつ》のみ」と虫ばかりが多い神辺生活への不満を漏らした。君立からの手紙には、「村学の陋《ろう》を厭ふこと勿《なか》れ、繁華の楽しみを慕ふこと勿れ」という忠告が記されていたという。山陽はこの忠告に対して、僕ももう大人になったので、「復《ま》た往年の態」すなわち脱藩逃亡というような狂妄の行動に走る心配はないと答えた。しかし、山陽は自分の中には「終《つい》に消磨すること能《あた》は」ざる「数个《すうこ》の磊磈《らいかい》」があるとも記した。「磊磈」は石のかたまりであるが、不平の気を意味する。つまり、山陽は自分の胸中には消し去ることのできない不平の気が鬱積しているが、君立よ、君ならそうした「磊磈」を抱える僕のことを理解してくれるだろう。何か「良策」はないだろうかと、山陽はこの返信の中で君立に訴えかけた。

山陽が「良策」として想定していたのは何か。そのことを具体的に示すのが、同じ文化七年七月二十六日付の築山捧盈宛ての長文書簡(『書翰集』上・二四)である。この書簡において、「生得多病弱質」のため「少之事にも耐兼《たえかね》」て、「東西を弁《わきま》へない」行動に出て迷惑をかけたことを山陽はまず謝罪し、今は「御奉公仕らずとも、御報恩の致方《いたしかた》」はないものかと考えているという。それについては自分が得手とする「史学と文章」によって「御国」(広島藩)のお役に立ちたいと考え、「日本外史と申す武家の記録二十巻」を著述しているが、これを完成させて「日本にて必要の大典とは藝州の書物」という評価を得るためには、三都に出て多くの書物を集め、「多聞の友」を多く得なければ難しい。それには茶山の婿となって福山藩士として神辺の地で郷塾を経営するなどという小成に甘んじてはおられず、何としても若いうちに都会に出て、「当世の才俊」と呼ばれるような者たちと「勝負」をしてみたいと考えている。しかし、そのようなことを茶山はもちろん父や叔父たちに私から相談しても反対されることは目に見えている。どうか「尊公様御料簡」すなわちあなた様のお考えとして、よろしく取り計らっていただけないでしょうかと、山陽は築山捧盈に説得を依頼したのである。

また山陽は築山捧盈への依頼とは別に、同じ文化七年十一月十四日に捧盈宛てと同趣旨の手紙を茶山に宛てて書き、自分の意志を茶山に伝えた(『遺稿』巻一「菅茶山先生に上《たてまつ》る書」)。山陽のこうした意思表示に対して茶山は失望し、春水に手紙を書いて山陽の翻意を期待したが、山陽の気持ちは固く、説得は失敗した。茶山は自分の期待と心遣いを無にした山陽の申し出に不快感を抱いたが、やむなく山陽の上方行きを認めた。そして、大人になりきれない山陽を危ぶんで、京坂の地において生活するために心得ておかねばならないことについて、あれこれと忠告した。文化七年八月二十八日付の伊沢蘭軒宛て茶山書簡には、「年すでに三十一、すこし流行におくれたをのこ、廿《はたち》前後の人のさまに候。はやく年よれかしと存じ奉り候事に候」（森鷗外『伊沢蘭軒』その五十八）という茶山の山陽評が書き留められている。山陽は茶山からの忠告を踏まえて、今後の生活心得を十九箇条にまとめ、堅実な生活を心がけることを茶山に誓った（『全伝』文化七年十一月二十三日）。年明けの文化八年閏二月六日、三十二歳の山陽は神辺を発って大坂へ向かった。

第三章　回生の一歩

文化八年（一八一一）閏二月十五日、山陽は大坂に到着し、篠崎三島宅に身を寄せた。山陽は三島の養子小竹とは神辺を発つ前から連絡を取りあっていた。小竹は来坂した時の山陽の様子を、山陽没後の天保七年（一八三六）に書いた「頼子成自書詩藁《しこう》巻《かん》に題す」（国立国会図書館蔵『小竹文集』）の中で、「子成の始めて西より来るや、単衣双剣、牢落蕭然たり。人、甚だしくは重んぜず。予は則ち推服酔心《（ママ）》す。其の外史を借覧し、一部を手写す。子成曰く、朋友の著す所、自ら写すを憚らざるは、真の知己なりと。子成、時に三十余歳なり」と回顧している。山陽より一歳年少の小竹は山陽終生の親友になった。

山陽は神辺を発つ時から落ち着き先を京都に定めていた。その意を汲んだ小竹は山陽到着の翌日、京都の蘭方医小石元瑞《げんずい》（号を檉園《ていえん》）に手紙を書き、借家の手配を依頼した。山陽は閏二月のうちに上京し、元瑞が世話をしてくれた新町通丸太町上ル春日町の借家に入った。

山陽はその住まいに「頼久太郎」という表札を掲げたという。ところが、先年の京都出奔の際に世話になった津和野藩御用達の飛脚問屋、金山重左衛門を京都麩屋町の家に訪ねた時、広島藩の大坂蔵屋敷の役人や京都留守居の了解もないまま公然とそのような表札を掲げて上方住まいをしていると、国元からのお咎めがあるかもしれないと山陽は忠告された。あわてた山陽はいったん大坂に戻り、茶山の許可を得て京都に住むという形を取るようにしてもらえないかとの嘆願の手紙を茶山宛てに出した。これに対する茶山の「京坂住居の事、少しも差支《さしつかえ》これ無し」という返事が、四月十四日に山陽の許に届いた（『全伝』文化八年四月十四日）。山陽自身は当初から京住まいを望んでいたが、大坂住まいを勧める者もあり、大坂と京都のいずれに寓居すべきか、迷いもあったらしい。そこで、大坂の篠崎三島が易で占うと、京に遷るのが吉と出たので、京都に住むことに決定したという（国立国会図書館蔵『小竹先生手稿』巻一「頼子成を送る序　辛未五月」）。五月のうちに山陽は京都の新町通丸太町上ル春日町の借家に戻った。

山陽はこの借家で塾を開いた。この年六月二日付の竹原の春風宛ての手紙に、「尤《もっと》も此の間も、十人余も聴講に入門。其の内に百疋《ひゃっぴき》持参候もの五人ほどこれ有り。先《ま》づ新店にては、繁昌の方に御座候」（『書翰集』上・三三）と順調なすべり出しを報告している。この年（月は未詳）二十一日付の小石元瑞宛ての書簡（『書翰集』上・三〇）において山陽は、明後日二十三日から塾の講義を開始する予定であるが、三の日と八の日は『文章規範』、一の日と六の日は『左伝』を開講するつもりなので、あなたの塾の開講日と重なる心配はない。ついては教科書・参考書として使う『文章規範』、『左繡《さしゅう》』(清の馮李驊《ふうりか》・陸浩《りくこう》撰の『左伝』の評論)、『康熙字典』を拝借できないかと申し出ている。開講日が重なることはないという注記から推測するに、山陽が新たに開いた塾には元瑞塾の塾生を受け入れることになっていたものと思われる。また書物の拝借願いについては、必要な書物であってもよほどのことがない限り購入せず、知人から借りたり、借りたものを書写して用立てることが多かったという、山陽の性癖がすでに表われている。山陽は読書家ではあったが、蔵書家ではなかった。以後も山陽は書物を購入することよりも、長崎に舶載された明・清人の書画を手に入れることに熱心だった。

小石家は父の元俊の代からの蘭方医で、初めは大坂に衛生堂を、後に京都に窮理堂を開いて医業に従事し、山陽の父春水や篠崎三島・小竹父子とは親交があった。文化五年に没した元俊の跡を継いでいた元瑞に、小竹は山陽の京都での生活の周旋を依頼したのである。山陽より四歳年少の元瑞もまた山陽終生の親友になった。

山陽が寓居するようになった文化年間半ば頃(一八一〇頃)の京都の文人界は、かつて江村北海・龍草廬《りゅうそうろ》・大典《だいてん》・清田儋叟《せいたたんそう》・六如《りくにょ》・皆川淇園《きえん》など錚々たる詩人・文人・儒者たちが活躍していた天明期(一七八一～八九)に比べると、凋落の感は否めなかった。そのような文化年間半ば頃の京都文人界の中心的な存在と見なされていたのは村瀬栲亭《こうてい》である。その栲亭が山陽の京都住まいを知って、自己の勢力下に山陽を取り込もうとしていると山陽は疑ったらしく、文化八年五月二十日付の小竹宛て書簡（『書翰集』上・三二）に、「栲亭、大きなツラを致し居り候男、私を渇望とは、例の乗せ口上なるべし。如何の故ぞ」と記して、栲亭の甘言を警戒した。栲亭に次ぐ存在としては、朝倉荊山《けいざん》や佐野山陰などがこの期の京都文人界に重きをなしていたが、山陽は彼らに対してはほとんど関心を示していない。

京都住まいを始めた当初、山陽は京都の文人界に馴染めなかったようだ。例えば文化九年二月二十七日付の市河米庵《べいあん》宛て書簡（『書翰集』上・三八）において、「京人気習、他所へ参り候ものは、よそ犬の吠候気味にて、裏など兎角合手致し申さず、困り申し候」と山陽は歎いている。山陽の文化八年暮れの七言絶句「歳暮《さいぼ》」（『詩鈔』巻一）には、「京城《けいじょう》の風雪《ふうせつ》　人《ひと》の伴《ともな》ふ無《な》し／独《ひと》り寒灯《かんとう》を剔《き》りて　夜書《よるしょ》を読《よ》む」と当時の孤独感が詠み込まれている。

そのような頃、幕府の小普請方《こぶしんかた》大工棟梁を辞職し遊歴の詩人として生活していた柏木如亭《じょてい》が、遊歴先の備中庭瀬《にわせ》から帰京し、再び京寓生活を始めた。如亭は山陽より十七歳年長だったが、意気投合して交遊が始まった。文化八年十月二十九日付の市河米庵宛て書簡（『書翰集』上・三五）において、山陽は如亭からの忠告を引用しながら、「此地、儒者皆々城府を構へ、高くとまつて居り申し候故、逢はむと存じても、虫にさわり、相止め候事のみに候。如亭山人ヒトリツコに遊べと教へられ、其の積りに仕り候処、扨《さて》淋しく候」と当時の心境を吐露している。文政二年（一八一九）に如亭が京都黒谷《くろだに》の無住の荒れ寺で客死した後、その遺稿詩集が『如亭山人遺稿』(文政五年刊)として出版されたが、山陽は如亭の人となりと詩の特色を、温かな筆致で的確に批評した序文を寄せた。

「此地にて一銭も未だ人の交力に頼らず」(『書翰集』上・三七、推定文化八年、石井豊洲宛て山陽書簡)と自慢したように、山陽は塾の収入によって京都生活を自力で支えていたが、それだけでは生活の余裕がなかったため、生活の場である京都を離れて潤筆料を稼ぐ、地方遊歴に出かけることになった。京都に住むようになって初めて山陽が試みた地方遊歴は、浦上春琴と同行し文化九年一月から二月にかけて行なった淡路遊歴である。同行した春琴は京都で活躍していた画家で、琴を能くした文人画家として今日高い評価を得ている浦上玉堂の長男である。山陽が春琴と初めて知り合ったのは、文化三年六月に遊歴中の玉堂が春琴・秋琴二子を伴って広島の頼家を訪ねてきた時のことであるが、山陽はおそらく入京後まもない文化八年のうちに春琴と再会したのであろう。春琴は山陽より一歳年長で、山陽が京都で親交を結ぶ画家の一人になった。

しだいに京都生活にも慣れ、生活が安定し始めた山陽の心に萌したのは、師茶山および父春水との関係の修復であった。茶山の反対を押し切って神辺を飛び出して以後、山陽と茶山との関係はぎくしゃくしていた。また山陽の身勝手な行動によって茶山に迷惑をかけたという思いがあった父春水は、山陽を義絶していた。

山陽が京都に住むようになって三年目の文化十年三月一日、春水は手元で養育していた山陽の息子都具雄《とくお》十三歳を伴って広島を発ち、神辺に茶山を訪ねた後、有馬温泉へ湯治に出かけることになった。富士川英郎『菅茶山と頼山陽』の考証によれば、山陽はこの機を逃さず、義絶状態にあった父春水との和解を果たそうと考えた。そのためには、山陽の神辺退去の一件によって生じた茶山の山陽に対する不快感を取り除くことが必要であった。山陽は春水・茶山両人と親しい大坂の篠崎三島・小竹父子に、まず自分と茶山との関係の修復を図ってくれるよう依頼し、そのうえで茶山の仲介によって父春水と自分との対面が実現するよう斡旋を希望した。

山陽のこうした根回しは成功し、春水一行が大坂に着いた後、三月二十六日に大坂の篠崎家で、春水と山陽との父子対面が足かけ五年ぶりに叶い、父子の義絶状態が解消された。そのことを同年五月一日付の春風宛て書簡（『書翰集』上・四四）において、山陽は「小子も御勘気御免許仰せ下され、久々にて拝顔、悲喜交集仕り候」と報告した。対面後の四月二十三日、有馬温泉での湯治を終えて広島に帰る春水と都具雄を、山陽は西宮で送別した。その時の五言古詩「家君告暇《かくんこくか》東遊《とうゆう》し、児協《じきょう》（都具雄）を拉《らっ》し来《きた》る。娯《たの》しみ侍《じ》すること旬余《じゅんよ》、送《おく》りて西宮《にしのみや》に至《いた》る。別後《べつご》、此《これ》を賦《ふ》して之《これ》を志《しる》す」（『詩鈔』巻二）には、和解の顛末が詠まれ、次のような詩句で結ばれている。

児泣結吾韈　　児《じ》は泣《な》きて吾《わ》が韈《べつ》を結《むす》び
父呵勿留連　　父《ちち》は呵《しか》る　留連《りゅうれん》すること勿《なか》れと
泣呵情無二　　泣呵《きゅうか》　情《じょう》二《ふた》つ無《な》し

回頭海山烟　　頭《こうべ》を回《めぐ》らせば海山烟《かいざんけむ》る

詩中の「児」は山陽の息子都具雄(元協)を指し、「父」は山陽自身をいう。私にとっては実の子である都具雄(春水の子として養育されていたので、公には山陽の弟という扱いになる)は別れの辛さに泣きながら自分の足袋の紐を結んでいる。父である私はそれを見て、ぐずぐずするなと叱りつける。だが、泣くのも叱るのも、惜別の情に違いがあるわけではない、というのである。山陽にとって、父春水との和解の場は、成長した息子都具雄との久しぶりの対面の場でもあった。

父との和解、そして成長した息子との対面を果たした後に、山陽はあらためて自身の再婚を考えるようになった。同じ文化十年の十月九日、山陽は再び画家の浦上春琴と同行して、尾張・美濃方面へ遊歴のため京を発った。その遊歴の途中、十月中に美濃大垣に大垣藩の藩医江馬《えま》蘭斎(春齢)宅を訪ねた山陽は、そこで蘭斎の長女細香《さいこう》(嫋《たお》・多保)と出会った。細香は山陽より七歳年少で二十七歳、漢詩文の素養があり、墨竹画を能くした。細香は二人姉妹で、妹に婿養子を迎えて江馬家を継がせ、自分は独身を通して生きるつもりでいるということだった。

山陽は細香に一目惚れし、細香を妻にできないものかと考えた。そこで同じ蘭方医として江馬蘭斎とは人脈のあった親友小石元瑞に、遊歴先の尾張名古屋から手紙を書いて相談した。その文化十年十一月十三日付の元瑞宛ての書簡(『書翰集』続・三五)には、山陽の高揚感が溢れ出ている。

琴心《きんしん》挑むにも及び申さず候へども、両情暗に心目の間に相許す所は的確に御座候。されども、一語の通ず可き間隙はなし。此人、生涯無偶にて、尼になりとしてくれと云ふ事のよし。今、廿六、七也。淡粧素服、風韵《ふういん》清秀、大に歌《か》笛《てき》譜《ふ》者《しゃ》の比に非ず候。才情、掬《きく》す可き也。其の上、右の通りの清操、誠に子成に偶す可き者と、再びは得難き様に存じ申し候。

「淡粧素服、風韵清秀」な細香にすっかり心を奪われた山陽は、一言の言葉も交わしていないのに、お互い心を許すようになったのは間違いないなどと興奮し、しかし、父親の蘭斎は私の「放蕩名」を耳にしていて私をからかうほどなので、「大事な閨愛《けいあい》を決しておこしは致す間敷《まじ》くと存じ奉り候」と弱気にもなり、元瑞に「妙計策はなきや、御熟思下さる可く候」と相談を持ち込んだのである。

しかし、結局、山陽は細香を妻にすることができなかった。理由は明らかでないが、山陽自身も懸念したように、細香の父蘭斎の反対があったということかもしれない。結婚には至らなかったが、これをきっかけに細香は山陽に詩を学ぶことになり、山陽と細香との間には先生と「女弟子《じょていし》」という関係が成立することになった。

「女弟子」というのはそれまでの日本にはなかった新しい概念で、この「女弟子」という新しい男女関係の概念を日本にもたらしたのは、清の詩人袁枚《えんばい》(号を随園)が編集・出版した『随園女弟子《ずいえんじょていし》詩選《しせん》』(嘉慶元年・一七九六序刊)という詩集であった。袁枚は多くの女流詩人を「女弟子」として育成し、彼女たちの詩を選んで『随園女弟子詩選』として出版した。これが日本にも舶載され、我が国の詩人たちに大きな影響を与えることになったのである。山陽の江戸の友人大窪詩仏は、『随園女弟子詩選』から詩を抄出して訓点を施し、文政十三年(一八三〇)に『随園女弟子詩選選』を出版したほどであった。山陽も随園の「女弟子」を意識して、細香を女流詩人として成長させるために熱心な指導を始めた。

しかし、山陽と細香との間には師弟の関係だけとは言えないような、微妙な恋愛感情的なものが、少なくとも細香の側には後々まであり続けていたように思われる。山陽と細香は出会った後に、頻繁に手紙のやりとりをするようになったが、山陽が天保三年(一八三二)五十三歳で没するまでの間、細香が上京して山陽を訪ねるという形で、次のように七回にわたって対面指導を受けている。(1)文化十一年(一八一四)二月~三月、(2)文化十四年(一八一七)八月~九月、(3)文政二年(一八一九)八月~九月、(4)文政五年(一八二二)三月~四月、(5)文政七年(一八二四)九月、(6)文政十年(一八二七)二月、(7)天保元年(一八三〇)三月~閏三月である。

細香の詩集『湘夢《しょうむ》遺稿』は、山陽の評語付きで、細香没後十年の明治四年(一八七一)に出版された。その中から山陽五十一歳・細香四十四歳の天保元年(一八三〇)閏三月十三日の詩を紹介しよう。京都から大垣に帰る細香を見送って、山陽たちが琵琶湖畔の唐崎までやってきた時に、細香が詠んだ留別《りゅうべつ》の詩である。この時が山陽と細香の最後の対面になった。

唐崎松下拝別　　唐崎《からさき》の松下《しょうか》、山陽先生《さんようせんせい》に

山陽先生　拝別《はいべつ》す

儂立岸上君在船
船岸相望別愁牽
人影漸入湖煙小
罵殺帆腹飽風便
躊躇松下去不得
万頃碧坡空渺然
二十年中七度別
未有此別尤難説

儂《われ》は岸上《がんじょう》に立《た》ち　君《きみ》は船《ふね》に在《あ》り
船岸《せんがん》　相望《あいのぞ》みて　別愁牽《べっしゅうひ》く
人影《じんえい》は漸《ようや》く湖煙《こえん》に入《い》りて小《ちい》さく
罵殺《ばさつ》す　帆腹《はんぷく》の風便《ふうべん》に飽《あ》くを
松下《しょうか》に躊躇《ちゅうちょ》して去《さ》り得《え》ず
万頃《ばんけい》の碧坡《へきは》　空《むな》しく渺然《びょうぜん》たり
二十年中《にじゅうねんちゅう》　七度《しちど》の別《わか》れ
未《いま》だ有《あ》らず　此《こ》の別《わか》れの尤《もっと》も説《と》き難《がた》きこと

さて、細香と出会った文化十年の尾張・美濃遊歴から京都に戻った山陽は、帰京後すぐの文化十一年一月二十七日付の細香宛て書簡（『書翰集』上・五五）に、「誠に去冬の邂逅、予の懐《おもい》に協《かな》ひ候へども、また御目に懸かり候義と存じ候内、別離悵然《ちょうぜん》の事に御座候いき」と記している。いかにも細香への未練が感じられる文面だが、山陽は細香との結婚については思いのほかあっさりと諦めた。文化十一年二月、山陽は一人の女性を家に入れたのである。

その女性は当初は正式な妻ということではなく、当時の言葉で言えば「妾《しょう》」（内縁の妻）あるいは「侍婢」という扱いで、身の回りの世話をするための女性であった。名前は「りゑ」（梨影・梨枝）、小石元瑞の家に女中奉公していたともいう。近江国蒲生郡西大路村（現、滋賀県蒲生郡日野町）の械屋《かせや》大崎嘉兵衛の娘で、山陽のもとには小石元瑞の養女という形をとってやって来た。当時十八歳で、山陽よりは十七歳年少だった。

山陽と梨影との間には三男一女が生まれた。最初の子供が文政三年（一八二〇、山陽四十一歳・梨影二十四歳）に生まれた長男辰蔵である。梨影が山陽の正式の妻として認められたのは、おそらくこの辰蔵の誕生によってであろう。辰蔵は文政八年に天然痘のため六歳で没した。次男又二郎（支峰）は文政六年に生まれ、明治二十二年まで生きて山陽の後を継いだ。三男三樹三郎《みきさぶろう》（鴨厓《おうがい》）は文政八年に生まれた。長じて江戸に遊学し昌平黌に学んだ後、勤王の志士として活動し、安政の大獄に連座して三十五歳で刑死した。最後の子供が文政十三年に生まれた長女陽子である。山陽没後十三年の弘化二年（一八四五）十六歳で没した。

梨影は家庭的な女性で、家事と育児をよくこなした。もともと知識や教養が豊かというわけではなかったが、山陽の妻として恥ずかしくないよう、暇がある時には山陽の塾生たちへの講義を隣室で聴いていたという。また、文人の妻としてすすんで画技を身につけようとする努力の人でもあった。後にはきちんとした手紙も書けるようになり、簡単な画も描けるようになった。宴席で梨影が蘭を画き、それに山陽が詩を題するようなこともあった（『遺稿』巻一「席上内子、蘭を作り、戯れに題して士謙に贈る」）。そうした梨影の努力の背後には、長年続いていた山陽と女弟子細香の関係への対抗心もおそらくはあったと思われるが、梨影がそれを露わにするようなことはなかった。細香が山陽を訪ねて家にやって来た時も、梨影は心良く細香をもてなした。

山陽もそうした梨影に感謝し、大切に扱った。山陽が京都で有名になった当時、芸者幾松は酒席で、「さて頼さんのおしものは、川魚に赤味噌、葱《ねぎ》小口切り慈姑《くわい》の丸だま、大根豆腐に雲丹《うに》うるか、駱駝《らくだ》に瓢箪《ひょうたん》伊丹酒」という山陽の食好みを俗謡にして歌ったという（坂本箕山『頼山陽大観』）。「おしもの」は好物。「うるか」は鮎の腸《はらわた》の塩漬け。「駱駝」は当時長崎に雌雄つがいのラクダが渡来し、見世物として日本中を回ったことから、夫婦同伴の外出をいう。山陽は妻の梨影を連れてよく外出した。当時の夫婦としては珍しかったその姿が歌い込まれているのである。

先に述べたように、文化十年三月に父春水との和解が成立し、山陽は広島に晴れて帰省することができるようになった。翌年の文化十一年八月、さらにその翌年の文化十二年の四月と、山陽は年ごとに帰省するようになった。その間の文化十二年一月二十八日、山陽廃嫡後、父春水の養嗣子となっていた景譲が二十六歳で没した。そのために同年四月六日に山陽の実子である都具雄（餘一、聿庵）十七歳が改めて春水の嫡男になり、藩から家督相続聴許の沙汰を受けた。十五年前に山陽が惹き起こした脱藩事件の余波の一つが、ここにようやく収まったのである。

文化十三年（一八一六）二月十九日、前年十二月初め頃より体調が思わしくなかった春水が七十一歳で没した。梅颸が二月十二日に発した春水危篤の報は十八日に山陽の許に届いた。春水は翌十九日に息を引き取った。山陽は十九日に急遽広島へ旅立った。百里の道を五昼夜かけて山陽が広島に到着したのは葬儀後三日の二月二十四日のことだった。春水危篤の報が届いた時、山陽は家塾で『荘子』を講義していた。父の死に間に合わなかったことを悔いた山陽は、これ以後『荘子』を講義しなかったという（「山陽先生行状」）。翌月の三月十二日、「不肖の子」山陽は、亡父春水の徳行を顕彰し不朽を図るために、「忍んで遺書を撿し、之を新旧の見聞する所に雑《まじ》へ」て、「先府君春水先生行状」（『春水遺稿』別録附尾）を脱稿した。

第四章　西国遊歴

山陽は三十九歳の文政元年(一八一八)二月に父春水の三回忌法要のため、門人後藤松陰を伴って広島に帰省した。二月十七日に法要を、十九日に三年祭を無事終えた山陽は、後藤松陰を供に三月六日に広島を発って西国遊歴に向かった。西国遊歴は当初から予定していた旅ではなかった。もともと九州長崎への旅は山陽が念願するところではあったが、広島滞在中に春風・杏坪という二人の叔父に相談して実現することになったという。そして、山陽はこの遊歴の目的について、長崎到着後に母梅颸と息子聿庵に宛てた第一信において、「生涯の遊び収め、且つ金儲けもこれ有り、後の兵糧をたくわへ申し候て帰り申し度《た》し」(『書翰集』上・一三二)と記し、旅稼ぎが大きな目的の一つだったことを明かしている。

山陽道を西行し、三月十四日、本州の西端下関《しものせき》に到着した山陽は、伊予屋という屋号で醤油醸造業などを営んでいた豪商広江《ひろえ》吉右衛門(号を殿峰《でんぽう》)のもとに一ヶ月ほど滞在した。当時六十三歳の殿峰は詩画を楽しみ篆刻《てんこく》を能くした文人で、殿峰の息子秋水はかつて京都の山陽塾に学んだことがあった。

下関滞在中の三月二十四日には、この地の壇ノ浦で入水した安徳天皇を祭る先帝会《せんていえ》を阿弥陀寺で見物するなど、源平争乱の歴史に思いを馳せることが多かった。山陽は滞在中、源平の古戦場を詠んだ長篇古詩「壇浦行《だんのうらこう》」のほか、「赤関雑詩《せきかんざっし》」三首、「戯れに赤関竹枝《ちくし》を作る八首」(いずれも『詩鈔』巻三)などを作詩した。これらの中から「赤関雑詩」の一首を紹介しておこう。「赤関」というのは下関の古称である赤間関《あかまがせき》をいう。

文字関頭澹夕暉　　文字《もじ》が関《せき》の頭《ほとり》　夕暉《せっき》澹《あわ》く
弥陀寺畔雨霏霏　　弥陀寺《みだでら》の畔《ほとり》　雨霏霏《あめひひ》たり
水浜欲問前朝事　　水浜《すいひん》　前朝《ぜんちょう》の事《こと》を問《と》はんと欲《ほっ》す
唯有軽鷗背我飛　　唯《た》だ軽鷗《けいおう》の我《われ》に背《そむ》いて飛《と》ぶ有《あ》るのみ

「文字関」は、関門海峡を挟んで九州側の地である門司の古称。「弥陀寺」は、安徳天皇を祀るために赤間関に建立された阿弥陀寺。「前朝」は、以前の王朝の意で、ここは源平争乱の昔をいう。「軽鷗」は、軽やかに翻り飛ぶ鷗。

なお、この下関滞在中の出来事として特記すべきは、山陽が酒に開眼したことである。「赤関竹枝稿本の後に書す」(『文集』外集)と題する文章において、「余、始め飲を解せず。赤関に洋酒《なだざけ》(灘酒の意）の鶴（「沢の鶴」）と単呼する者有り。余、一たび嘸《の》んで、其の気の齊（臍《ほぞ》）に徹するを覚ゆ。是より日として飲まざるは無く、飲みて酔はざるは無し」と記すように、下関で灘の酒「沢の鶴」を口にしたことで酒のうまさを知り、酒を飲んで酔うことが日々の習慣になった。これ以後、山陽は灘や伊丹の酒を常飲するようになる。それまでの山陽はむしろ餅好きの下戸だった（西田春耕『口嗜《こうし》小史』）。

下関から海峡を渡って九州に入った山陽は、四月二十六日に筑前博多に至り、豪商松永宗助（号を花遁《かとん》）の宅に旅装を解いた。花遁は詩を作り、風流韻事を好んだ文人でもあった。山陽は下関で折から下関滞在中の花遁と知り合い、一足先に博多に帰った花遁から、博多に来るなら訪ねてくれるよう誘われていたのである。

山陽は五月十七日まで博多に滞在し、その間に儒者亀井昭陽を訪ねた。昭陽は山陽よりは七歳年長。福岡藩儒亀井南冥《なんめい》の息子で、南冥と山陽の父春水とは南冥が徂徠学、春水が朱子学で学派は違ったが、ともに大坂で儒学を学んだ友人同士だった。かつて山陽が十代の終わり頃に作ったという「元史を読む」（後に「蒙古来」に改作）と題する古詩を南冥が激賞したことがあったため、昭陽は山陽について早くから意識していた。文化四年、昭陽は旅の途中、広島の頼家を訪問して当時二十八歳の山陽に会っており、十一年ぶりの再会になった。二人とも日本の歴史に強い関心を有し、山陽は『日本外史』を編んでおり、昭陽は日本の上代の歴史を『蒙史』と題して著していた。この時、二人の話題は史書の編纂に及んだが、歴史観や歴史叙述の文体において大きく対立したという。

山陽は博多を発ち、太宰府を見物し、佐賀では鍋島藩の藩学弘道館の儒者たちと鯨肉を肴に会飲した後、五月二十三日、当初の目的地である肥前長崎に到着した。長崎は当時においては外国との唯一の貿易港であり、毎年清やオランダの貿易船が入港していた。清人やオランダ人に直《じか》に接する機会もあり、異国趣味を味わい、舶載された書画や器物を手に入れることもできた。当時の知識人にとって長崎は憧れの地であり、生涯に一度は訪れたい町であった。頼家では、山陽の父春水は長崎を訪れないうちに没したが、叔父の春風と杏坪は長崎を訪れたことがあり、山陽の友人たちも多く長崎に遊んだことがあった。

山陽は長崎に三ヶ月ほど滞在してオランダ船の入港を見物したり、楊西亭《ようせいてい》や陸品三《りくひんさん》などの清人たちと筆談唱酬《しょうしゅう》したりした。「荷蘭船行《おらんだせんこう》」、「仏郎王歌《ふつろうおうか》」、「長崎謡十解《ながさきようじっかい》」などは長崎で詠んだ詩である。このうち「仏郎王歌」と題する長篇古詩は、オランダ船で来航したオランダ人医師ハーゲンが語ったナポレオンのロシア遠征の話を素材にしたものである。山陽が通詞から話を聞いてこの詩を詠んだ文政元年、ワーテルローの戦いでイギリスに敗れ、セントヘレナ島に流されたナポレオンは、配流先でまだ生きていた。ナポレオンが没するのはこれから三年後のことである。山陽の「仏郎王歌」は同時代的なナポレオン紹介と言えるものであるが、あまりにも長いのでここに紹介することはできない。代わりにいかにも長崎らしい風俗詩として「長崎謡十解」(『詩鈔』巻三)から、その第一首を紹介しておこう。

火海松魚始上街
火雲稍作乱峰堆
連朝坤位風方熟
等待洋船入港来

火海《かかい》の松魚《しょうぎょ》　始《はじ》めて街《まち》に上《あが》り
火雲《かうん》　稍《や》や乱峰《らんぽう》の堆《うずたか》きを作《な》す
連朝《れんちょう》　坤位《こんい》　風方《かざまさ》に熟《じゅく》す
等待《とうたい》す　洋船《ようせん》の港《みなと》に入《い》り来《きた》るを

「火海松魚」は不知火海《しらぬい》(八代海)から水揚げされる鰹。「火雲」は夏の入道雲。「坤位」は西南の方位。オランダ船が入港するのに好都合な風向きになったことをいう。「等待」は待つ。オランダ船の長崎入港は年に二艘、時期は六、七月頃というのが決まりになっていた。

こうした三ヶ月に及ぶ山陽の長崎滞在中、オランダ船の入港はあったが、清の商船の来航がなく、期待していた清の文人江芸閣《こううんかく》との対面は叶わなかった。代わりに江芸閣の情妓であった丸山花月楼の袖笑《そでさき》と宴席を共にして江芸閣の話を聞くことができたものの、やはり山陽にとっては残念な長崎滞在になった。六月七日付の梅颸・聿庵宛ての長崎からの第二信(『書翰集』上・一三二)に、「新涼にも相成り申す可く、帰路に赴き申す可しと存じ奉り候」と記したように、初秋には長崎から帰路に就くつもりだったようだが、長崎での見聞に満足できなかった山陽は、肥後・薩摩方面へ遊歴の足を延ばすことにした。八月二十一日付の梅颸・聿庵宛ての長崎からの第四信(『書翰集』上・一三五)に、山陽は次のように記している。

当地(長崎)案外面白からず、何分肥・薩にて機嫌を直し帰り候積《つもり》に御座候。旅猿の癖は、先大人(故春水)御嫌ひに御座遊ばされ候義、今に忘れず候故、此度を旅の仕舞と仕り度《た》し。左候へば序《ついで》の事、どこもかもあるき候て、遺憾なき様に仕り、帰り申し度く存じ奉り候。

長崎滞在中に、供の後藤松陰は郷里の母親が病気という報せを得て帰郷したため、一人になった山陽は八月二十三日に長崎を発ち、肥前茂木《もぎ》から船で肥後熊本に向かった。この船旅の際の情景として詠まれたのが、世に名吟として喧伝される「天草洋《あまくさなだ》に泊《はく》す」(『詩鈔』巻四、本書第七章参照)という七言古詩である。一説に、この詩はこののち熊本から鹿児島に向かう途中の天草での作ともいう(『全伝』文政元年九月一日)。

八月二十五日に熊本に着いた山陽は藩儒辛島塩井《からしまえんせい》を訪うたが、熊本滞在は短く、八月二十九日には熊本を発って鹿児島に向かった。途中、舟行して天草島に寄り、その後陸行して肥後津奈木《つなぎ》、薩摩出水《いずみ》、阿久根《あくね》を経て九月十日過ぎに鹿児島に到着した。鹿児島では藤田太郎右衛門という宿屋へ泊まった。七言古詩「麑洲逆旅歌《げいしゅうげきりょか》」(『詩鈔』巻四)には、対岸に見える桜島の山容、「京貨蛮琛《きょうかばんちん》」(京下りの品物と異国の珍品)に溢れた商店、入港する「琉球船」、「豚肉竹筍《とんにくちくじゅん》」を用いた生臭い食事、同宿する「摂商」(大坂商人)や「京妓」(京都の芸者)など、繁華で異国情緒に彩られた城下町鹿児島の様子が詠まれている。山陽は西国遊歴からの帰途、神辺に茶山を訪ねて遊歴での見聞を土産話にした。それを茶山は随筆『筆のすさび』巻四に書き留めているが、その中の「薩州風土」の記事などは、この「麑洲逆旅歌」の注釈として読むことのできる内容になっている。

ここでは、二十日間ほどの薩摩滞在中の見聞を詠んだ七言絶句二首を紹介しておこう。まず一首目は「所見」（『詩鈔』巻四）と題する詩である。

薩南村女可憐生　　薩南《さつなん》の村女《そんじょ》　可憐生《かれんせい》
竹策芒鞋趁暁晴　　竹策芒鞋《ちくさくぼうあい》　暁晴《ぎょうせい》を趁《お》ふ
果下載薪皆牝馬　　果下《かか》の薪《たきぎ》を載《の》するは皆《み》な牝馬《ひんば》
一人能領数駄行　　一人《ひとり》能《よ》く数駄《すうだ》を領《りょう》して行《ゆ》く

「果下」とは、果樹の下を行けるような背丈の低い薩摩馬。その小形の牝馬を一人で何頭も牽いて薪を運ぶ、可憐な薩摩の村里の女を詠んだ竹枝風の作である。

もう一首は「薩摩詞《さつまし》八首」（『詩鈔』巻四）のその二。

路遇朝鮮俘獲孫　　路《みち》に遇《あ》ふ　朝鮮俘獲《ちょうせんふかく》の孫《そん》
窯陶為活別成村　　窯陶《ようとう》　活《かつ》と為《な》して別《べつ》に村《むら》を成《な》す
可憐埴得扶桑土　　憐《あわ》れむ可《べ》し　扶桑《ふそう》の土《つち》を埴《しょく》し得《え》て
造出当年高麗盆　　造《つく》り出《いだ》す　当年《とうねん》の高麗盆《こうらいぼん》

豊臣秀吉の命で朝鮮に出兵した島津義弘は、慶長三年（一五九八）に朝鮮の陶工を捕虜として連れ帰り、薩摩で陶器を作らせた。別に村を作って今に薩摩焼と呼ばれる陶器を焼いて生活している朝鮮陶工の子孫たちに、山陽は憐憫の情を感じたのである。山陽は『日本外史』巻十七の「豊臣氏論賛」や『日本政記』巻十六の「後陽成天皇論賛」において、秀吉の朝鮮出兵を暴挙として批判している。

九月三十日に鹿児島を発った山陽は水俣《みなまた》を経ていったん熊本に戻り、そこから九州を横断して、十月二十三日に豊後岡《おか》(現、大分県竹田市)に至り、旧友田能村竹田《たのむらちくでん》に会った。山陽より三歳年長の竹田に山陽が初めて出会ったのは、山陽が神辺を飛び出して大坂に居た文化八年三月のことだった。大坂生玉《いくたま》の持明院に寄寓中の竹田を山陽が訪ねたのである。当時竹田は豊後岡藩の藩校由学館《ゆうがくかん》の頭取並で、詩・書・画を能くし、特にその画業は高く評価されていた。その後、文化十年に竹田は藩政改革のための建言書を藩に提出したが、入れられなかったため退隠し、豊後岡と上方とを自由に往来する文人生活を送っていた。山陽は文化十一年十月十五日に、上方から帰国するため備後鞆《とも》の浦で船便を待っていた竹田と邂逅しており、この度はそれ以来の再会だった。

竹田には師友たちの小伝を集成した『竹田荘師友画録』(天保四年成)という著作がある。その下巻の「頼襄」の項において竹田は、「気魄の大、記識の強、才藻の華、文章の贍《せん》、其の比有ること罕《まれ》なり」と山陽の人物と詩文の才を高く評し、「最も古名跡を喜び、苦心して購求し、支架に収蔵す。書巻の如きに至つては、寥々《りょうりょう》数部のみにして、平日、之を朋友の処に借りて此を読み、読み畢《おわ》れば即ち返す。然れども終身記して忘るること無し」という山陽の書物についての性癖にも言及している。山陽の才能を高く評価し、その人間性に理解を示した竹田は、山陽の親友の一人になった。

山陽来訪時のことを書き留めた竹田の『卜夜《ぼくや》快語《かいご》』によれば、対面した十月二十三日の夜、山陽が「既に相見《あいまみ》え了《おわ》んぬ。明早即ち発たん」と言ったので、竹田は「半醒半酔遊ぶこと三日にして後《のち》発ちて可なり」と引き留めたのだという。結局、六日間にわたって「毎日午前午後、若《も》しくは晡時《ほじ》(午後四時頃)に相会し、夜の三更(午前零時頃)或いは四更(午前二時頃)、鐘の鳴り雞の叫ぶに非ざれば、則ち敢て寝に就かず」という竹田たちの熱い歓待を受けた山陽は、ようやく十月二十九日早朝に豊後岡を発ち、十一月三日に豊後隈町《くままち》(日田《ひた》)に到着、八日に広瀬淡窓《たんそう》を訪ねた。淡窓は山陽より二歳年少でこの年三十七歳。広瀬家は博多屋という屋号で手広く商売をする豪商であった。広瀬家一族は文芸を好み、伯父は秋風庵月化《げっか》、父は長春庵桃秋《とうしゅう》と号して俳諧を能くし、淡窓の弟旭荘《きょくそう》も漢詩人として知られた。病弱だった淡窓は家業を継がず、儒学をもって身を立てることにし、文化十四年三十六歳の時に日田郊外に咸宜《かんぎ》園《えん》と名付ける塾舎を開き、教育に精力を注いでいた。

山陽は十二月五日に出立するまで、一ヶ月近く日田に滞在した。その間、山陽は何度か淡窓と会い、十二月四日の夜には留別のため咸宜園を訪ねて一泊した。山陽は淡窓に対して好印象を抱いたように見えるが、淡窓の方は山陽に対していささか複雑な視線を投げかけていた。淡窓はその著書『儒林評』において、山陽についての印象を次のように記している。

子成は才を恃《たの》みて傲慢なり。貪つて礼なし。故に少年の時、其国に容れらるゝこと能はずして出亡せり。海西に遊びし時は、年四十に近かりしも、至る処人に悪《にく》まれ、其地を逐《お》はれざるはなし。京師《けいし》に於ても、偏《あまね》く毀《そし》りを得たる由なり。然れども其才は実に秀逸なり。総じて漢土には文人に此《かく》の如き人多し。人以て常なりとして怪まず。我国の風俗は質朴にして、書を読む者を見ては、必ず之を責むるに行義を以てす。故に此の如き人、世に容れらるゝこと能はず。惜むべし。

山陽はこの年九月二十九日に旅先の鹿児島から菅茶山に宛てて旅況を報告した(『書翰集』上・一三九)。その中で自分に関する悪い噂が拡散していることについて、「如何なれば小生は菟《と》角猜忌《かくさいき》誹謗《ひぼう》を得候事にやと存じ奉り候」と、山陽には珍しく弱気な歎きを洩らしている。遠隔の地である豊後日田の淡窓の耳にも山陽の悪評は届いていたのである。

十二月五日に山陽は日田を発ち、翌六日に豊前中津《なかつ》郊外古城《こじょう》の正行寺《しょうぎょうじ》に旧友雲華《うんげ》(法名を大含《だいがん》)を訪ねた。雲華は浄土真宗大谷派(東本願寺)の僧侶で正行寺住職、学僧として名高く、しばしば上京して大谷派の高倉学寮で講義を行っていた。山陽より三歳年少で、山陽が雲華に初めて会ったのは文化五年四月八日、雲華が上京の途中に広島の頼家を訪れた時であった。それ以後、山陽が京都に寓居するようになって親交が始まり、この年三月、山陽は下関で、日光山や富士山に登山するため東行していた雲華と偶然邂逅した。おそらくこの時、西国遊歴の帰途に正行寺を訪ねるという約束ができていたのであろう。

正行寺滞在中、山陽は雲華に勧められて山国川《やまくにがわ》の渓谷の奇観を探勝した。その探勝行は十二月九日から十三日に及び、中国山水画を彷彿させる風景を見て、その地を山陽は耶馬渓《やばけい》と名付け、同行した雲華のために翌文政二年十二月に「耶馬渓図巻」を描いた。雲華の所蔵したこの図巻は後に火事によって烏有《うゆう》に帰したが、耶馬渓探勝後十二年の文政十二年十一月、尾道の門人橋本竹下《ちっか》宅で、山陽は竹下の求めに応じて改めて「耶馬渓図巻」を描いた。この「濶《ひろ》さ一尺一寸・長さ一丈二尺八寸といふ大横巻」には「耶馬渓図巻記」という文章が記されたが、その中で山陽は「余が足跡、幾《ほとん》ど海内《かいだい》に半ばす。弱冠、東遊して妙義山を得て、以て無双と為す。今、馬渓百里、妙義の如き者、幾十峰あるかを知らず。之を海内第一と謂《い》ふも、或いは誣《し》ひざるなり」(『文集』巻十二)と絶賛した。耶馬渓の景勝が「海内第一」と喧伝されるようになったきっかけである。

十二月下旬、九州遊歴を終えた山陽は豊前大里《だいり》から船で下関に渡り、広江殿峰宅で越年した。十二月二十四日に殿峰宅から京都の鳩居堂に宛てた書簡(『書翰集』上・一四六)に、「長の旅に空嚢《くうのう》に相成り、三田尻と申す所に待ちかけ居り候者多く、此所にて一合戦、勝利を得候て、上洛と存じ候」というように、期待していたほどの旅稼ぎがなかった山陽は、山陽道を帰京の途中、瀬戸内海の海運の要衝として栄えていた三田尻(現、山口県防府市)に立ち寄り、潤筆料を稼ぐつもりだと記している。

文政二年二月四日、山陽は母梅颸の待つ広島の家に帰着した。広島でしばらく旅の疲れを癒した後、梅颸を伴って上方に向かい、竹原の叔父春風宅、神辺の茶山宅、大坂の梅颸の実家飯岡家などを訪ね、妻の待つ京都に山陽が帰り着いたのは、京都を発って一年余りが経った三月十一日のことであった。

第五章　罪を償う

西国遊歴から帰宅して以後、山陽の生活は安定し成熟期に入るが、著作活動における山陽の足取りについては第Ⅱ部に譲ることにする。本章と次章においては、西国遊歴後、山陽の中年から晩年期の伝記上の問題点を概観することにしたい。

父春水が文化十三年に没して以後、母梅颸は京都に住む山陽を四回訪れた。そして、その都度かなり長期にわたって滞在し、山陽の案内で京坂の地での遊山を楽しんだ。山陽にとって、それは迷惑をかけ続けた母への償罪と孝養の機会であった。山陽は茶山に宛てた文政七年八月二十九日付の書簡(『書翰集』続・九六)の中で、上洛した母をもてなすことを、「老萱《ろうけん》(老母の意)在京、日々侍輿《じよ》奔走、日として游ばざるは無く、筆硯これが為に荒廃仕り候。一詩の政《せい》を乞ふ可き無く候。甚だ歎き事にて御座候。是も報恩償罪の一に候へば、学に非ずと謂《い》ふ可からずなどゝ、自解仕り居り候耳《のみ》に候」と記した。今の自分にとって母を喜ばせることが「報恩償罪」であり、学問することと同じように重要な意味を持っているというのである。

　山陽が西国遊歴からの帰途、文政二年(一八一九)二月に広島に立ち寄った後、梅颸は一回目の上京を敢行した。帰京する山陽に伴われて梅颸は広島を発ち、三月七日に大坂に入ってしばらく滞在した後、三月十九日に京都に到着した。これより先、大坂でいったん梅颸と別れて帰京した山陽は、東山を眺望する鴨川沿いの木屋町の川座敷を借り、梅颸を迎えて京都滞在中の宿とした。この時、山陽は初めて妻梨影を梅颸に引き合わせた。

　京都では遊里島原で太夫や芸子・舞妓を呼んで茶屋遊びをして梅颸を喜ばせ、嵐山への花見にも連れ出した。四月初めには吉野へ桜を尋ねたが、桜は盛りを過ぎていた。大坂を経由して帰京してからも山陽は梅颸を日々名所旧跡に案内した。梅颸が以前から和歌の添削指導を受けていた歌人香川景樹にも引き合わせることができた。帰郷のため梅颸が山陽に付き添われて京を発ったのは閏四月二十日、山陽ともども広島に帰着したのは同月二十九日であった。往復九十六日間、六十歳と四十歳の母子同伴の行楽の日々だった。

　梅颸の上洛を知らせる、文政二年閏四月一日付の広江殿峰・秋水父子宛ての山陽書簡(『書翰集』上・一五〇)には、「買物等彼是にて家を挙げて戦場の如し。扨々《さてさて》頼子成一代の心配、一代の物入、御察し下さる可く候」とあり、山陽が出費を厭わず、母梅颸をできるかぎり楽しませようとしたことが記されている。ちなみに、京都滞在中の『梅颸日記』には、「おりえ、髪ゆひくれる」という記事が幾度か見られる。山陽の妻梨影も姑の世話に心を尽くした。三月二十四日には山陽は梅颸と嵐山へ花見に赴き、嵯峨野の三軒茶屋（雪・月・花）のうちの雪亭に二十四日・二十五日と連泊した。『詩鈔』巻五の次の詩はその時の作である。

　奉母遊嵐山前此丁外艱尋西遊不遊五年矣
　母《はは》を奉《ほう》じて嵐山《あらしやま》に遊《あそ》ぶ。此《これ》より前《まえ》、外艱《がいかん》に丁《あた》り、尋《つ》いで西遊《さいゆう》す。遊《あそ》ばざること五年《ごねん》なり

不到嵐山已五年　嵐山《あらしやま》に到《いた》らざること已《すで》に五年《ごねん》
万株花木倍鮮妍　万株《ばんしゅ》の花木《かぼく》　倍《ます》ます鮮妍《せんけん》
最忻阿母同衾枕　最《もっと》も忻《よろこ》ぶ　阿母《あぼ》と衾枕《きんちん》を同《おな》じくし
連夜香雲暖処眠　連夜《れんや》　香雲《こううん》暖《あたた》かき処《ところ》に眠《ねむ》るを

「外艱」とは父春水の喪をいう。山陽は三年の喪に服した後に西国遊歴に出かけたので、このたびは五年ぶりの嵐山の花見であった。

その後、梅颸二回目の上洛は、梅颸六十五歳・山陽四十五歳の文政七年、三回目の上洛は梅颸六十八歳・山陽四十八歳の文政十年に行われた。二回目は三月十五日から十月七日まで、三回目は三月五日から五月八日までという、いずれも長期にわたって梅颸は京都に滞在し、行楽を満喫した。

梅颸最後の上洛になった四回目は、梅颸七十歳・山陽五十歳の文政十二年のことである。この年、

山陽は父春水の十四回忌(二月十九日)のため広島に帰省した。広島から京都に戻るため山陽が梅颸を伴って広島を発ったのは三月七日である。梅颸が広島に帰るため京都を出立したのは十月二十日なので、京都滞在は二百九日間という長期に及んだ。京都では例によって諸処に行楽し、梅颸は山陽の友人知人たちとも親しく交遊した。四月一日には伊勢神宮の外宮《げくう》に参拝し、八月十五日には琵琶湖に舟を浮かべて月見をした。なかでも特筆すべきは、五月八日に大納言日野《ひの》資愛《すけなる》(南洞公)が梅颸の滞在していた山陽の居宅、三本木南町の水西荘を訪れ、梅颸も直々にお相手をして、歌などを詠んだことである。『梅颸日記』によれば、資愛は院参の帰途に乗物で午後四時頃水西荘を訪れ、午前二時頃に徒歩で帰ったらしい。後日、資愛からは礼状とともに梅颸宛ての歌が送られてきたという。こうした名誉な経験をすることができたのは、息子山陽が資愛から寵遇されていたからである。梅颸にとっては生涯においてもっとも誇らしい出来事になった。

　梅颸が広島に帰るのを山陽は竹原まで付き添って送ったが、その帰途に詠んだ詩が「母を送る、路上の短歌」(『遺稿』巻四)である。

東風迎母来　　東風《とうふう》　母《はは》を迎《むか》へて来《きた》り
北風送母還　　北風《ほくふう》　母《はは》を送《おく》りて還《かえ》る
来時芳菲路　　来《きた》る時《とき》は芳菲《ほうひ》の路《みち》
忽為霜雪寒　　忽《たちま》ち霜雪《そうせつ》の寒《かん》と為《な》る

聞雞即裹足
侍輿足槃跚
不言児足疲
唯計母輿安
献母一杯児亦飲
初陽満店霜已乾
五十児有七十母
此福人間得応難
南去北来人如織
誰人如我児母歓

雞《にわとり》を聞《き》きて即《すなわ》ち足《あし》を裹《つつ》み
輿《よ》に侍《はべ》りて　足槃跚《あしばんさん》たり
言《い》はず　児《じ》の足疲《あしつか》るるを
唯《た》だ計《はか》る　母輿《ぼよ》の安《やす》きを
母《はは》に一杯《いっぱい》を献《けん》じ　児《じ》も亦《ま》た飲《の》めば
初陽《しょよう》　店《みせ》に満《み》ち　霜已《しもすで》に乾《かわ》く
五十《ごじゅう》の児《じ》　七十《しちじゅう》の母有《ははあ》り
此福《このふく》　人間《じんかん》　得《う》ること応《まさ》に難《かた》かるべし
南去北来《なんきょほくらい》　人織《ひとお》るが如《ごと》し
誰人《たれひと》か　我《わ》が児母《じぼ》の歓《かん》に如《し》かん

詩の後半部を現代語訳すれば、次のようになる。「街道の茶店に寄って、母上に気つけの酒を一杯差し上げ、私もまた酒を口にすると、朝日は茶店中に光を投げかけ、街道に降りていた霜はもう乾いている。五十歳の子である私に七十歳の母がいる。この幸せは世間ではなかなか得がたいものであろう。街道を南へ北へと織るがごとく多くの人々が絶え間なく往来するが、我が母子の喜びに如《し》く者はその中にはいないであろう」。

年老いた母と共に旅することのできる喜びを、この上ないものとして感じる山陽の姿が印象的だが、先に紹介した文政二年の一回目の梅颸上洛時に嵯峨野で梅颸と同宿した時の詩、あるいは二回目の梅颸上洛時の『梅颸日記』文政七年七月四日に、「久太郎、按摩しくれる」という記事が見られることを合わせてみれば、山陽と母との関係には、「母に対する「孝」というような儒教倫理的なものよりも、より本能的な母への甘え、母と遊ぶことの癡情に近い喜びを見る」(『頼山陽とその時代』四「遊蕩と禁欲」)という中村真一郎の見解も首肯されよう。

山陽の父春水への思いは、こうした母梅颸への思いとは大きく違っていた。都会的で生活を楽しむことに積極的で、しかし子供に対しては心配性で甘やかしがちだった母梅颸とは対照的に、知行兼修の朱子学者として世に知られ、禁欲的で「方」(四角四面)と評された父春水は、山陽に対しては厳格な父であった。母は母らしく、父は父らしく、愛情を注いでくれたという思いが山陽にあったことは確かだが、父母の愛情への山陽の報い方は、母に対するものと、父に対するものとでは大きく異なるものになった。

父春水に対しては、父の成し遂げようとして成し得なかったことを継承し、また父の成し遂げたことを後世に伝えて不朽を図ることで、山陽は父の愛情に報い、己の不行跡によって父にかけた迷惑を償おうとした。山陽畢生の著作『日本外史』は、父が試みようとして挫折した歴史編纂事業を継承しようとして、脱藩逃亡後の座敷牢幽閉中に発起したものであった。山陽晩年の文政十年に至ってようやく完成する「山陽外史一代の精神を籠《こ》め候」(『書翰集』下・三六六、文政九年十二月二十七日付、馬場元華宛て)『日本外史』の著述は、山陽の父春水に対する償罪行為でもあった。父への喪が明けて出かけた西国遊歴からの帰京後、山陽は『日本外史』の修正・校定作業に熱心に取り組んだ。

そして、文政十年五月二十一日に「楽翁《らくおう》公に上《たてまつ》る書」という一文を撰して、『日本外史』二十二巻の写本を松平楽翁(定信)に献上した。二ヶ月ほどで『日本外史』全巻を読み終えた楽翁は、自身が編纂した『集古十種』の板本《はんぽん》と白銀十枚を謝礼として山陽に下賜した。下賜を仲介した楽翁の家臣田内月堂《たのうちげつどう》への礼状(『書翰集』下・三九七、文政十年閏六月二十九日付)に、山陽は「亡父在世に候はゞ、如何程か相喜び申す可し。是又、位を設け祝告仕り候」と記している。父春水の挫折した歴史編纂事業を継承し完成させただけでなく、貴顕の人物の認知を得て高く評価されたことで、山陽は父に報いることができたと感じたのである。

儒者・詩人が没した後、残されたその子供や門人たちは遺稿の詩文集を編集し出版することで、亡き父や師を顕彰し、その文業の不朽を図ろうとするのが当時の通例であった。父春水が文化十三年に没した後、父の遺稿集の編集・出版に向けて、不肖の息子山陽は不孝の罪を償うため、最大限に力を注いだ。

山陽が春水の遺稿の整理に着手したのは、西国遊歴から帰京した翌年の文政三年四月のことだった。広島から送られてきた春水の遺稿類を受け取った山陽は、この年四月二十一日付の梅颸・聿庵(餘一)宛ての手紙に、「餘一より此度御遺稿取揃へさし越し、先々《まずまず》安心、慥《たしか》に落手、是より取掛り候積りに御座候」(『書翰集』上・一七七)と記している。そして翌年の文政四年六月二十九日付の梅颸・聿庵宛ての手紙(『書翰集』上・二一二)には、「暑中汗水を流し、午睡もせずに心力を竭《つく》」して遺稿整理に取り組んでいるが、父春水が兄弟や知友たちと唱和した詩を入れたいので「盆前後」までにその材料となるものを探し出して送って欲しいと伝えた。また、その一月《ひとつき》半ほど後の八月九日付の梅颸・聿庵宛ての手紙(『書翰集』上・二一九)では、藩公に対する「先君(父春水を指す)御忠節」の表われた詩は残さず集に入れたいので探し出して送って欲しいという追加の依頼をしている。

こうして文政五年二月十九日に広島で催された春水の七年祭に、山陽の手で整理浄写された『春水遺稿』が供えられた。同年二月二十五日付の梅颸宛ての手紙(『書翰集』上・二四三)において、山陽はそのことについて「扨々、大業先々《まずまず》落成仕り候間、私に於いて重荷を卸し候様に存じ奉り候」という安堵の思いを吐露している。そして、山陽は春水の家督を継いだ聿庵に、『春水遺稿』の写本を十部ほど作らせて、それを春風・杏坪という二人の叔父や、広島藩の役人、さらに春水の知友たちに送って「裁正」を乞い、さらに出版に向けて序文など必要な文章の執筆を依頼した。

『梅颸日記』文政十一年三月十七日に、「京より御詩集出来、全部九冊来る。書状、二月二十六日出し也」とあるように、『春水遺稿』の板本が刷り上がり、広島に届けられたのは文政十一年三月十七日のことであった。京都から二月二十六日に発送されたものと注記されているので、おそらくは二月中の刻成ということになる。しかし、送られてきた九冊本は試し刷り段階のもので、そのまま藩に納めたり、広く配布したりするものではなかった。例えば『梅颸日記』には九冊とあるが、後に流布した板本は八冊になっており（『全伝』文政十一年三月十七日は、板本『春水遺稿』に別録として収められている「在津紀事」が、九冊本では二冊に分割されていたのであろうと推測する）、内容的に見てもこの試し刷り後に部分的な改刻が施され、改刻後のものが流布することになったようである。

後に流布した板本『春水遺稿』十五巻の内容構成は次のようになっている。

「序」（菅茶山、文政六年三月）
「後序」（篠崎小竹、文政十年冬）
「識語」（頼山陽、文政五年冬）
「墓碑」（古賀精里、文化十四年二月）
「附言」（頼杏坪、文政五年十二月）
巻一～巻八（詩一～詩八）
巻九～巻十一（文一～文三）
「跋」（頼聿庵、文政十一年冬）
別録巻一～巻二　「在津紀事」上・下、「識語」（篠崎小竹）
別録巻三　「師友志」、「識語」（頼山陽）
別録附尾　「先府君春水先生行状」（頼山陽、文化十三年三月）

附録一巻「新甫《しんぽ》遺詩墓碣《ぼけつ》代序」、「識語」(頼山陽)

亡父の遺稿詩文集としては他に類がないほど用意周到な編集がなされていることは、この内容構成を一見するだけでも分かる。茶山はこの『春水遺稿』の序文において、春水のことを、「尋常の詩人に非ざるなり……尋常の文人に非ざるなり……尋常の経生に非ざるなり。之を要するに今時に得難きの人なるのみ」と称揚した。山陽はそうした父春水の人物と業績をこの遺稿集によって顕彰しようとして、並々ならぬ精力を傾けて編集に腐心したのである。

山陽は親友篠崎小竹にも『春水遺稿』の序文を依頼した。その依頼の手紙(『全伝』文政十年十二月二十日に所引)には次のように書かれている。

僕を不忠不孝、放逸無頼の甚だしき者と謂ひて、其の喪に居り礼を守り、聘を却《しりぞ》け節を全うし、耿々《こうこう》として忠孝の二字を忘れざる者なるを知らざるなり。……春水は何程六ケ《むつか》敷《しき》事を云ても、嫡子がアノ通《とおり》と云はせ候ては、十六巻遺稿、空文に相成る可く候。是のみ歎か敷く候。是は他人の所見でなければ面白からず、之を面白くする者、老兄に非ざれば、誰か天下の知己と為す者、しかし僕よりケ様に書いて下されなどゝ云ふ事は申さず、聊《いささ》か其の冤《えん》を鳴らし其の情を叙するのみ。思し召され候だけに御書き取り下され候はゞ、父子共に其の賜を荷《にな》ひ申す可く候。孤襄、泣いて請ふ。

世間の人は、脱藩逃亡して座敷牢に閉じ込められ廃嫡された私を「不忠不孝」だと言うが、私が

「忠孝」を忘れない者だということを私以外の誰かが言ってくれなければ、春水は偉そうなことを言っても自分の息子でさえも教育できなかったことになってしまう。そういうことになれば、結局のところ『春水遺稿』も「空文」になってしまうので、どうかあなたの序文で、私が「不忠不孝」だという「冤」(無実の罪)を晴らしてもらえないかと訴えたのである。山陽からこうした泣き落としの依頼を受けた小竹はその意を汲み、山陽は決して「不忠不孝」ではないと弁護する序文を書いた。それが板本『春水遺稿』に付される小竹の「後序」である。このようないきさつからも、山陽がいかに償罪の念をもって『春水遺稿』の編集・出版に携わったかが分かるであろう。付して言えば文化十二年に二十六歳で病没した景譲(新甫)の遺詩をこの『春水遺稿』の附録として収めたのも、廃嫡された自分に替わって十五歳で春水の養嗣子にさせられたこの従弟(山陽の叔父春風の二男)への償罪の思いからだったと思われる。

しかし、山陽が『春水遺稿』を編集・出版するにあたっては、配慮を要する大きな問題が横たわっていた。山陽はかつては広島藩儒頼春水の嫡子であったとしても、脱藩事件によって廃嫡された身であった。広島頼家の家督は、養子景譲が継ぐはずであったが病没したため、結局は山陽の子で春水の孫に当たる餘一(聿庵)が、春水没後に継いだ。広島藩儒春水の顕彰と不朽を図るために編集・出版される『春水遺稿』は、藩に嘉納されるものでなければならなかった。家督を継いだ聿庵が編集を主導するならば問題はなかったであろうが、その編集・出版を主導したのは、廃嫡され、藩を離れて京都で浪人生活をしている山陽である。編集校定の責任者としての山陽の名前を、『春水遺稿』の中に出すことができるのかどうか、出せるとすればどのような形なら可能なのか、藩の面目を損なわないためには藩の意向に従う必要があった。

文政四年八月九日付の梅颸・聿庵宛ての書簡（『書翰集』上・二一九）において、『春水遺稿』には何らかの形で私の名前を出さざるを得ないと思うが、どのような形で出せばよいのか、藩の意向を確かめて欲しいという依頼を山陽はした。同年十月二十四日付の梅颸・聿庵宛ての山陽書簡（『書翰集』上・二二二）には、「此度、第一大慶の義は、私寓京一件、聞届け相済み候よし。扨々、年来の心懸《こころがかり》、是にて夜明け候様に思はれ、此上無き義に候。餘一より先君に虔告《けんこく》致し呉れられ候様、頼み度く候」と記されている。広島藩士頼春水の廃嫡された息子山陽の京都住まいが、藩から正式に認められることになったというのである。おそらく、これによって春水の「男《むすこ》」として山陽は『春水遺稿』の編集校定者であることを表向きに示すことができるようになった。結果的に板本『春水遺稿』には「藝藩　頼惟完千秋著　男　襄輯校」と明記された。

このように『春水遺稿』の編集・出版を進めるに当たって、山陽は藩の意向に背くことがないよう細心の注意を払った。編集校定の目処がついたところでその写本を藩に提出し、出版に際してはその試し刷りを藩に届けた。文政五年に写本を提出した時には、藩の役人から幾つかの収録作削除の指示があったという。そのことに触れているのは、文政六年四月四日付の頼春風宛ての山陽書簡

(『書翰集』上・二六二)で、「公室にかゝり候事」は除くべしという命があり、具体的には春水の撰した前藩主恭昭公(浅野重晟《しげあきら》)の「埋銘」、附録として収めた「新甫遺詩」の中の「輓詩排律」「黄泉一首」を削除せよという指示であったらしい。これに対して山陽は、「何も構《かまえ》になりそもなきものに御座候へ共、吏人の見《けん》と申すものは、かはつたものに候」と、その事なかれ主義の役人根性を批判したが、藩に嘉納してもらうためには、その指示に従わざるを得なかった。

その後、板本『春水遺稿』の試し刷りを藩に提出した時には、さらに面倒な指示があった。そのことを明らかにしているのは、文政十一年一月三十日付の頼杏坪・餘一宛ての山陽書簡(『書翰集』下・四二〇)である。『春水遺稿』に収載される古賀精里撰の春水「墓碑」と山陽撰の「先府君春水先生行状」の文章に「差《さし》さはり」の箇所があるというのである。もともと精里の「墓碑」の文章は山陽の「行状」の文章を縮約して書かれたものなので、問題は両方に関わることになったのであるが、藩の役人が指摘したのは次のようなことであった。

藩主浅野斉賢がまだ世子だった頃、斉賢がある人から献じられた「麦茎」を花瓶に挿したことがあった。斉賢の教育掛を務めていた春水がそれを見て、穀物を弄びものにしてはいけないと諫めることがあったと、「墓碑」と「行状」には記されていた。このようなことを記すのは君徳を毀損するものだとして、藩の役人は削除を求めた。山陽は藩の役人のこうした要求を、「扨も馬鹿げ候事に候」と批判したが、これも結局は板木の当該部分を削り、埋木《うめき》をして当たり障りのない一般的な表現に改刻することになった。

天保元年（一八三〇）二月二十九日付の梅颸宛ての山陽書簡（『全伝』天保元年二月二十九日所引）には、「先君御人となり、後代迄存じ候様に仕り候所趣意にて、尋常世間並の詩文集類とは、屹度《きっと》識者の目には違ひ申し候様仕り候義に候。此所は地下思《おぼ》し召しにも相叶ひ申す可しと存じ奉り候」と記されている。幾つかの難関を乗り越え、心血を注いで取り組んだ『春水遺稿』の編集・出版作業を終えた山陽は、世間並みの遺稿集以上の出来映えになったことに、亡き父春水も満足してくれるであろうと安堵し、償罪を果たし得た喜びを述べたのである。広島の母梅颸から五十両の為替が送られ、叔父杏坪からも二十両の用立てがあったようだが、山陽は出版費用の調達にも苦心した。そのこともあって、実際に板木の埋木・改刻作業が終わり、板本『春水遺稿』が藩に献上されるまでにはさらに幾ばくかの時を要することになったのである。

第六章　山紫水明の愉楽

父春水の三回忌出席のため広島に帰省する直前の文化十五年（一八一八）一月、越後遊歴から京都に戻って黒谷の廃寺に身を寄せていた柏木如亭を、大雪の降り積もるなか山陽は浦上春琴と訪れた。如亭は困窮し衰残していたが、空元気を出して山陽・春琴と談笑し、これから備中へ遊歴に出かけて稼いでくるので、春になったら一緒に花見をしようと言った。しかし、山陽が西国遊歴から帰京してみると、如亭はすでに窮死していた。

その後、梁川星巌《やながわせいがん》の手で出版された『如亭山人遺稿』（文政五年刊）に山陽は序文を寄せた。その中で、幕府小普請方《こぶしんかた》大工棟梁の職を辞して遊歴の詩人となり、「服は必ず時様《じよう》、風流自ら喜ぶこと、遊冶《ゆうや》なる少年の如し。喜んで座を罵り、時新《じしん》を食して銭を論ぜざること、俠客の如し」という快楽主義者として一生を全うした如亭の潔い生き方を、山陽は特筆して称揚した。しかし同時に、山陽がそうした如亭的な生き方が支払わねばならなかった代償の大きさに恐れを懐いたのも事実であった。天保二年(一八三一)七月二十四日付の梁川星巌宛て書簡(『書翰集』下・別集三八七)に、「老兄も若きとも言ふ可からず。今の内に身世の計、御定めなければ、二《ふたりの》如亭に成ると存じ候憂ひ也」と山陽は書き記した。いつまでも気ままな旅稼ぎの生活を続けている星巌に対し、このままでは悲惨な死を迎えた如亭の二の舞いになるぞと忠告したのである。友人や門人そして家族に囲まれて過ごす穏やかな生活、晩年の山陽が望んだのはそのような日常だった。

「無禄の文人」(『全伝』文政五年二月四日所引、中谷環翠宛て山陽書簡)として一生を送った山陽は、書画の潤筆料や遊歴による蓄えを豪富の門人や知友に預けて運用を依頼し、利息を得て生活の安定を図った。経済的な基盤の確立が、自由な著述活動を継続するための必須条件であることを、山陽は自覚していた。

かつて文化八年(一八一一)に京都に住むようになった当初、京都で山陽が交遊した人物は限られていたが、しだいにその交遊圏は広がっていった。文化十一年中には山陽を中心に笑社《しょうしゃ》と称する交遊の場が形成され、翌文化十二年秋に「笑社記」(『文集』巻七)という文章を山陽は書いた。この文章の冒頭には、「余、嘗《かつ》て二、三の友人と酒を飲みて楽しみ、哄然《こうぜん》として笑ふ。又た旬余、相謂ひて曰く、前日の咲《わら》ひは復《ま》た尋ぬ可きかと。遂に笑を以て相命じ、会を笑会と曰《い》ひ、社を笑社と曰ふ」と記され、文末には「我が党の如きは、則ち所謂《いわ》ゆる簷《のき》を巡り梅花の笑ひを索《もと》めて可なるのみ。而して一回の笑ひは、宜しく必ず詩有りて以て其の咲ひを紀し、梅花をして我が寂寥を笑はしむること匆《なか》るべきなり。皆な笑ひて曰く、諾と」と記されている。笑社は、詩と風雅の遊びに笑い興じることを趣旨とした同好の文人たちとの会集であった。

木崎好尚はこの「笑社記」に、「笑社ノ同人、山陽ヲ中心トシテ、武元登登庵《たけもととうとうあん》・小石檉園《ていえん》・浦上春琴・小田百谷《ひゃっこく》・小森梅庵・物集西阜《もずめせいふ》・小林香雪《こうせつ》(名古屋)等ノ人、方外ニ雲華、客員ニハ田能村竹田等アリ」という注記を付している。注記の根拠は示されていないが、山陽書簡中の記事を総合的に勘案した上での推定であろう。彼らのうち浦上春琴、小田百谷(海僊《かいせん》)、小林香雪、田能村竹田は画家である。画家の比重の大きな会集であったことが分かるが、これには画への関心を募らせつつあった当時の山陽の嗜好が反映されている。

笑社は山陽の西国遊歴後も継続していた。文政六年(一八二三)十二月四日、小石檉園(元瑞)・田能村竹田・浦上春琴・小田百谷・物集西阜・雲華たちに宛てた山陽書簡(『全伝』文政六年十二月四日所引)に、「私方、久しき鳴《なら》しの一幅」(久しく喧伝していた家蔵の一幅)をお見せしたいので会を催したいが、日取りのご都合を伺いたいという記事が見られ、笑社の継続が窺われる。

翌文政七年十一月十七日、笑社は真社《しんしゃ》(真率会《しんそつかい》とも)と改称された。山陽が撰した「真社約」(『文集』巻十)によれば、笑社の同人たちが「共に老境に趁《おもむ》」いたので、ここに改めて雲華の首唱で盟約を結び直すことになったのだという。「会集は飲を主とせず。然して飲まずんば則ち歓びは合ふ可からず。必須とする所の者は、清淡の酒、俗ならざるの肴、是のみ」であるが、「詩は必ずしも作らず」として、むしろ書画を展観し「相共に評騭《ひょうしつ》(批評)」することを主たる目的にする会であった。この会に求められるのは「真率不飾」(真率飾らず)の四文字であり、それが真社(真率会)と名付けた所以であるという。

山陽が書物の購入にあまり熱意を示さず、むしろ明・清の書画の蒐集に執着していたことはすでに指摘したが、この笑社・真社という会もそうした山陽の性向と関係していた。これらの会は詩酒風雅の場ではあったが、同時に山陽にとっては書画の鑑識を学び、書画蒐集の情報を入手するという実用的な目的のための場でもあった。

西国遊歴以後、山陽の書画蒐集熱は昂揚し、書画蒐集にまつわる多くの逸話を残した。その幾つかを紹介して、書画蒐集が山陽の愉楽の一つになっていたことを窺っておきたい。山陽が西国遊歴で入手した書画のうち自慢のものは、明の盛茂燁《せいもよう》の「石湖暮色」図と明末清初の蕭雲従《しょううんじゅう》(字を尺木《せきぼく》)の横巻だった。山陽は西国遊歴を終えた後に、思いのほか潤筆料を蓄えることができなかったとこぼしているが(『書翰集』上・一五五、文政二年七月八日付の小石元瑞・浦上春琴・熊谷鳩居堂宛て書簡)、その原因の一つは書画購入のため多くを出費したからであった。

文政三年四月二十五日付の広江殿峰・秋水宛ての書簡(『書翰集』上・一七八)において、山陽は家蔵の古画の中では、西国遊歴以前から所蔵していた明の呉己《ごき》の「紙本浅絳山水《しほんせんこう》」と明の洪朱祉《こうしゅし》の「金箋山水《きんせん》」に、西国遊歴で獲《え》た右の二幅を加えた四幅が「甲科」(第一等)だと誇り、家蔵の書幅では明の倪元璐《げいげんろ》の五律真跡が「京畿書幅第一と申す評判に候」と自慢した。そして、画幅では尾張の人が所蔵しているという清の施溥《しふ》の山水の幅が第一というのが世間の評判なので、何とかこれを手に入れて、家蔵の倪元璐の書幅と並べて「書画双幅」にしたいと、山陽は次の蒐集の標的を定めた。

山陽が蒐集の標的としたこの施溥の画幅をめぐって騒動が起きたのである。文政六年になってこの施溥の画幅が三十五両で売りに出た。それを耳にした橋本竹下《ちっか》（尾道の豪商灰屋吉兵衛《きちべえ》、山陽の門人で書画蒐集のライバル）が浦上春琴に代金を為替で送ってこの画幅を入手させたが、その情報が漏れたため、春琴は十二月二十七日に京都小川町の那波南陽《なばなんよう》の家に展覧の席を設け、山陽のほか田能村竹田・小石梩園・小田百谷・物集西阜など笑社の同人たちを招いてこの画幅を見せた。山陽はその席で前もって熊谷鳩居堂から調達していた現金三十五両を突然投げ出し、この画幅を強奪しようとして大騒ぎになったのである。他の笑社の同人たちの仲裁で、山陽が投げ出した代金三十五両は梩園が預かり、画幅は春琴が保管するということでひとまずその場は収まったという。

年が明けて文政七年一月、春琴が事情説明の手紙を竹下に送り、山陽もまた施溥の画幅を自分に譲渡して欲しいという手紙を竹下に発したが、結局この画幅は先有権のある竹下のものになることで落着した。山陽は獲得競争に敗れたわけだが、そのことについて、山陽は「施溥の山水に題す」（『山陽先生題跋』巻上）に、次のように記している。

清初の人施溥の山水絹本《けんぽん》は、尾張の内田蘭渚の家より出づ。我が門人備後の橋元吉（橋本竹下)に帰す。長条巨幅にして、水墨淋漓《りんり》たり。蓋《けだ》し匹《たぐ》ひ罕《ま》れなるの物なり。恨む所は書巻の気少なく、又た用意率略《そつりゃく》なり。恐らくは是れ聯作数幅の一にして、独軸に非ざるなり。余、之を奪はんと欲するも、此の意を見るに及びて、乃ち止む。

施溥の画幅は類い稀な優品であるとは思うが、よく見ると書巻の気に乏しく、用意周到でなく粗っぽいところもある。それにもともとは数幅連作の中の一部のようで、独立した一幅ではない。私は一時はこれを強奪したいと思ったが、止めてよかったというのである。山陽の子供っぽい負け惜しみの気持ちが滲み出た文章である。かつて山陽が神辺から上方へ飛び出そうとした時、茶山が山陽は幼く見えるので、「はやく年よれかし」と思うと伊沢蘭軒宛ての手紙に記したことがあったように、山陽は終生子供っぽさから脱けきれなかった。周囲への配慮を欠いた山陽の身勝手な行動は顰蹙《ひんしゅく》を買うことも多かったが、山陽と直接的な関係をもった人々が山陽を憎みきれなかったのは、このような山陽の子供っぽさの故でもあった。

山陽の書画蒐集についての逸話をもう一つ紹介しておこう。文政七年三月、山陽は母梅颸の二回目の上洛を迎えるため大坂に下り、門人の後藤松陰の家に泊まった。その時、初めて大塩中斎(字は子起、通称を平八郎)から詩を寄せられた。中斎は山陽より十三歳年少で敏腕の大坂町奉行所与力であり、陽明学者としても知られていた。後日、この贈詩への答礼のため、山陽は篠崎小竹の案内で中斎の役宅を訪ね、そこで明の趙之璧《ちょうしへき》の「霜渚宿雁図《そうしょしゅくがんず》」を目にした。この画を見るなり自分のものにしたくなった山陽は、はっきりと言葉には出さなかったが、垂涎《すいぜん》のさまを見せた。この年八月、山陽は中斎と三度目の対面をし、舟遊びに同行した。舟遊びの途中、中斎は舟を回して自宅に立ち寄り、「霜渚宿雁図」を山陽に贈った。その顛末を山陽は「趙之璧の宿雁図に題す」(『題跋』巻上)に次のように記している。

　余、初めて大塩子起に見《まみ》え、之を壁間に観て、色動く。後に母を送り、浪華に過《よ》ぎり舟遊す。子起、同じく載る。酒間忽ち曰く、「子は吾が宿雁を欲するか」と。遂に舟を杙《よく》し、其の家に至る。燈を呼び、出して以て貽《おく》る。子起は能吏にして、風流を解す。又た能く愛する所を割《さ》く。此の幅は獲易《えやす》からず。此の人も亦た逢ひ易からず。子孫、其れ之を宝とせよ。

　この時、画を贈られたお礼として山陽が詠んだのが七言古詩「大塩子起の蘆雁図《ろがんず》を贈らるるに謝する歌」(『詩鈔』巻八)であるが、この詩の詩句には、「重ねて蘆中に遊びて舟を同じく艤《ぎ》し／景に対し談は及ぶ 旧画の姿／何ぞ図らん 君早く吾が色を察し／杯を属《しょく》して慨然として輟遺《てつい》を許す」という。後年、中斎は「我を知る者は山陽に若《し》くはなし」(『全伝』天保三年四月所引)と記した。知己である山陽がそれほど望むならばと、中斎は割愛に応じたのである。ちなみに、中斎が義挙を起こして失敗し自刃するのは、この一件から十三年後、山陽没後五年の天保八年(一八三七)のことである。

　山陽が欲しいと思った書画は何としても手に入れようとし、時に「横奪《おうだつ》」(横取り)さえも辞さなかった逸話を一つ付け加えておこう。親友田能村竹田の『亦復一楽帖《またまたいちらくじょう》』(重要文化財)をめぐっての話である。天保二年十二月二十四日、竹田は豊後国から上京し山陽宅に宿泊した。その時、竹田は大坂の医者松本酔古のために画いた『雑画冊』を山陽に示し、跋文を依頼した。これを見てどうしても欲しくなった山陽は、そのまま自分のものにしてしまった。そのことを山陽は跋文に、「君彝《くんい》(竹田の字)、此の冊を持ち来たりて似《しめ》し、余に一跋を索《もと》む。余、之を机間に置き、時に出して展観す。其の愛す可きを覚え、遂に奪ひて我が有と為すも亦復《またま》た一楽なり」(『文集』巻十三「竹田亦復一楽帖後」)と記した。これが『雑画冊』が『亦復一楽帖』と名付けられるようになった由来であるが、「横奪」して自分のものにすることもまた「一楽」だと開き直って記すところが、いかにも山陽であった。

そして、その顚末を耳にして「艴然《ふつぜん》」(ムッとするさま)とした酔古を宥《なだ》めるために竹田は改めて『山水十景冊』を画いた。なぜか竹田はこれもまた山陽に示し、山陽はこれにも跋文を認《したた》めたが、その中には「余、既に前帖を横奪す。竹田、拒むこと能はず。而して更に酔古の為に此の帖を作り、持ち来たりて我に示す」(『文集』巻十三「竹田山水十景冊後」)といい、山陽がこの画帖にもまた食指を動かしたので、竹田は「冷咲《れいしょう》」するばかりだったという。知友の間で画帖をめぐってこのような多分に茶番的な応酬を演ずること、そして風雅の名のもとにそれが許容される。そうした風雅の争いに興ずることが、山陽にとっては愉楽にほかならなかったのである。

山陽が文化八年の入京後すぐに開いた塾に少なからず入門者があったことはすでに述べたが、山陽の家塾に入門・入塾者名簿のようなものはなかったようなので、その入門・入塾者の全体像は分からない。ただ入門者名簿が残されている他の儒学塾の場合であっても、本人が門人を自称したり、世間が門人と認めていたとしても、入門者名簿に記載されていないという例が実は少なくない。江戸時代における門人という概念はかなり幅広く、曖昧なものだったというのが実態に近い。山陽の場合も門人の範囲の線引きは難しいが、以下に山陽とその主だった門人との関係について略記しておきたい。

美濃上有知《こうずち》(現、岐阜県美濃市)の惣庄屋《そうじょうや》の家に生まれた村瀬藤城《とうじょう》は二十一歳の文化八年に大坂の篠崎家を訪れ、そこで京都から来ていた山陽に出会って入門した。日向延岡(現、宮崎県延岡市)の甲斐士幹は文化八年、二十七歳で京都に遊学し、山陽に入門したという。その後、士幹は長崎に赴いてオランダ語を学び、延岡藩に仕えた。美濃大垣(現、岐阜県大垣市)の後藤松陰は、文化十年に美濃・尾張遊歴中の山陽に十六歳で入門した。松陰は後に上京して山陽塾に寄宿し、文政元年の西国遊歴では途中の長崎まで山陽に随伴し、さらに山陽の盟友篠崎小竹の女婿になるなど、山陽の信頼が厚かった。文化十年の山陽の美濃・尾張遊歴の時には大垣の江馬細香二十七歳も山陽に入門した。細香がその後しばしば上京して、山陽の「女弟子」として詩の指導を受けるようになったことはすでに述べた。これらが山陽の初期の主だった門人たちである。

たびたび遊歴に出かけた山陽には、後藤松陰や江馬細香がそうだったように、遊歴先で入門した門人が少なくなかった。文化十年に父春水と和解後、山陽は文化十三年に春水が没するまで、毎年遊歴を兼ねて広島へ帰省した。その帰省途中の山陽に入門したのが、備中長尾(現、岡山県倉敷市)の丹波亀山藩御用達小野蘇庵と甥の招月、安藝尾道(現、広島県尾道市)の豪商灰屋吉兵衛こと橋本竹下、また摂津伊丹(現、兵庫県伊丹市)の「剣菱」の蔵元坂上桐陰などである。竹下が山陽と施溥の画幅を争ったことはすでに述べたが、竹下は上京して他の塾生たちと同じように山陽宅で寄宿生活をしたこともあったという。西国遊歴以後、伊丹の酒を好んで嗜むようになった山陽は、剣菱を送ってくれるよう蔵元の桐陰にしばしば無心し、桐陰の書斎のために「長古堂記」を撰して謝礼に剣菱を送らせたりもした。彼らは門人であるとともに、山陽の経済面を支えるパトロンでもあった。山陽は西国遊歴中に下関で醤油醸造業を営む豪商広江殿峰のもとに長期滞在したが、殿峰の息子秋水もまた山陽の西国遊歴以前の文化末年頃に上京し、山陽に入門していた。

一年に及んだ西国遊歴中、山陽は京都の借家を引き払い、塾を閉じた。その間、妻の梨影は縁者の元に身を寄せていたものと思われる。文政二年(一八一九)三月に帰京後、山陽が家塾の再開を熊谷鳩居堂に告げたのは、同年九月七日のことであった(『書翰集』上・一五八)。家塾が再開されてほどなく、文政四年六月に尾道の宮原節庵十六歳が上京して入門した。節庵は山陽が没してのち江戸に出て昌平坂学問所に学び、京都で塾を開いて山陽を追慕顕彰した。同じ頃、山陽のもっとも初期の門人村瀬藤城の甥にあたる美濃上有知の村瀬太乙《たいいつ》が入門した。入塾中の太乙は素行不良だったため、叔父の藤城は退塾・帰郷させようとしたが、山陽は太乙を見放さず、在塾させて教誨したという(『書翰集』下・三九九、文政十年七月九日付の村瀬藤城宛て)。

こうして再開された山陽の家塾は、篠崎小竹が文政九年三月十二日に出雲広瀬(現、島根県安来《やすぎ》市)の樋野《ひの》謙堂に宛てた手紙に、「京師に罷《まか》り在り候頼久太郎と申す人、懇意に御座候。此社中、詩文盛《さかん》にて、毎々周旋仕り候」(『全伝』文政九年三月十二日所引)と記したように、詩人・歴史家としての山陽の名声が高まるにつれて盛んになっていった。天保元年(一八三〇)六月五日付の梅颸・杏坪宛ての山陽書簡(『全伝』天保元年六月五日所引)には、「私共は五間《けん》に四間にて、十五、六人暮し居り候」と記されている。当時の山陽の住まいは東三本木南町の水西荘であったが、山陽夫妻と子供二人の家族に、おそらくいたであろう下女と下男、その他に十人ほどの塾生がこの「五間に四間」の狭い家屋に寄宿していたということになる。

文政年間の半ば頃から山陽が没する天保三年までの十年弱の間にも多士済々の門人たちが入門した。牧百峰《まきひゃくほう》(名は輗《げい》)は文政年間半ば頃に美濃本巣《もとす》郡文珠(現、岐阜県本巣市)から上京して入塾し、晩年の山陽に近侍した。山陽の信頼が厚かった百峰は、山陽の親友小石元瑞の女《むすめ》と結婚し、山陽の生前唯一の著作板本である『日本楽府《がふ》』の注の作成を命ぜられ、その出版に尽力した。また備中吉浜(現、岡山県笠岡市)の関藤藤陰《せきとうとういん》も文政の末年頃に上京して入塾した門人である。藤陰もまた晩年の山陽に近侍して『日本政記』草稿の一部を補作し、百峰とともに『日本政記』の校正・浄写を担当した。山陽没後は福山藩に出仕し、老中首座になった藩主阿部正弘を輔佐した。文政九年に加賀大聖寺《だいしょうじ》(現、石川県加賀市)から上京して山陽に入門した児玉旗山《きざん》も、晩年の山陽に百峰・藤陰とともに近侍して山陽の信頼を得た。山陽の息子三樹三郎の教育を任されただけでなく、山陽没前に『書後』と『題跋』の原稿の整理を託された旗山は、山陽没後の天保七年にその出版を果たした。備後安那《やすな》郡(現、広島県福山市)の人で一時菅茶山の養子になった門田朴斎《もんでんぼくさい》(樸斎)は、茶山が文政十年に没すると上京し、山陽の家塾に寄宿した後、文政十二年に福山藩儒に迎えられた。

このほか、浜松藩医の養嗣子であった塩谷宕陰《しおのやとういん》は江戸の昌平坂学問所で学んだ後、天保元年に入京して山陽に入門し、家塾に寄宿した。山陽の門人に対する扱い方に不満を懐いた宕陰と山陽との間には確執が生じたという(『全伝』天保元年三月)。その後、江戸に戻った宕陰は浜松藩主水野忠邦に仕え、さらに幕府に召されて昌平坂学問所の儒官になった。宕陰入門の翌年天保二年、安藝豊田(現、広島県豊田郡)の江木鰐水《がくすい》が備後尾道に滞在中の山陽に入門して上京し、家塾に寄宿した。鰐水は後に福山藩校の教授になり、さらに藩主阿部正弘の顧問役を務めた。鰐水は山陽門下の後進であったが、山陽没後に「山陽先生行状」を撰した。

この鰐水撰の「行状」の内容を厳しく批判したのが、大和五條(現、奈良県五條市)の人で文政十一年頃に山陽に従って文を学んだ森田節斎である。武岡豊太『森田節斎先生の生涯』(大正十五年刊)によれば、節斎の「細川頼之論」「北条泰時論」という文章に山陽が朱筆で加評したものが伝存したという。「行状」批判の流れの中で、節斎は篠崎小竹に対して批判的な文章「篠崎小竹に与ふる書」(『頼山陽先生品行論』所収)を送った。これに対して小竹は「森田謙蔵に答ふる書」(同書所収)を書いて反論したが、その中で節斎が山陽のことをしきりに「先師」と称したことについて、「兄《けい》の山陽に従ふや、想ふに当《まさ》に一、二詩文の正を請へるなるべし。未だ其の道を伝ふるに及ばざるに、乃ち称して先師と曰ふは、蓋し山陽の名の高きを以て其の威を仮り、以て後輩を畏れしめんと欲するならん」と記している。つまり、お前は山陽に何度か詩文を批正してもらったことはあるかもしれないが、師弟の関係と言えるほどのものではない。それなのに山陽を「先師」と呼ぶのは虎の威を借りようとしているからではないかと非難したのである。同じく摂津高槻藩士の藤井竹外《ちくがい》も詩人山陽を崇拝して山陽の詩を学び、絶句を得意として「絶句竹外」と称されたが、竹外と山陽との関係も、節斎と山陽との関係に近いものがあるかもしれない。どの範囲までを門人とするかという判断には難しいところがある。

最初の妻淳子との間に生まれた山陽の実子で、春水の跡を嫡孫として継いだ聿庵(餘一)は、江戸勤番に向かう途中の天保二年四月十四日、京都に立ち寄って山陽宅に一宿した。翌天保三年一月、江戸勤番中だった三十二歳の聿庵は藩の奥詰次席に昇進した。天保三年二月六日付の梅颸宛て書簡

(『書翰集』下・五六九)に、「江戸にも結構に仰せを蒙り、誠に先君の為に、就ては私の為に恥を雪《すす》ぎくれ候処、手柄千万に候」と山陽は記した。聿庵の出世は山陽自身と亡き父春水の「恥を雪」ぐものだというのである。二十一歳の山陽が起こした脱藩逃亡事件は五十二歳になった山陽の心の中に、いまだに負い目として深く刻まれていたのである。

聿庵にとっても山陽にとってもめでたいこの一件があった時、山陽は二度目の妻梨影との間にすでに四人の子供を儲けていた。梨影との間の最初の子供である辰蔵は西国遊歴後の文政三年十月七日に生まれ、第二子の又二郎(後に号を支峰)はその三年後の文政六年十一月七日に生まれた。文政八年一月八日付の小野招月・移山《いざん》宛て書簡(『書翰集』上・三二〇)に山陽は、「只々女房子の事のみ詩に入候。御一咲《ごいっしょう》下さる可く候」と記している。妻子に囲まれて過ごす家庭生活は、山陽に幸福感をもたらすものになっていた。

「女房子の事」を詠んだ次のような山陽の詩がある。文政八年の「元日」と題する作(『詩集』巻十八)である。

城外山峰留宿雪
城中屋瓦起晴烟
携児試歩年成例
為損囊銭買紙鳶

城外《じょうがい》の山峰《さんぼう》　宿雪《しゅくせつ》を留《とど》め
城中《じょうちゅう》の屋瓦《おくが》　晴烟《せいえん》起つ
児《じ》を携《たずさ》へて歩《ほ》を試《こころ》むるは　年《とし》に例《れい》と成《な》る
為《ため》に囊銭《のうせん》を損《そん》じて紙鳶《しえん》を買《か》ふ

子供を連れて散歩するのは元日の恒例になっていた。散歩の途中、山陽に紙鳶《たこ》を買ってもらったのはこの年六歳、やんちゃで愛らしかった辰蔵である。翌二月には辰蔵の袴着の祝いも無事に済ませた。ところがそれからわずか四十余日後の三月二十八日、辰蔵は疱瘡で亡くなった。翌二十九日、山陽は慟哭のうちに「阿辰《あしん》を哭《こく》す、此日春尽《このひはるつ》く」(『詩鈔』巻八)と題する次のような哀切な詩を詠んだ。

別春又別児
此日両傷悲
春去有来日
児逝無会期
幻華一現暫娯目
造物戯人何獪哉
明年東郊尋春路
誰復挈瓢趁爺来

春《はる》に別《わか》れ　又《ま》た児《じ》に別《わか》る
此日《このひ》　両《ふた》つながら傷悲《しょうひ》す
春《はる》は去《さ》るも来《きた》る日《ひ》有《あ》り
児《じ》は逝《ゆ》きて会《あ》ふ期《とき》無《な》し
幻華《げんか》一《ひと》たび現《げん》じて暫《しばら》く目《め》を娯《たの》しましむ
造物《ぞうぶつ》の人《ひと》に戯《たわ》むるる　何《なん》ぞ獪《かい》なるや
明年《みょうねん》　東郊《とうこう》　春《はる》を尋《たず》ぬる路《みち》
誰《だれ》か復《ま》た瓢《ひさご》を挈《たずさ》へて爺《ちち》を趁《お》ひ来《きた》らん

夭折した長男辰蔵に比べて、二男又二郎はおとなしい子だった。辰蔵の死から立ち直ろうとしていた山陽は、同年五月一日付の梅颸・聿庵宛て書簡(『書翰集』上・三二一)において、子供が揃って無事に育つのは難しいことだと述べた後に、「何分此児、京の家相続、読書種子《どくしょしゅし》に相成り候へかしと祈り申し候。聡明なる事も、兄よりはましの様に相見え候」として、二男の又二郎（支峰）に跡継ぎとしての期待を懸けた。山陽没後、京都の頼家はこの支峰が継いで家声を維持した。

長男辰蔵の死と入れ違うかのように、同年五月二十六日に三男三木八（後に三樹三郎、号を鴨厓）が生まれた。兄の辰蔵や又二郎と同じ顔つきをした大柄な子で、「是迄の内にて、スッパリと致し候よき子にて、御目に懸け候はゞ、嘸《さぞ》御喜び遊ばさる可しと申し値《あ》ひ候」（『書翰集』上・三三二、文政八年六月三日付の梅颸・聿庵宛て）と山陽は喜んだ。三木八は辰蔵以上に腕白で元気な子に育った。山陽没後のことであるが、勤王の志士として活動し、三十五歳の安政六年に安政の大獄に連坐して刑死するのは、この三木八こと三樹三郎である。

なお、三木八が誕生して五年後の天保元年十一月一日に長女陽子が生まれた。「此方平産、女子出生、此度は面白からず候」（『書翰集』続・一五二、天保元年十一月十二日付の熊谷鳩居堂宛て）と記したように、女子誕生に対する山陽の反応はあまり芳しいものではなかった。おそらく山陽は自分の子供たちが、兄弟三人ともに「読書種子」（読書人）となってお互い仲睦まじく協力し合った、父春水と春風・杏坪二人の叔父のような関係になってほしいと考え、男子の誕生を願っていたのであろう。山陽の期待は叶えられなかったのである。

家族や門人が増え、経済的な余裕ができると、より快適な住まいを求めて山陽はしばしば転居するようになった。文化八年に上京して以来、天保三年に没するまでの二十年余りの間に、山陽は五回の転居を重ねている。その転居の跡をまとめると次のようになる。

①32歳文化八年(一八一一)閏二月～文化九年一月。新町通丸太町上ル春日町。
②33歳文化九年(一八一二)一月～文化十二年六月。車屋町御池上ル西側。
③36歳文化十二年(一八一五)六月～文政元年?月。二条通高倉東へ入ル北側。(古香書屋)
《文政元年一月～文政二年三月　西国遊歴》
④40歳文政二年(一八一九)四月～文政四年四月。木屋町二条下ル柴屋長次郎方借座敷。
⑤42歳文政四年(一八二一)四月～文政五年十一月。両替町押小路上ル東側。(薔薇園)
⑥43歳文政五年(一八二二)十一月～53歳天保三年(一八三二)九月没。東三本木南町。(水西荘／山紫水明処)

最後の東三本木南町の住まい以外はすべて賃居である。いずれも京都市中の近隣への転居であったが、文化十二年六月に転居した二条通高倉東へ入ル北側の住まいについては、この年の叔父春風宛ての書簡(『書翰集』上・九七)に、「今度の処も十分にはこれ無く候へども、先ず暫《しばら》く是にて辛抱申す可し」と述べ、見取り図を書いて、「奥・口とも惣二階にて、口の二階には書生を置き申し候。奥を居間に仕り、客を択《えら》み、奥へ路次より通し候。間口三間半・奥行十三間、鎗《やり》の鞘と云ふ家に候」と説明している。間口が狭く奥に長い京町家であった。

西国遊歴から帰京後に住んだ木屋町二条下ルは、広島から母梅颸を迎えて長期滞在に便利なところとして選ばれた借座敷だった。そこに山陽と妻梨影も同居した。その後、丸二年ほどは木屋町に住み、文政四年四月に両替町押小路上ル東側に引っ越した。同年四月二十四日付の梅颸・聿庵宛て書簡(『書翰集』上・二〇一)に、「大屋作にて、上下五十畳程の処、庭も五間に三間、樹木を栽《うえ》るには余地多く候」と転居先の様子を知らせている。山陽は新しい住まいの庭にさまざまな草木を配置し、南面には薔薇を植えて「薔薇園」と称した。

しかし、少し時が経つと山陽はまたまた転居を考え始めた。篠崎小竹の誘いもあり、舟便の良い大坂の網島への転居に心惹かれることもあったが、結局、京都の東三本木南町の鴨川沿いの料理屋の焼け跡の土地がその候補に挙がった。山陽は土地代二百三十両を工面して家を新築しようとしたが、土地代の借入れが不調に終わり、結果的には借地して家を建て、文政五年十一月に入居した。同年十二月二十七日付の山口睦斎《ぼくさい》宛て書簡(『書翰集』上・二五七)には、次のような報告がなされている。

此節、東三本木南町、川附《かわつき》の処に卜築。歌吹海《かすいかい》中なれども、園榭《えんしゃ》眺望は三都に冠絶候処に候。隙地、方十余畝、梅竹桃杏三十余株を栽ゑ、其の間より東山三十六峰を望み、鴨水は庭際に映帯し候。

「歌吹海」は花柳街の意であるが、当時三本木には料理屋などが多くあったのでこう言ったのである。山陽がここに転居したのは遊興に便利だからに違いないと、口の悪い菅茶山は山陽をからかった。この土地に百両弱の費用で新築した家屋が「水西荘」である。ここからは東山の山肌と鴨川の川面が眺められ、その七つ時(午後四時頃)の山紫水明(山肌が紫色に翳り川面は明るく照り映える)の眺望は山陽の何よりの自慢の景色になった。

山陽はここを「実に終焉の地と相定め申し候」(『書翰集』続・八一、文政五年十一月十九日付の江馬細香・村瀬藤城宛て)としたが、やがて引っ越し癖がまたしても頭を持ち上げ、文政七年には丸太町橋東詰の貸家を借りようとしたり、天保元年には聖護院村への転居に心動かされるようなこともあった。しかし、山紫水明の景への愛着は捨て切れず、文政十一年に書斎「山紫水明処」を増築したこの東三本木南町の住まいが、結局は本人が洩らした通り終焉の家になった。山陽の晩年に近侍した門人の江木鰐水は「山陽先生行状」において、その生活を次のように記している。

　日夕、草堂に置酒し、必ず門生を呼びて対飲す。飲に限り有り。限り既に盈《み》つれば、一杯を過ごさず。酒は皆な伊丹の醸、尤も剣菱を愛す。酒醒むれば、輒《すなわ》ち燈を挑《かか》げて書を読み、五更(夜明け前)に至りて後ち就寝す。昼は則ち巳牌《しはい》(午前十時)前に起き、自ら衾裯《きんちゅう》(夜具と寝間着)を収め、戸牖《こゆう》(出入り口や窓)を掃《はら》ふこと、以て常と為す。寒暑無く一なり。

晩年の山陽には、この住まいから夕暮れ時の山紫水明の景を眺めながら、お気に入りのギヤマンの酒杯を傾けて、門人や友人と伊丹酒を浅酌するのが、何よりの愉楽になっていたのである。

II

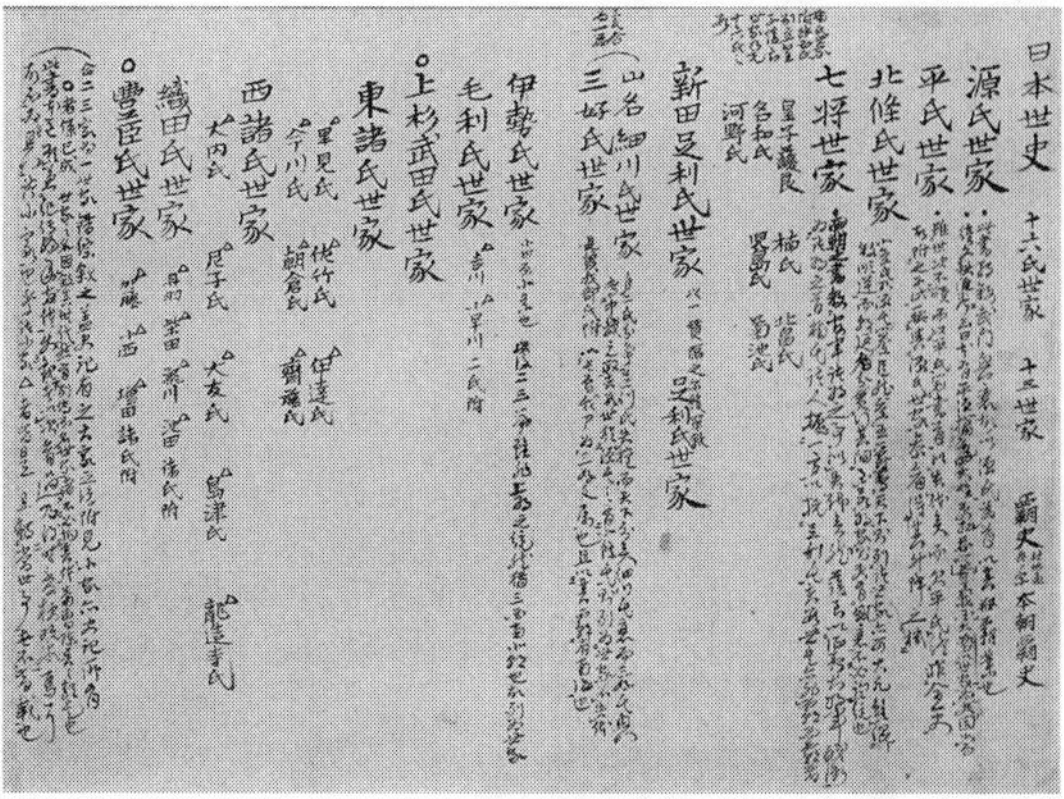

日本世史

源氏世家

平氏世家

北條氏世家

七将世家

新田足利氏世家

山名細川氏世家

三好氏世家

伊勢氏世家

毛利氏世家

上杉武田氏世家

東諸氏世家

西諸氏世家

織田氏世家

豊臣氏世家

「原日本外史」の構想(頼春風宛て山陽書簡別紙，文化元年後半頃)

第七章　山陽詩の形成

生前に出版された山陽の詩集は『日本楽府《がふ》』(文政十三年刊)のみである。『山陽詩鈔』は山陽が自ら編集した詩集で、山陽十四歳の寛政五年から四十六歳の文政八年までの作六百六十八首を収めるが、生前の出版には間に合わず、没後の天保四年(一八三三)に刊行された。さらに四十七歳の文政九年以後、没前までの作五百三十首を収める『山陽遺稿』は門人によって編集され、天保十二年(一八四一)に刊行された。山陽の板本詩集は以上の三集だけであるが、『頼山陽全書』の編者木崎好尚が板本未収の作をも博捜して年代順に排列した『頼山陽詩集』には、山陽生涯の詩約二千七百首が収められており(『日本楽府』は別枠として巻末に附す)、私たちはこれによって山陽詩の全体像を窺い知ることができる。

菅茶山の『遊藝日記』に見られる、茶山が広島の頼家を訪ねた時の天明八年六月十二日の記事は第一章に紹介したが、それによれば九歳の山陽はすでに見るに足るような詩を作っていたという。

ちなみに、『頼山陽詩集』の冒頭には山陽九歳の天明八年作の五言絶句「朝日山」が採録されている。その後、山陽は二十一歳の寛政十二年九月に脱藩逃亡事件を起こし、座敷牢に幽閉されることになったが、幽閉謹慎期間が明けた後の文化二年一月十四日に、「徳川氏二十八将図を観る歌」という長篇の七言古詩を作り、その引《いん》に「余、窮居以来、独り文章を為すのみ。且つ憂畏《ゆうい》を以て詩賦を禁ずること、此に五歳なり。頃《ちかご》ろ疾庭闈《しっていい》(病気の親)に侍して、稍《や》や小詩を哦《が》し、其の悶鬱《もんうつ》を慰む」と記した。すなわち幽閉中の二十一歳寛政十二年から二十五歳文化元年にかけて足かけ五年近くは詩作を禁じていたというのである。

山陽が詩を作り始めて以来、生涯においてこれほど長いあいだ詩を作らなかったのは、この期間だけである。座敷牢に幽閉された身として謹慎の意志を表わすためだったが、もう一つの理由は、この時期に山陽が償罪のために歴史の著述を志し、そのことによって自己の存在証明を果たしたいと考えたからであった。歴史著述を具体化するため、読書に邁進しようとして、山陽は敢えて自らに詩作を禁じたのである。

山陽にとって歴史の編纂は畢生の大事業になり、詩作はその緒余ということになったが、「頼襄が藝は、詩を第一と為す様に候」(『書翰集』下・五九三、天保三年九月十一日付の篠崎小竹・後藤松陰宛て)と後年になって記しているように、山陽は自らの詩才を自負する、天性の詩人でもあった。

山陽自身が編集した『山陽詩鈔』巻一の巻頭に置かれる癸丑寛政五年(一七九三)山陽十四歳の詩

「癸丑の歳、偶作」についてはすでに第一章で紹介した。少年時の詩の好みについて、山陽は二十六歳の文化二年一月十四日の「杜詩を読む」(『文集』巻三)において、次のように述べている。

> 余、幼くして杜子の七言歌《しちごんか》行《こう》・近体を愛す。其の雄深にして渾噩《こんがく》なるを愛するなり。以謂《おも》へらく、杜の後、蘇・陸は宋に於いて、李献吉《りけんきつ》は明に於いて、宋茘裳《そうれいしょう》・趙雲松《ちょううんしょう》は清に於いて、惟《た》だ肖《に》たるのみ。而して我が近世は、独り白石・玉山《ぎょくざん》(新井白石と秋山玉山)の二子、稍《や》や近しと為すのみ。它《た》は名家有りと雖《いえど》も、概《おおむ》ね緜弱《めんじゃく》なるのみ。

幼い頃から、唐の杜甫の七言の歌行(古詩の一体)と絶句・律詩という近体詩の雄深で渾噩《こんがく》(奥深くて明直)な作が好きだったといい、これに肖《に》たものとしては、宋の蘇軾《そしょく》や陸游《りくゆう》、明の李夢陽《ぼうよう》(字を献吉)、清の宋琬《えん》(号を茘裳)や趙翼《よく》(字を雲松)の詩があるだけだという。

旅が未知の風土や人情に触れる機会をもたらし、詩人の新生面を開くきっかけになるというのは、多くの漢詩人たちが信ずるところであった。山陽が十八歳の寛政九年三月から翌寛政十年四月にかけて、故郷広島を離れて江戸に遊学したことはすでに述べたが、往路は東海道、復路は中山道を経由したこの旅もまた、詩人としての山陽に新たな自覚をもたらした。山陽の往路の旅の紀行文『東遊漫録』、また『頼山陽詩集』に収録される『東遊詩巻』にはこの旅で作られた多くの絶句・律詩・古詩が収められている。それらの諸作においてもっとも特徴的に感じられるのは、古跡に立ち寄っては歴史を回顧し、地勢を観望しては治乱興亡に思いを馳せる詠史の作である。

源平の古戦場一ノ谷を詠んだ「一谷を過ぐ」、湊川の楠木正成の墓を弔した「楠河州の墳に謁して作有り」、関ヶ原の古戦場を通り過ぎた時の「関原を過ぐ」などの七言古詩がそれである。山陽は歴史の展開が地勢と深く関わっていることをこの旅で改めて認識し、そのことを詠嘆しつつ詩に詠み込もうとした。例えば『山陽詩鈔』巻一に収める「一谷を過ぎて源平興亡の事を懐ひ歌を作る」詩の欄外評に、菅茶山は「子成是の時十八、九歳なるのみ。命意・用筆、已《すで》に自ら独り生面を開くこと此《かく》の如し」と記した。十八、九歳頃のこの詩において、すでに山陽は後年大きく開花する詠史作者としての片鱗を示していると、茶山は指摘したのである。

脱藩逃亡事件を起こした後、長期に及んだ幽閉からは解放されたものの、問題児として広島に居場所を失っていた山陽は、父春水の計らいと父の友人菅茶山の温情によって、三十歳の文化六年の歳末に備後神辺の茶山の廉塾に都講として迎えられた。しかし、山陽にとって神辺は大坂や京都に雄飛するための足がかりに過ぎず、神辺には一年余り寄寓しただけで、三十二歳の文化八年閏二月六日には神辺を去って大坂へ向かった。

神辺に寄寓した一年余りの間、廉塾での教師生活の余暇に、山陽は『唐絶新選』と題する唐詩の絶句選集を編んだ。特に絶句の選集を編んだのは、「詩は最も七絶を好む」(『文集』巻五「唐絶新選引」文化七年八月)と述べるように、山陽が七言絶句という形式をもっとも好んでいたからであり、「僕、詩を作るに排律を能くせず」(『文集』巻十三「手批穀堂文稿後」)であったからであり、また「七律は作り難し」(『文集』巻十三「手批拙堂梅谿十律稿に題す」)と述べたように、律詩を不得意とし、「古人の名篇は多く絶句に在りて、律詩に在らず」(『文集』外集「南洞公の七律の後に書す」)と考えていたからである。この選集に付した「唐絶新選例言十六則」(『文集』巻五)によって、この時期の山陽が唐詩の七言絶句をどのように評価していたのかを、私たちは知ることができる。

山陽は言う。唐詩の選集はこれまでにも数多くあるが、明の李攀龍《りはんりょう》の『唐詩選』がもっとも流布しているので、『唐絶新選』には『唐詩選』に収録されていない作を採ったと。そして、数ある唐詩の選集の中から、明の高棅《こうへい》の『唐詩品彙《ひんい》』『唐詩正声《せいせい》』、同じく明の鍾惺《しょうせい》・譚元春《たんげんしゅん》の『唐詩帰』、清の王士禛《おうししん》(号を漁洋)の『唐人万首絶句』、同じく清の沈徳潜《しんとくせん》(号を帰愚)の『唐詩別裁集』を取り上げて、それぞれの選詩の傾向に短評を加え、これまでの選集の選者たちが高く評価した唐代の絶句を列挙して、それらに対し次のような論評を加えた。

歴城(李攀龍)は「秦時明月」を推して唐絶の圧巻と為す。太倉(王世貞)は則ち「葡萄美酒」を以て圧巻とす。漁洋(王士禛)は「渭城朝雨」「朝辞白帝」「奉帚平明」「黄河遠上」を称して曰く、唐の世を終えるまで、絶句も亦た四章の右に出づる者無しと。長洲(沈徳潜)は乃ち「回楽峰前」「山囲故国」「烟籠寒水」「楊子江頭」を取りて曰く、亦た接武《しょうぶ》(手本として継承する)に堪えたりと。其れ然り、豈《あ》に其れ然るか。詩は興趣を言ふ。興趣は千万にして、焉《いずく》んぞ甲乙す可けんや。且《しばら》く此に就いて之を論ぜん。「秦時明月」は議論に偏り、「朝辞白帝」は景有りて情無し。「奉帚平明」「山囲故国」に至りては、則ち古今に称して絶唱と為す所にして、而《しか》るに余は独り其の纖巧にして故意の布置を疑ふ。故に此の選に此の二首を収めず。抑《そもそ》も盛唐に在りては工部(杜甫)の「逢李亀年」、中唐に在りては張祜の「郵亭残花」、余は以て当に此の緒篇に列すべしと為すなり。明人の選の工部の此の詩に及ばざるは何ぞや。

唐代絶句をこの時期の山陽がどのように評価していたかが明らかにされる文章であるが、明・清の有名詩人たちの唐代絶句の評価に対しても臆することなく異を唱えるなど、山陽がすでに一家言を有する詩評家だったことが示されている。

神辺を去って京に寓居し、塾を開いて門人を教育するようになった文化九年、山陽は門人村瀬藤城(字を士錦)に詩文について問い質したことがあった。その対問書「士錦に問ふ条目七則」(『文集』巻六)の中には次のような条目が見えている。

○沈帰愚は宋詩を以て腐《ふ》と為し、元詩を纖《せん》と為し、明詩を復古と為す。故に唐・明は別裁の選(『唐詩別裁集』と『明詩別裁集』)有り。而るに宋・元に於いては概ね及ばず。帰愚は詩に深し。其の唐・明詩を論じて、皆な深く肯綮《こうけい》に中《あた》る。腐と曰《い》ひ、纖と曰ふは、真に定論にして易《か》ふ可からずと為すか。今此の間の詩家の如きは、則ち之に反す。陽に唐人を尊び、而して心に其の腐なるを疑ひて、明人を以て眼を置かず。其れ以て新奇工妙を為す者は、独り宋・元のみと。是れ果して孰《いず》れか当たり、孰《いず》れか否なる。足下《そっか》も亦た吟詠に耽る者にして、平生に安んずる所は、必ず在る有らん。願はくは言を尽くせ。
○世の宋詩を言ふ者は、必ず東坡(蘇軾)・放翁(陸游)を曰ひ、而して范《はん》(范成大《せいだい》)・楊(楊萬里)を放翁と匹《たぐ》ふ。三家の蘇に於けるは、是の如く其れ等しきか。抑《そもそ》も詩学を以て之を言へば、果して孰れを取り、孰れを舍《す》てん。足下、各々其の所見を言へ。古人の名に震ふこと勿《なか》れ。今時の論に眩《くら》むこと勿れ。

山陽は、宋詩を「腐」、元詩を「纖」として否定し、明詩を唐詩の「復古」として唐詩と併せて評価する清の沈徳潜の論について、「肯綮に中る」として賛意を示し、当時江戸の詩壇を中心に流行していた宋詩尊重の「新奇工妙」を求める性霊派の詩風に対しては否定的な口吻を洩らしている。そしてまた、一口に宋詩といっても、北宋の蘇軾の詩と、南宋三大家と称されて当時流行していた陸游・范成大・楊萬里の詩とを同一視すべきではないとし、文化年間の詩壇に流行する南宋詩尊重の新詩風に無批判に追随することを潔しとしないという立場を門人に示したのである。

このように詩人としての立場を鮮明にしていた文化年間の山陽に、大きな刺激を与えることになったのが、友人の武元登々庵《たけもととうとうあん》が文化九年に出版した『古詩韻範《こしいんぱん》』であった。登々庵は備前国和気郡北方村(現、岡山県備前市吉永町)の大庄屋の家に生まれて閑谷《しずたに》学校に学び、諸国を遊歴した後、京都に住んで山陽とも交遊があった。第二章で登場した武元君立の兄である。文化五年冬から七年秋にかけて二年ほど長崎に滞在した登々庵は、前年に来航した清人朱緑池《しゅりょくち》の説く古詩の韻法を松浦東渓を介して知ることになった。朱緑池は「三タビ落第シテ家甚ダ貧ナリ。因テ商人ヲタノミ、日本ニ渡ルコト四タビ」(『古詩韻範』総説)という貧乏書生であったが、緑池の説く古詩の韻法に啓発された登々庵は、自ら周・漢より宋・明に至る古詩作品を分析し研究を重ねて『古詩韻範』を著した。『古詩韻範』の「凡例」によれば、いずれも清代の著作であるが、邵長蘅《しょうちょうこう》の『古詩韻略』、王堯衢《おうぎょうく》の『古唐詩合解』、沈徳潜の『唐詩別裁集』『古詩源』、浦起龍《ほきりょう》の『読杜心解』などに見える諸説を参照して、登々庵は定格のない古詩の韻法を十二格に分類し、具体例を挙げて分析して、変化の多い古詩の韻法もこの十二格で網羅できると主張した。さらに文化九年正月の日付のある『古詩韻範』の「自序」に、「韻法を推して作意を玩べば、則ち分段換解の処、頓挫承接の法、急促寛舒《かんじょ》の節、波瀾変化の妙、燦乎《さんこ》として亦た見る可し」と記して、韻法を理解することが作意の展開と詩の構成との関係を明らかにする上で有効だと、登々庵は説いたのである。

もともと絶句を好み、必ずしも古詩の詠作に熱心でなかった山陽は、当初登々庵の説には納得しなかった。そのことを山陽は「古詩韻範の後に書す」(『書後』巻下)において次のように振り返っている。

> 余始め其の説に服さず。又た喜んで絶句を作り、長詩を為すに嬾《ものう》し。景文(登々庵の字)、常に歎きて曰く、「長古は文章を作る手に非ざれば、変化を尽くすこと能はず。今日に在りて此事を庶幾《しょき》する者は誰ぞや。吾老いたり。子の為に法を講ぜん。泄泄《えいえい》として此《かく》の如し。余は望み

無し」と。余、此に因つて奮発す。西遊に及び、篋中《きょうちゅう》には唯だ自鈔の杜・韓・蘇の古詩を携ふるのみ。鎮西に放浪して歳を騎《またが》り、大に悟る所有り。

山陽より十三歳年長だった登々庵は、古詩に適した山陽の詩才を見込んで、熱心に古詩の韻法を説き、自身が発明した古詩の韻法の実作での具体化を山陽に託したというのである。

やがて山陽は、「武元登々庵、近年の知己に候。古詩韻範出《いだ》し候。先年以来、精血の注ぐ所、一代の発明に候。小生に於ては、日本開闢以来の独見と存じ奉り候」(『書翰集』続・二七、文化十年六月二十七日付の篠崎小竹宛て)と絶賛するほど、『古詩韻範』を高く評価するようになった。『古詩韻範』に寄せた序文において山陽は次のように言う。

> 近ごろ、日本では中国本土に匹敵するほど盛んに漢詩が作られているが、詩の出来映えという点では一段遅れをとっていると言わざるを得ない。特に長篇古詩においては、「韻以て之を節し、節以て之を運《めぐ》らす。分数整粛にして、首尾相救ひ、而して変化出づ」という中国本土の「昔人」の勝れた作には遠く及ばない。けれども、この登々庵の著作によって古詩の韻法を理解すれば、日本の詩人の作る古詩も「一変」することになるかもしれないと。

山陽は文政元年から二年にかけて一年ほど西国を遊歴し、その際に杜甫・韓愈・蘇軾の古詩を自ら抄出した写本を携行した。『山陽詩鈔』巻三「西遊稿上」の山陽の識語によれば、山陽の旅装の中には「手鈔の杜・韓・蘇の古詩三巻を除いて『詩韻含英《しいんがんえい》』一部」も収められていたという。ちなみに『詩韻含英』は、韻ごとに詩語を分類し平仄《ひょうそく》を付した作詩のための参考書である。清の劉文蔚《りゅうぶんうつ》撰で、携帯に便利な韻書として広く用いられた。ここで推測を逞しくすれば、山陽の旅装の中にはこれらに加えて『古詩韻範』も入っていたのではあるまいか。山陽は旅中において、「手鈔の杜・韓・蘇の古詩三巻」と『詩韻含英』さらに『古詩韻範』とを見合わせて、古詩の韻法を自ら確認しつつ古詩を詠作し、その作法を「大に悟る」ことになったのではないかと想像される。

山陽の西国遊歴中の詩は「西遊稿」としてまとめられた。これを単行の詩集として出版するという話(『書翰集』下・別集二九四、松永花遁宛て)も一時はあったようだが、結局『山陽詩鈔』巻三に「西遊稿上」(七十三首)が、巻四に「西遊稿下」(九十二首)が収められるという形で出版された。先に紹介したように、山陽はもっとも七言絶句を好み、排律(特に七言律詩)を不得手にしていた。この傾向は「西遊稿」にも表われている。「西遊稿」百六十五首のうち、七言絶句は百首と圧倒的に多数であるのに対し、七言律詩は十二首と顕著に少ない。山陽の詩体に対する従来からの嗜好は継続していた。しかし、従来と異なるのは古詩(七言を基本に長短句を駆使する楽府体や歌行の類を含む)の充実ぶりである。「西遊稿上」には七首、「西遊稿下」には三十一首、「西遊稿」全体で合計三十八首の古詩が収められている。「西遊稿上」に比して「西遊稿下」で古詩の数が飛躍的に増えているのは、おそらく西遊途上における山陽の古詩学習の成果であろう。

「西遊稿」の詩の出来映えについては、「西遊詩、扨《さて》も吾乍《なが》らおもしろく候」(『書翰集』上・一六九、文政三年二月二十五日付の亀山夢硯宛て）と山陽は自賛しているが、「西遊稿下」の巻末には柴野碧海《へきかい》の次のような評が付されている。

天才縦逸にして、又た韓・蘇に力を得たり。故に五・七言の古体、尤も飛動縦横、往往人をして鼓舞して已《や》まざらしむ。烏《いずく》んぞ及ぶ可けんや。

これは「西遊稿」所収詩に対する評価として、大方の首肯するところだった。それでは、「西遊稿」所収の個別の古詩（楽府体・歌行を含む）に対して諸家はどのように評したのか。板本『山陽詩鈔』の欄外評の幾つかを抜き出してその具体的な評語を示しておきたい。（　）内は評者名である。

まず「西遊稿上」から。

○「壇浦行」

（小竹）「起手宛然たる大蘇の典刑。」

（杏坪）「老杜を摸貌して気骨蒼勁。」

○「荷蘭船行」

（茶山）「詩人の碕に遊びて、蛮漢の聞見に及ぶこと少なし。此等の作は差々《やや》人意を強くす。険韻句毎に押す、何等の詩胆ぞ。」

（詩仏）「事事写し尽くして筆力自在なり。末に議論を以て之を結ぶ。大公案なり。」

○「仏郎王歌」

（碧海）「奇事奇筆。」
（詩仏）「気機流暢にして、押韻の痕迹《こんせき》無し。」
次に「西遊稿下」から。
○「天草洋に泊す」
（霞亭）「此詩を以て西遊第一と為す。」
（五山）「子譲、眼高し。余も亦た嘗《かつ》て取りて詩話中に置き、実に絶唱と為す。」
○「後兵児謡《ごへこのうた》」
（詩仏）「筆力矯健、詞気跌宕《てっとう》、前後の二詩は寒暑の候を殊にするが如く変化自在なり。古楽府に深き者に非ざれば、至ること能はず。」
○「田百谷《でんひゃっこく》の古画《こが》を摹《も》するを観る引《いん》」
（小竹）「奇対は東坡の石鼓の流亜なり。」
○「鎮西八郎歌」
（茶山）「伝なり、賛なり、論なり。一首中に倶《とも》に備はる。」
（小竹）「末段は四たび転じ、転転皆な人の意表に出づ。」
（五山）「結句は老杜を脱胎して妙を極む。」
○「重ねて加藤肥州の廟に謁して引す」

（杏坪）「満胸の史乗、触るるに随ひて吐露す。此れ其の本色なり。」
（小竹）「一韻到底は転ずる毎に韻を複《かさ》ぬ。此韻は此詩の為に設くる者なり。」
○「筑後河を下りて菊池正観《しょうかん》公の戦ふ処を過《よ》ぎり感じて作有り」
（茶山）「秋玉山の筆力は当時匹罕《ひっかん》なり。而るに此等の好題目、遺して及ばざるは何ぞや。此詩、苦戦して屈せざるの状を写し出して何等の壮快ぞ。李北地（李夢陽《ぼうよう》）の石将軍歌、覇を明代に称す。此れ恐らくは属国と為るに甘んぜざらん。」
（詩仏）「感慨淋漓《りんり》、気韻雄絶、真に子成の本色なり。」
○「余、藝に到り留まること数句、将《まさ》に京寓に帰らんとす。遂に母を奉じて偕《とも》に行く。侍輿《じよ》の歌を作る」
（小竹）「古楽府を読むに似たり。」

これらの諸家の評語からは、「手鈔の杜・韓・蘇の古詩三巻」と『古詩韻範』が「西遊稿」の古詩作品に大きな影響を与えたことが認められるであろう。例えば友人小竹が「大蘇」（蘇軾）、叔父杏坪が「老杜」（杜甫）を彷彿させると評した長篇歌行「壇浦行」については、山陽自らも「壇浦行の一篇、韻法は杜詩の「茅屋風雨の抜くを為すを歎く」に依る。時に単句を挿む。知らざる者は脱語有りと謂《い》ふ。此事、与《とも》に語る可き者は、独り亡友武景文（武元登々庵）のみ」（『文集』巻十「自ら壇浦行の後に書す」）と記すように、杜甫の長篇歌行「茅屋秋風の破る所と為る歌」の韻法に拠った作だと明かしている。

『古詩韻範』「総説」の説くところによれば、「単殺ノ法アリ。是レ単句ヲ用ヒテ、二句ヲ一句ニ促《ちぢ》ムルノ法」という句法が古詩にはあるとして、登々庵は杜甫の「茅屋秋風の破る所と為る歌」を第十格「単句を用いる格」に分類し、この作の単句の用法と押韻法を具体的に分析している。山陽はこうした『古詩韻範』の所説に拠りながら、「壇浦行」を三単句を挿む形で作詩した。源氏によって平家が滅亡に追い込まれた壇ノ浦の戦いを主題とする詠史の作に、山陽は巧みにこの古詩の格を利用したのである。

また「西遊稿」の中には、北条霞亭《かてい》が「西遊第一」と評し、菊池五山も「絶唱」と絶賛して『五山堂詩話』補遺巻三(文政九年刊)の巻頭に収録した、七言古詩「天草洋に泊す」が収められている。これは山陽の代表作の一つとしてよく知られる次のような作である。

雲耶山耶呉耶越　　雲《くも》か山《やま》か呉《ご》か越《えつ》か
水天髣髴青一髪　　水天髣髴《すいてんほうふつ》　青一髪《せいいっぱつ》
万里泊舟天草洋　　万里《ばんり》　舟《ふね》を泊《はく》す　天草洋《あまくさなだ》
烟横篷窓日漸没　　烟《もや》は篷窓《ほうそう》に横《よこ》たはり　日《ひ》漸《ようや》く没《ぼっ》す
瞥見大魚波間跳　　瞥見《べっけん》す　大魚《たいぎょ》の波間《はかん》に跳《おど》るを
太白当船明似月　　太白《たいはく》　船《ふね》に当《あた》りて　明《あき》らかなること月《つき》に似《に》たり

切迫した音調を有する雄壮な叙景詩で、七言六句の古詩として作られ、入声《にっしょう》六月(越・髪・没・月)の一韻で押韻されている。実はこの作が参考にしたと推測される詩も、やはり『古詩韻範』に収められている。それは第十二格「一韻到底格」に分類される、柳宗元《りゅうそうげん》の「漁翁」と題する次のような作である。

漁翁夜傍西岩宿
暁汲清湘然楚竹
烟銷山出不見人
欸乃一声山水緑
廻看天際下中流
岩上無心雲相逐

漁翁《ぎょおう》　夜《よる》　西岩《せいがん》に傍《そ》ひて宿《しゅく》す
暁《あかつき》に清湘《せいしょう》を汲《く》みて楚竹《そちく》を然《た》く
烟銷《もやき》え　山出《やまい》でて　人《ひと》を見《み》ず
欸乃一声《あいだいいっせい》　山水緑《さんすいみどり》
天際《てんさい》を廻《めぐ》らし看《み》て　中流《ちゅうりゅう》に下《くだ》る
岩上《がんじょう》　無心《むしん》　雲相逐《くもあいお》ふ

「天草洋に泊す」と同じ七言六句の古詩で、入声二沃(宿・竹・緑・逐)の一韻で押韻されている。この詩は『柳河東集《りゅうかとうしゅう》』巻四十三に収められるが、明の蔣之翹《しょうしぎょう》がこの詩について、「急節簡奏、気已《すで》に太《はなは》だ峻削」と注しているように、形式だけでなく音調もまた「天草洋に泊す」と似ている。『古詩韻範』はこの詩の句法と韻法について、「此篇六句一韻、蓋《けだし》六句ノ短古、四句二句二解トス。故ニ起二句、或ハ末二句、韻ヲ換ルヲ常法トス。一韻ヲ用フルモノ、却《かえっ》テ此一体トス」と解説する。六句の一韻到底格の古詩は「常法」ではなく、珍しい一体だというのである。珍しい詩体である一韻到底格の七言六句の短古「天草洋に泊す」を作詩した時、山陽の脳裏には『古詩韻範』に収める柳宗元の一韻到底格の七言六句の短古「漁翁」があったことは間違いないであろう。

このように「西遊稿」所収詩の特徴の一つは、『古詩韻範』の所説に触発され、杜甫・韓愈・蘇軾の作品を意識しつつ詠まれた詠史その他の長篇古詩(歌行・楽府体を含む)であった。先の「壇浦行」(二十八句)のほか、太宰府で菅原道真を偲んだ「菅右府《うふ》の祠廟に謁して作有り」(二十六句)、オランダ船の長崎入港を詠んだ「荷蘭船行」(二十八句)、長崎でオランダ人医師から聞いたナポレオンのロシア遠征を主題とした「仏郎王歌」(四十句)、薩摩の島津氏と豊臣秀吉との関係を分析した「石《せき》曼子《まんし》行《こう》」(十六句)、鹿児島の宿で小田百谷が古画を模写したのを観ての作「田百谷《でんひゃっこく》の古画を摹《も》するを観る引」(四十句)、保元の乱に敗れて琉球に渡ったという伝説のある源為朝を詠んだ「鎮西八郎歌」(三十二句)、加藤清正廟に再謁してその事蹟を回顧した「重ねて加藤肥州の廟に謁して引す」(三十二句)、征西将軍懐良《かねよし》親王を奉じて足利方と戦い勤王の志を示した肥後の武将菊池武光《たけみつ》を顕彰する「筑後河を下りて菊池正観公の戦ふ処を過《よ》ぎり感じて作有り」(三十六句)などである。

もちろん「西遊稿」の特徴は右のような詠史その他の長篇古詩だけにあるのではない。山陽はもともと地勢や土地の風俗に対する関心が強かった。そのような主題を得意の七言絶句の形式、特に竹枝《ちくし》という詩体を意識して詠んだ作品もまた「西遊稿」所収の詩の特徴の一つになっている。「赤関雑詩」「戯れに赤関竹枝を作る八首」「長崎謡十解」「南遊して菊池村を過ぐ」「綱樹嶺《つなぎとうげ》を踰《こ》ゆ」

「肥薩の界《さかい》を過ぐ」「阿嵎嶺《あくね》」「途上」「所見」「薩摩詞八首」「大隅道上」「豊後に入る」などの七言絶句の佳作がそれである。

『山陽詩鈔』に寄せた序文において、篠崎小竹は山陽の詩を次のように評した。

曠世《こうせい》の才を以て、雄偉の詞を逞《たくま》しくし、体は古今を兼ね、調に唐宋無く、略《ほ》ぼ之を応酬すること常套にして、詠懐の蓄念を発し、典故を和漢に合し、議論を風雅に寓し、操縦《そうじゅう》手に在りて細大遺《のこ》すこと無し。能く覧《み》る者をして壮気憤然、扼腕切歯《やくわんせっし》せしむ。

小竹が指摘するこうした山陽詩の特色は、これまで述べてきたように、山陽三十九歳の文政元年から四十歳の文政二年にかけての西国遊歴の間に確立されたと言ってよい。その後の山陽の詩は『山陽詩鈔』巻五〜巻八と『山陽遺稿』七巻・拾遺に収められているが、そこに見ることができるのは山陽詩の円熟の跡である。例えば『山陽詩鈔』巻七に収める「多賀城瓦研歌《たがじょうがけんか》」「文治経卓歌《ぶんじきょうたくか》」「芳野《よしの》竹笛歌《ちくてきか》」「興国鉄鈴歌《こうこくてつれいか》」という題で古器物を詠んだ四首の古詩について、菅茶山は詩集板本の欄外に、「詩眼と史眼とを以て相昭融す。要するに企て及ぶ可からざる者有り」と評した。つまり、「詩眼」と「史眼」の融合する、他の詩人の及びがたい詩境に山陽は到達したというのである。もっとも茶山は、『山陽詩鈔』巻六の巻末評には、「詩律巧緻、工夫を費やすに似たり。子成は則ち咄《とっ》嗟《さ》にして弁ず。是れ佗人と異なることを為すのみ。然れども諸《これ》を西遊の巻と較ぶれば、英気の差《や》や撓《たわ》むを覚ゆ」とも記している。山陽の詩の巧みさは天成のものであるが、詩人山陽の「英気」のピークは「西遊稿」にあり、以後はやや弛緩したという指摘である。山陽その人と詩に対して、早くから温かくも厳しく見守ってきた茶山らしい公平な評価である。山陽詩の頂点は「西遊稿」にあったと言えるであろう。

西国遊歴後は山陽の後半生に当たる。詩人山陽の後半生における特徴の一つは、清代の詩人とその詩について、山陽が強い同時代的な関心を示すようになったことにある。先述のように、清詩についてはすでに文化二年の「杜詩を詠む」(『文集』巻三)において、山陽は杜甫に肖《に》る清代の詩人として宋琬(茘裳《れいしょう》)と趙翼(甌北《おうほく》)という二人の名前を挙げていた。また文化十二年の「清百家絶句に題す」(『文集』巻七)でも清詩は唐・宋詩を学ぶための階梯であると述べているように、山陽は清詩についても早くから関心を有してはいたが、清代の詩人とその詩についての言及は、西国遊歴以後目立って多くなり、より具体的な批評が見られるようになる。長崎滞在中に楊西亭・陸品三などの来航清人たちと直接交流したことが、山陽が清詩に対する同時代的な関心を強めるきっかけになったのかもしれない。

山陽は清の陳文述(号を碧城)の詩集『頤素堂《いそどう》詩鈔』に書後「頤素堂詩鈔の後に書す」(『文集』外集)を記して、文述の詩の特徴を、蔣士銓《しょうしせん》(号を蔵園)・施閏章《しじゅんしょう》(号を愚山)・趙翼・黄之雋《こうししゅん》・張問陶《ちょうもんとう》(号を船山)・呉偉業《ごいぎょう》(号を梅村)・袁枚《えんばい》など他の清代名家の詩と比較しながら論評し、また「趙甌北の十家詩話の後に書す」(『書後』巻下)においては、銭謙益《せんけんえき》(号を牧斎)・呉偉業・王士禛(号を漁洋)・朱彝尊《しゅいそん》

(号を竹垞《ちくだ》)・施閏章・宋琬・査《さ》慎行《しんこう》(号を初白)など清の歴代名家の詩を比較論評して、清詩に通暁するところを示した。さらに「徐而《じょじ》庵説詩《あんせつし》の後に書す」(『書後』巻下)では、清の金聖歎《きんせいたん》と徐而庵の詩法を取り上げて、彼らの説く詩法を「死法」として斥け、清代の詩論についても一家言あるところを見せた。山陽のこれらの批評的な発言の背景には、山陽の清詩に対する強い関心と、熱心な研究があったことが窺われる。

そして、最晩年の天保二年(一八三一)、山陽は新たに舶載された清の道光七年(日本の文政十年)刊の『浙西六家詩鈔《せっせいろっかししょう》』を広島への帰省の旅中の読物として携行し、京都との往復の道中で集中の詩に加評した。門人の後藤松陰は山陽没後の嘉永二年(一八四九)に『浙西六家詩評』と題し、特に山陽評の付されている詩を抄出し、山陽評とともに刊行した。

浙西六家とは厲鶚《れいがく》(号を樊榭《はんしゃ》)、厳遂成《げんすいせい》(号を海珊《かいさん》)、王又曾《おうゆうそう》(号を穀原《こくげん》)、銭載《せんさい》(号を蘀石《たくせき》)、袁枚(字は子才、号を随園、倉山居士)、呉錫麒《ごしゃくき》(号を穀人《こくじん》)の六人で、いずれも乾隆年間(一七三六〜九五)前後に浙江の西の地で活動した詩人たちである。山陽は彼らの詩の一首一首について、時に叔父の杏坪や師の茶山の詩と比較するなど、同時代の日本の詩人の詩に対するのと同じように忌憚のない自在な批評を加えている。

これら六人の詩人の中で、山陽がもっとも強い関心を寄せたのは、乾隆三大家の一人に挙げられる袁枚である。これ以前に山陽は「随園詩話の後に書す」(『書後』巻下)において、袁枚の詩話『随園詩話』を「軽薄浮蕩《ふとう》を以て儳《ざん》(さしでぐち)を鼓《こ》して之(大雅を指す)を奪ふ。其の毒は延《ひ》いて海外に及ぶ。甚だしきかな」と厳しく批判したり、「倉山詩鈔の後に書す」(『書後』巻下)においては、市河寛斎が袁枚の詩を「硬なるのみ」と評したのに対して、「余は一字を加へて粗と曰ひ、更に一字を加へて俗と曰ふ」と酷評した。『浙西六家詩評』では袁枚の詩を「此首、風人の旨を失はず。詩も亦た駘蕩《たいとう》にして沈痛」「此等の詩、古人に愧《は》ぢず」「情韻双絶」などと褒めているところもあるが、山陽の袁枚評には悪評が多い。

この点について面白い指摘をしたのは、山陽の親友篠崎小竹である。小竹は『浙西六家詩評』に寄せた序文で次のように言う。

山陽、清人の詩文を評するに、抑へる有り、揚ぐる有り。随園に至つては、則ち之を抑ふること殊に甚だし。予、其の意を察するに、随園を悪《にく》むに非ざるなり。亦た随園の為にするなり。随園の才学は能く当時を圧し、其の議論著作は悉く陳腐を脱して、人の意表に出で、古今を凌轢《りょうれき》す。自ら一家を成し、観る者は爽然として之に敢て攖《ふ》れること莫《な》し。山陽以為《おもえ》らく、子才は実に才子なり。然して亦た太《はなは》だ傲慢なりと。因つて其の疵瑕《しか》を索《もと》め、指摘《してき》して遺《のこ》さず。

才学において自分に似たところのある袁枚が傲慢なのを惜しんで、山陽は敢えて袁枚の欠点を探して酷評したと小竹は言うのである。似たもの同士であるが故に、山陽の袁枚に対する点が辛くなったということであろうか。山陽の袁枚評価の偏りについては、もう一つ別の理由を付け加えることができるかもしれない。山陽は京都の漢詩人たちよりもむしろ江戸の漢詩人たちと意気投合した。特に江戸詩壇を性霊派の詩風に転換させた江湖《こうこ》詩社系の詩人、市河寛斎・柏木如亭・大窪詩仏・菊池五山たちとは友好的な関係を築いた。もともと袁枚を高く評価し、日本の詩壇に紹介・流布させたのは彼ら江湖詩社系の詩人たちであった。市河寛斎は袁枚の詩集『随園詩鈔』を編集して文化十三年に刊行し、菊池五山は袁枚の『随園詩話』二十六巻に倣って、『五山堂詩話』十五巻を文化四年から天保三年の間に続刊した。柏木如亭は早く文化元年に『随園詩話』から詩や詩論を適宜抄出して編集した『随園詩話』を校閲・出版している。随園評価において江湖詩社系の詩人たちに先んじられた山陽の脳裏には、おそらく彼らへの対抗意識があり、それが山陽の袁枚評価に一種の偏りをもたらすことになったのかもしれない。

山陽の詩人としての足取りはおおよそ以上のようなものであるが、結局のところ山陽が詩の基本としたのは何であったか。文政元年六月に書いた「杜集の後に書す」(『書後』巻下)という文章において、山陽は「余、従ひて詩文を学ぶ者に語る。一字の訣《けつ》有り。曰く「真」と。又た四字の訣有り。曰く「唯真故新」と」。つまり、詩文を学ぶ者にとってもっとも大切なのは「真」を求めることであり、「真」であればその作品は新しいものになるというのである。詩において「真」を求めるためにはどうすればよいか。山陽は文政四年の文章「詩話五則、大河原世則に別る」(『文集』巻九)において、「詩は必ずしも古に擬せず、必ずしも今に媚びず。独り眼前の情景、之を口吻に上せ、而して之を書するに筆を以てするのみ」と記している、詩作における「真」は「眼前の情景」を表現することにあるという。しかし、これは極めて難事なので、「詩文は古人を学ばざる可からず。古人を学ばざれば、則ち詩を成さず」ともいう。徒手空拳で「眼前の情景」を表現するというのは実はたいへん難しいことなので、現実的には古人の詩を学ぶ必要があるが、つまるところは「眼前の情景」を表現することが、詩における「真」の追求だということになる。

書かれた年は未詳だが、「経説・文話十則」(『文集』外集)の中の次のような一則が、そのような山陽の詩観を総括している。

詩の古風は漢・魏を宗とし、近体は盛唐を宗とするは、千古の定論なり。而して中・晩・宋・元・明・清、皆な取る可き有り。界画《かいかく》す可からず。享保の諸家は、明人の陳腐を拾ひて唐と曰ふも、唐は学ぶ可からず。今の諸家は、故意に枯淡に趨《はし》りて宋と曰ふも、宋も亦た学ぶ可からず。実を叙し情を写し、険無く易無くして、其の調は吟ず可し。其の味の嚼《かみし》む可き者、是を真詩と為すのみ。

これが山陽の考える規範たる古典詩と「真詩」との関係である。ここに山陽の詩観の基本が示されていると言ってよいであろう。

山陽は自宅に塾を開き、寄宿する門人も少なからずいた。そのような門人たちに山陽は詩文を教授するだけでなく、経書《けいしょ》の読み方も指導した。詩文を作ることと経書を学ぶこととはとりあえずは別事であるが、門人の一人であった村瀬藤城（士錦）に対し、文化九年に書いた「村瀬士錦問目条対十八則」（『文集』巻六）の中で、山陽は次のように教え諭している。「経を治むるは大業なり。豈《あ》に遽《にわ》かに言ふ可けんや。然るに僕の所謂ゆる一法なる者は、経を以て経を視ずして、文を以て経を視る。……夫れ経は豈に別物ならんや。亦た文なるのみ。……故に僕は生徒に授くるに、文章を以て先とす」と、結局のところ経書は文章にほかならないことを山陽は強調する。経書の文章は先秦の文章である。従って先秦の古書を読んで、その「語意口気」に習熟すれば、難解な経書も理解できるようになる。そうすれば「諸家の註疏《ちゅうそ》は概ね無用」になると山陽は言うのである。

経書を先人の注釈を前提にして読むのではなく、文章表現としてその脈絡を自らの見識で解釈してゆくこと、経書を読み解く鍵はそこにあるというのが山陽の持論であった。この持論は「遼豕録《りょうしろく》に跋す」（『書後』巻上）、「詩・書正文《せいぶん》の後に書す」（『書後』巻上）、「春秋正文の後に書す」（『書後』巻上）、「論・孟正文の後に書す」（『書後』巻上）、「孟子評点の後に書す」（『書後』巻上）などの文章においてしばしば繰り返されているが、その一つである「五経正義を読む」（『書後』巻上）には次のように記されている。

吾は従遊の者をして経を治めしむるに、唯だ平心に正文を読み、其の語勢に循《したが》ひ、又た古書と時を同じくする者とを取りて、錯《まじ》へて之を誦せしむ。其の口気に習へば、則ち四、五分を了す可し。通ぜざる処に遇へば、然る後に注を看る。注は一家を主とす。猶ほ通ぜざれば、更に他注を看る。猶ほ通ぜざれば、則ち姑《しばら》く之を闕《か》く。是れ力を省く法なり。

作詩においては、規範とする古典詩にとらわれることなく「眼前の情景」を表現することが「真」を求めることであり、経書の学びにおいては、先人の注釈を前提とせずに経書の正文(本文)を文章として自ら読み解いてゆくという姿勢がもっとも求められると山陽は言う。ここに共通するのは自分自身がどのように感じ、どのように納得するのかという、「私」の重視だったように思われる。過去の先人たちはもちろん、同時代の他の人間と自分とは違うという自意識が、山陽の学問や詩作を支えていたのである。

第八章　『日本外史』への道

山陽が広島から竹原へ向かう途中で姿をくらまし、脱藩逃亡したのは二十一歳の寛政十二年(一八〇〇)九月五日のことだった。その後、山陽は京都に潜伏しているところを捕らえられ、広島に連れ戻されて座敷牢に閉じ込められた。『梅颸日記』によれば、享和元年(一八〇一)四月二十八日、山陽は座敷牢から「仁室」に移され、監視をやや緩められて、書物の閲覧や著述が許されることになった。この仁室から山陽が出ることを許されたのは、二十四歳の享和三年十二月のことであった。

座敷牢から移された仁室でのほぼ三年に及ぶ幽閉期間中、山陽は己の置かれている立場に改めて思いを致し、日本歴史の編纂を自分の仕事にしたいという思いを抱くようになったが、当初山陽が着手した史書の編纂というのは、「永享以降、織・豊ノ交ニ至迄」(『書翰集』下・別集三二四、梶山立斎宛て山陽書簡)、すなわち永享年間(一四二九〜四一)から織田信長・豊臣秀吉時代まで、つまり応仁の乱と戦国時代を中心とするかなり限られた時期を想定したものだった。もっともこの梶山立斎宛ての書簡より早い享和二年(推定)十二月六日付の友人石井儀卿《ぎけい》(豊洲《ほうしゅう》)宛ての書簡(『文集』巻二「石井儀卿に与ふ」)には、「僕の私史、太略規模を成す」とも見えている。さらに、この後に紹介する文化元年後半の頼春風宛て書簡の書きぶりから推測するに、山陽が史書の編纂を志したのは、おおよそ座敷牢幽閉の翌年享和元年のことだったのではないかと推測されるが、当初、山陽の念頭にあったのは必ずしも大規模な構想の修史ではなかったのである。

しかし、結果的に山陽の修史の試みは規模の大きなものになり、まずは紀伝体で武家政権の成立と変遷を跡づけた『日本外史』として、次いで編年体で神武天皇から後陽成天皇に至る日本の歴史を天皇ごとに標目を立てて総覧する『日本政記』として結実することになった。前者『日本外史』は最終的には全二十二巻として完成され、文政十年(一八二七)に松平定信に献上された。その全二十二巻の内容は次のようなものになっている。

巻一	源氏前記	平氏	[序論][論賛][副論]
巻二	源氏正記	源氏上	
巻三	源氏正記	源氏下	[論賛]
巻四	源氏後記	北条氏	[序論][論賛]
巻五	新田氏前記	楠氏	[序論][論賛]
巻六	新田氏正記	新田氏	[序論][論賛]

巻七　足利氏正記　足利氏上
巻八　足利氏正記　足利氏中
巻九　足利氏正記　足利氏下　［論賛］
巻十　足利氏後記　後北条氏　［序論］［論賛］
巻十一　足利氏後記　武田氏・上杉氏　［論賛］
巻十二　足利氏後記　毛利氏　［論賛］
巻十三　徳川氏前記　織田氏上　［序論］
巻十四　徳川氏前記　織田氏下　［論賛］
巻十五　徳川氏前記　豊臣氏上
巻十六　徳川氏前記　豊臣氏中
巻十七　徳川氏前記　豊臣氏下　［論賛］
巻十八　徳川氏正記　徳川氏一
巻十九　徳川氏正記　徳川氏二
巻二十　徳川氏正記　徳川氏三
巻二十一　徳川氏正記　徳川氏四
巻二十二　徳川氏正記　徳川氏五　［論賛］

構成としては、征夷大将軍に任ぜられ幕府を開いた武家を「正記」として立て、その前後に、「正記」に立てる武家の登場に先駆けたり、あるいは「正記」に立てる武家の後継者として権力を争った武家を、それぞれ「前記」「後記」として配する形になっている。そのなかで注目されるのは、征夷大将軍に任ぜられたこともなく、幕府を開くこともなかった新田氏を、山陽が「正記」に立てたことである。この処置は山陽がその尊王主義の歴史観を反映させるために採用した「特筆」の「体例」であり、新田氏の末裔である徳川氏が幕府を開くことになったのは、新田氏の勤王の余慶であることを強調したいと考えたからであった。

『日本外史』には、本文の叙事とは別に、「外史氏曰く」で始まる論文が適宜配されている。『日本外史』の原本ではそれに標目を付して区別しているわけではないが、巻頭の論文は「序論」、巻末の論文は「論賛」、「論賛」が二篇配されている場合の二篇目は「副論」と名付けて区別することが、通常行われている。それらの論文の配置は右の一覧に示した通りである。「序論」と「副論」は適宜置かれているが、「論賛」は「前記」「正記」「後記」に立てられたすべての武家に付されている。山陽はこれらの論文において、自己の歴史哲学や歴史観に基づく歴史批評を展開した。そのことについて、山陽は文政六年の「外史隠微《いんび》七則」(『文集』巻十)において、次のように述べている。

序論・論賛は他の文と同じからず。皆な隠微にして言ひ難きの情事を指す。半呑半吐、而して古今を俯仰し、感慨之に係る。其の中にも亦た已《すで》に脩撰《しゅうせん》の意を分疏《ぶんそ》する者有り、叙事の至らざる所を補足する者有り。腐令《ふれい》(司馬遷を指す)源を発し、後人溯回《そかい》す。至ること能はずと雖も、心は之に嚮《むか》ふ。

これに言うように、「論賛」等の論文を付するという『日本外史』の形式は、早くは司馬遷の『史記』を源として、中国の史書にしばしば見られるものであるが、直接的に山陽に大きな影響を与えたのは、水戸藩の修史『大日本史』の論賛であり、その論賛を集成した安積澹泊《あさかたんぱく》撰『大日本史賛藪《さんそう》』五巻であった。山陽は『日本外史』の論賛執筆のため、文化八年(一八一一)に友人篠崎小竹から『大日本史賛藪』を借用し、自家用に写本を作成している。

山陽の修史は、右のような構成の『日本外史』二十二巻へ向けて試行錯誤されてゆくことになったが、「囲」から「仁室」へと山陽の幽閉が継続されるなかで、その構想は膨らんでいった。「仁室」から解放された翌年の文化元年後半頃に書かれたと推測される、頼春風宛ての書簡(『書翰集』下・別集三二〇)において、山陽は修史の構想と書名および進捗状況について次のような報告をしている。

「此の両三年、已に此の志(修史の志)」があったが、「此の節、日本史(『大日本史』を指す)拝借仕り候に付き、本朝将家諸氏の世家《せいか》作り申す可しと、就緒《しゅうしょ》仕り居り候」とあるように、本朝武家の世家の執筆を開始したという。そして、書名の候補として『日本世史』『十六氏世家』『十三氏世家』『覇史』『本朝覇史』を挙げ、構想中の史書は「紀伝・編年両体を兼ねて」「時変の梗概を得さしむる」ものにしたいと述べ、以下のような収載予定の武家世家の一覧を掲げている。ちなみに「本紀」が帝王の事蹟を記すのに対し、「世家」とは王や諸侯の家筋の事蹟を記録するもので、司馬遷の『史記』に始まる史書の部立である。山陽は『史記』に倣って、武家の事蹟を家系ごとに「世家」として記述しようと考えたのである。

この時、山陽が予定した武家世家というのは、「源氏世家」「平氏世家」「北条氏世家」「七将世家(皇子護良、楠氏、北畠氏、名和氏、児島氏、菊池氏、河野氏)」、「新田・足利氏世家」「山名・細川氏世家」「三好氏世家(長曾我部氏附)」「伊勢氏世家(小田原北条也)」「毛利氏世家(吉川、小早川二氏附)」「上杉・武田氏世家」「東諸氏世家(里見氏、佐竹氏、伊達氏、今川氏、朝倉氏、斎藤氏)」「西諸氏世家(大内氏、尼子氏、大友氏、島津氏、龍造寺氏)」「織田氏世家(丹羽、柴田、瀧川、池田諸氏附)」「豊臣氏世家(加藤、小西、増田諸氏附)」であったが、山陽によれば「上杉・武田氏世家」と「豊臣氏世家」はすでに脱稿しているという。

しかし、この時点での修史の構想はかなり流動的で、右の春風宛て書簡の翌年、文化二年三月二十日付の大槻子縄《しじょう》(平泉《へいせん》)宛て山陽書簡(『文集』巻三「大槻子縄に与ふる書」)にも、書名案や構想が記されているが、それは次のように大きく変更されたものだった。すなわち、書名を『隠史五種』とし、「三紀」「五書」「九議」「十三世家」「二十三策」という部立になっている。「十三世家」は春風宛て書簡に見られた『十六氏世家』あるいは『十三氏世家』に当たるものである。これ以外の「三紀」

「五書」「九議」「二十三策」は新たに示された部立だが、「三紀」は神武天皇から後陽成天皇に至る天皇本紀で、後の『日本政記』につながるもの。「五書」の内訳は「輿地書」「封建書」「官制書」「財用書」「法律書」で、後に経世論としての『通議』(その前身としての『新策』)の一部を成すもの。「九議」は「大勢議」「平安議」「前鎌倉氏議」「後鎌倉氏議」「中興議」「室町氏議」「安土氏議」「浪速氏議」「総議」から成り、内容的には歴史評論とでもいうべきもので、後に『日本外史』や『日本政記』の論賛や序論などに流入するものである。「二十三策」は「君権内治」「大臣監察」……「裁制商賈」「平均米価」……「法律刑名」「訟獄保甲」などを含む二十三の具体的な政策論で、後に『通議』(『新策』)という経世論に組み込まれることになる。大槻子縄宛ての山陽書簡に示されるこのような内容を見ると、限られた時代の武家の歴史を著述するという当初の枠を越えて、山陽の修史の構想そのものが大きく変化しつつあったことが分かる。そして、山陽はこの大槻子縄宛て書簡において、『隠史五種』を改訂した『隠史六種』の案も同時に提示しており、山陽の頭の中で構想は揺れ動いており、一定していなかったのである。

大槻子縄宛て書簡の半年ほど後の文化二年十月十日付の武元君立宛て書簡(『文集』巻三「武元君立に答ふる書」)において、山陽は著述進行中の書名を『新書《しんじょ》』と言い、内容は「八議」「六略」「二十三策」「十八紀事」「六将伝」の五部から成り、前三者は「纔《わず》かに稿を脱し」、後二者は「未だ全くは成らざるなり」と明かしている。「二十三策」は半年前の構想にも見られた部立だが、半年前の構想の「九議」は「八議」に、「五書」は「六略」に変更されており、「十八紀事」と「六将伝」は半年前の構想には見られなかった部立である。「十八紀事」は「保元・元中の際に撮《と》りて、其の事の本末を綜《す》べ」るとし、「六将伝」は「北条・大江・武田・長尾・織田・豊臣の興壊を紀す」ものという。

その後、文化三年一月二十一日の池口愚亭(子継)のために書いた「池口子継を送る引《いん》」(『文集』巻三)には、「余、私史を脩め、源氏より豊臣氏に至る。其の豊臣氏に及ぶ比《ころ》、会《たまた》ま池口子継来る」とある。同じ年の文化三年六月に書いた「織田真記に書す」(『書後』巻中)には、「文化丙寅《へいいん》六月、吾、外史を草し織田氏に至る。因て諸旧志の此家に渉る者を閲《けみ》す。真記の如きは真と謂《い》つ可し。惜しむらくは、其の文以て其の真を状《の》ぶるに足らざるのみ」と見え、また同年十月に書いた「長尾謙信酒《しゅ》盞記《さんき》」(『文集』巻四)には、「曩、近ごろ私史を修し、方《まさ》に武田・長尾氏の事に至る」と記されていて、山陽が当時武家世家の執筆に力を注いでいたことが窺われる。

なかでも注目されるのは、文化三年六月の「織田真記に書す」に、「外史」の呼称が用いられていることである。書きぶりからだけでは「外史」が普通名詞なのか固有名詞なのかは判断できないが、これが山陽の書いた文章の中での「外史」という呼称の初見である。また『詩集』巻四に文化三年の詩として、「自著外史・新策二書の後に書す、二首」と題する七言絶句二首が収められている。これによれば、この時点ではまだ固定化されていなかったかもしれないが、遅くとも文化三年中には山陽は自ら著述していた史書を『外史』と称したことになる。

　文化四年以後も山陽は引き続き武家世家の執筆に集中し、その過程で書名も次第に固まってきた。文化四年三月十日付の書簡「石井儀卿に与ふ」(『文集』巻四)には「日本新史の役、稍稍《やや》緒に就く。其の須《もち》ふる所、史記助字法より急なるは莫《な》し。之を府中に求むるも得ざるなり。子、盍《なん》ぞ割愛して我に借さざる」とあって、執筆中の史書を『日本新史』と記し、記述のための参考書として『史記助字法』(皆川淇園撰、宝暦十年刊)を借りたいと申し出ている。

　同年の文化四年中に同じく石井儀卿に宛てて山陽が示した修史の構想が、木崎好尚『青年頼山陽』(昭和十一年刊)の「一七『外史』の功程一」に収められている。これによれば、書名は「日本別史、一に「外」に作る」とし、時代的には豊臣氏までを予定していたが、新たに徳川氏を加えて全二十巻にすることを明かし、その内訳は、巻一〜二「源氏」、巻三「平氏」、巻四「北条氏」、巻五「楠氏　中興諸将附」、巻六「新田氏」、巻七〜八「足利氏」、巻九「伊勢氏」、巻十「武田氏　上杉氏」、巻十一「毛利氏」、巻十二〜十三「織田氏」、巻十四〜十六「豊臣氏」、巻十七〜二十「徳川氏」とされている。そして、この構想を示した後に、山陽は従前の修史過程を振り返って、「享和元年辛酉《しんゆう》、始修史之志。二年壬戌《じんじゅつ》、就緒。文化元年甲子《かっし》、起草。四年丁卯《ていぼう》、草創略定」と記している。つまり、二十二歳の享和元年に修史の志を抱き、翌享和二年二十三歳から準備に入り、二十五歳の文化元年から具体的に文章を起草し、二十八歳の文化四年に至って構想がほぼ固まったというのである。

ちなみに、文化四年に徳川氏を加えて全二十巻としたことは、同年三月十一日付の池口愚亭宛て山陽書簡（『書翰集』上・一二）に、「私著作、豊臣氏迄と存じ居り候処、事欠き申し候故、御当代三世将軍迄を徳川氏四巻と仕り、合て二十巻に致し候」とあることによって裏付けることができる。徳川氏を修史の範囲に入れれば、忌諱すべき事柄をどう処理するかという問題に直面することになる。それは山陽としてはできれば避けたかったことではないかと思われるが、しかし、歴史は自分の生きている時代の問題に結びつけて捉えられるべきだと山陽は考えた。徳川家康によって開かれた江戸幕府までを含んで修史の対象にしなければ、武家政権の治乱興亡の歴史は完結しない。徳川氏まで構想に含めることを山陽は決断したのである。

それでは書名が『日本外史』に定まったのはいつのことだったのであろうか。確かなところでは、文化六年十二月に書かれた古賀穀堂《こくどう》への返書「古賀溥《ふ》卿《けい》に答ふる書」（『文集』巻四）に、「源平氏より断じて以て今代に至り、家別に之を紀して、外史二十余巻と為す。又た其の治乱の概、制度の略、兵食刑法の沿革を疏して、擬策三十余篇と為す」と見え、文化七年七月二十六日付の築山捧盈宛ての書簡（『書翰集』上・二四）には、「籠居以来、日本外史と申す武家の記録二十巻、著述成就仕り居り候へども」と記されている。つまり、文化七年七月の時点ではすでに『日本外史』二十巻が「成就」していると書かれており、その書名も「古賀溥卿に答ふる書」によれば、その前年の文化六年頃には『日本外史』に定まっていたことが推測される。

ここで一つ問題になるのは、文化二年以前の構想には含まれていた、「八議」「六略」「二十三策」などの論策(経世論)部分がどうなったのかということである。文化七年七月には「成就」しているとされた『日本外史』二十巻には、これらは含まれていない。この点について参考になるのは、文化四年に書かれた「新策例言四則」(『文集』巻四)という文章である。この文章は、賈誼《かぎ》の『新書《しんじょ》』に倣って編んだ山陽の『新策』の凡例であるが、『新策』は従来の『隠史』(『日本外史』の前身)から論策部分を分離し改編したもので、「六略」「八議」「二十三論」を収めるという。つまり、これが文化六年十二月の「古賀溥卿に答ふる書」に示されていた、「其の治乱の概、制度の略、兵食刑法の沿革を疏して、擬策三十余篇と為す」に当たるのである。

山陽は文化七年七月の時点で、『日本外史』二十巻を「成就」したと築山捧盈に報告した。しかし、「文化十年癸酉《きゆう》八月」の山陽自序を付する『日本外史』二十巻の写本(国立国会図書館蔵)には、「論賛」に相当する文章は完備していない。わずかに「北条氏」の序論、「楠氏」の序論、「伊勢氏」(後北条氏)の序論に当たる文章が見られるだけである。先に示したように『日本外史』の最終的な巻数は二十二巻であり、しかも各巻には「論賛」などの歴史評論的な文章十九篇が付されている。文化十年八月時点では「論賛」の完備していない二十巻本だった『日本外史』は、どの時点で「論賛」が完備し、さらに二十二巻に拡大されたのであろうか。

山陽が京に住み始めた（文化八年）八月二十四日付の篠崎小竹宛て書簡（『書翰集』続・二〇。『書翰集』では文化九年八月二十四日とするが、文化八年のものと推定したい）に、次のような文章が見られる。

外史、写させ居り候。賛を附する処、先年是を書んと存じ置き候事、程隔り忘れ申し候。日本史賛藪・読史余論《とくしよろん》など、ちとの間拝借はなるまじや。其の言約にして其の全きを概す可きものを見て、憶起する為《ため》也。昔人の論を剽窃《ひょうせつ》せんと欲するに非ざる也。御かし下さるる事出来申さず候はゞ、写料上げ申し候間、御写させ下されまじくや。

『日本外史』の論賛執筆のために、『読史余論』と『大日本史賛藪』の拝借を友人で蔵書家の篠崎小竹に申し入れ、その写本作成の許可を求めたのである。したがって、この時点ではまだ論賛の本格的な執筆には取りかかっていなかったものと思われる。

それではその後、論賛はいつ頃になって出揃ったのであろうか。文化十四年五月二十三日付の小野移山宛ての山陽書簡（『書翰集』上・一二一）には、「近来は外史を直し申し候。少々の柱一本入れかへと存じ候所、ねだまではづし、棟をも取かへと申す様に相成り候。論賛も書き申し候。又十年前とは、見識かはり申し候」と記されており、ほぼ同文の一節が同じ年五月二十七日付の菅茶山宛ての山陽書簡（木崎好尚『頼山陽の人と思想』昭和十八年刊、所収）にも見えている。これらの書簡から推測されるのは、文化十四年五月の時点で論賛の文章がとりあえず脱稿していたらしいこと、そして『日本外史』の本文にも大規模な改訂が施されたらしいことが窺われる。この時の改訂によって二十巻から二十二巻へと拡大されたのであろうが、二十二巻になった時期を特定する史料はまだ目にしていない。

その後も論賛の推敲と本文の改訂を山陽が倦《う》まず弛《たゆ》まず継続していったことは、山陽が友人たちに宛てた書簡に散見される。また文政四年秋には、『日本外史』の校正を終えて門人たちと竟宴《きょうえん》を催し、「近古英雄」を課題として詩を分賦し、山陽は織田信長を詠んだこともあった(『詩鈔』巻六「外史を校し竟宴す。賦して近古英雄を分かち、吾は安土公を得たり」)。しかし、これ以後も『日本外史』の修補・推敲作業は継続され、『日本外史』の最終的な形に近い大きな改訂が行われたのは文政九年だったと思われる。文政九年十一月二十五日付の篠崎小竹宛て山陽書簡(『書翰集』下・三六二)に、次のように記されている。

　今年は、外史(自注――毛利・武田・上杉大直《おおなおし》、其の外《ほか》御当家の初・新田の終ども)を大分直し、論讃も白石論(自注――源氏賛の類)も踏襲の嫌《きらい》ある処など、大分かへ申し候。いつぞや政《せい》を乞ひ奉る賛藪一巻、今猶ほ几下に在るや否や、一先ず御返し下され候てもよし。……史賛と云ふもの、史論などの様に馳騁《ちてい》(奔放に論ずること)して奇を出し候事もあしく、正論なれば踏襲を免れざるの事出で来り候。こまり候もの也。新意を竪《た》つる事も余程あれども、一々左様にも参らず候。白石は余論、仮名書き也。漢文にいたしても、其の論究竟《きゅうきょう》の処、人は以て剿説《そうせつ》(盗み取った説)に帰することを為し候を恐れ候也。如何々々。白石は、八幡太郎を論じ候処、僕の源氏賛に御引合せ、御覧下さる可く候。あれを直すと工合あしき処、多く出で来り候也。

これによって、文政九年の時点でも大きな改訂が施されたことが分かるが、特に「御当家の初・新田の終ども」の改訂は、幕府関係者への献上を念頭に置いてなされたものであろう。また、論賛の趣旨が「白石論」すなわち『読史余論』の踏襲・剽窃と見なされることに対し、かなり神経質になっていたことも窺われるのである。

この大改訂後も、改訂や校正は継続されていた。例えば文政十年一月七日付の平塚飄斎《ひょうさい》宛て山陽書簡（『書翰集』下・三六七）に、次のような記事が見られる。

奇妙は、河越《かわごえ》後度の戦、私種々に相考へ、終に夜戦《よいくさ》にきはめ、即ち昨日、「比暁」二字を「夜半」に直し申し候。上杉士大将本間何某、九提灯の指物にて、最後の軍を致し、北条家の大道（導）寺駿河守と槍を合せ、闇主に奉公いたし、其やみを照さんために、此指物を指し申し候、もはや是迄、貴殿に相渡し候旨申し候て、討死いたし候事、扨《さて》もおもしろき事に候。是を昼軍にしては、とんと除《のけ》て仕舞ねばならずと存じ候。旁《かたがた》夜軍に定め候所へ、貴書参り、符合いたし、大慶仕り候。英雄の見る所、略《ほぼ》相同じと申す可し。

河越後度の合戦を昼にするか夜にするか判断に迷っていたが、「昨日」すなわちこの手紙を書く前日に「夜戦」に決定したところ、飄斎から来た書簡にも「夜軍」とあって、『日本外史』巻十「足利氏後記　後北条氏」の河越合戦の記述の改訂と飄斎の判断とが偶然にも一致したことを喜んだというのである。

また、『日本外史』最終巻の巻二十二の巻尾には、十一代将軍徳川家斉《いえなり》の太政大臣叙任のことが述べられている。この叙任は文政十年三月に行われており、『日本外史』のこの部分の記事はそれ以後の追加ということになる。この記事に関わるものとして注目されるのは、前年の文政九年十月十八日付の菅茶山宛て山陽書簡(『書翰集』下・三五五)に見られる次のような一文である。

関東(徳川家斉)太政大臣宣下《せんげ》と申し候。左大臣さへあるに、又々如何の事に候や。昔、実朝の官爵を飽取して思ひ出にすると申すは、怪《け》しからず悪き例に候。御子は夥敷《おびただし》く、御官は極上と申し候へば、惜福の道に非ずと存じ奉り候。後嵯峨なども、おびたゞしき御子、果して王朝の盛極、衰へを萌《きざ》すに、杞憂《きゆう》の狂人と笑ひ候へ共、只だ先生の此の意を語る有るのみに候故、申し上げ候。如何に候。

家斉が太政大臣に叙任されそうだという噂を耳にした山陽は、それへの批判を示して茶山に意見を求め、『日本外史』追加訂正の参考にしようとしたのである。そして、このような改訂を積み重ねた末に、山陽は文政十年五月二十一日の日付で「楽翁公に上《たてまつ》る書」と題する序文を撰し、五月二十八日以降、閏六月二十八日までの間に、松平定信(楽翁)に『日本外史』を献上した。『日本外史』の完成に向けての長い足取りは以上のようなものであった。

第九章　『通議』と『日本政記』

『日本外史』完成後、山陽は『通議』と『日本政記』に力を注ぐようになった。『通議』は、歴史の展開を把握するための重要な概念だと山陽が考える、「勢」「権」「機」「利」を考察する「論勢」「論権」「論機」「論利」という文章を総論として置き、続いて和漢における政治の得失を踏まえて、官制・民政・銭貨・法律・訟獄・兵制等につき、どのような政策を採用すべきかを広く論ずる、合計二十八篇から成る経世策としてまとめられている。『日本政記』は、神武天皇から後陽成天皇まで、すなわち日本の「建国」から江戸幕府成立までの歴史を、天皇を標目として立てて略記した十六巻から成る編年体の歴史書であるが、『日本外史』以上に論賛が多く付されており、生涯をかけて辿り着いた山陽の歴史認識が表明されている。

山陽は晩年に『通議』や『日本政記』としてまとめられる内容のものを、実はかなり早い時期から著述しようと考えていた。山陽二十六歳の文化二年(一八〇五)三月二十日付の大槻子縄宛て書簡

「大槻子縄に与ふる書」において、山陽が執筆中の書物『隠史五種』の部立として「三紀」「五書」「九議」「十三世家」「二十三策」を掲げていたことはすでに紹介したが、このうち「三紀」は神武天皇以後の天皇本紀を内容としていて『日本政記』につながるものであり、「五書」「九議」「二十三策」に予定されていた内容は、後の『通議』の内容と重なるものであったと推測される。つまり、後に別々の書物として成立する『日本外史』と『通議』と『日本政記』は、もとは一体の書物として構想されていたのである。

しかし、山陽がまず注力したのは「十三世家」すなわち武家世家についての著述であった。やがて「三紀」「五書」「九議」「二十三策」は切り離されて、「十三世家」のみを独立させるという判断を山陽は下し、山陽三十歳の文化六年頃に『日本外史』二十巻がひとまず成立したこともすでに述べた通りである。この『日本外史』に論賛を付加して二十二巻として完成させ、四十八歳の文政十年に松平定信に献上したことで一段落を得た山陽は、経世策としての『通議』、天皇本紀としての『日本政記』の完成に本格的に取り組むことになった。

まず『通議』成立までの足取りであるが、『隠史五種』の「五書」「九議」「二十三策」はどのような経過を辿って『通議』に至ったのであろうか。この点において注目されるのは、山陽二十七歳文化三年の作とされる「自著外史・新策二書の後に書す、二首」(『詩集』巻四)と題される七言絶句二首である。ここに『外史』のほかに『新策』という書名が見られること、そして翌文化四年に

「新策例言四則」(『文集』巻四)という文章が作られていることから、山陽は文化三、四年頃に、『隠史五種』の「五書」「九議」「二十三策」の内容を、『新策』という書名のもとで一書にまとめようとしていたことが推測されるのである。『新策』の巻末に書き付けられたという右の七言絶句の結句に、「著書猶《ちょしょな》ほ題《だい》して潜夫《せんぷ》に擬《ぎ》す」とあるように、『新策』という著作は後漢の王符《おうふ》が当時の政治の得失や弊害を論じた『潜夫論《せんぷろん》』を意識したものであった。

また文化六年の「古賀溥卿(穀堂)に答ふる書」(『文集』巻四)において、山陽は次のように言う。

病癈以来、文墨を以て自ら遣《や》る。最も賈生・司馬子長の為す所を慕ひ、窃《ひそ》かに之に擬せんと欲す。嘗《かつ》て常藩の大典(『大日本史』)を読み、其の浩瀚《こうかん》に苦しむ。又た室町後の載籍紛沓《ふんとう》して要領を得難きを病む。因つて自らは揣《はか》らず、源平氏より断じて以て今代に至り、家別に之を紀し、外史二十余巻と為す。又た其の治乱の概、制度の略、兵食刑法の沿革を疏して、擬策三十余篇と為す。

つまり、『日本外史』が司馬遷の『史記』を敬慕したものであったのに対し、『新策』は前漢の賈誼の『新書』や「治安策」を敬慕して著述した「擬策」(科挙の試験問題である対策に摸擬したもの)であるという。山陽は「賈誼の治安第一策の後に書す」(『書後』巻下)に、「余、少小より喜んで之を誦す。万遍して厭かず。凡そ千五百許字、要著《ようちゃく》は天下の治安を欲するに、衆《おお》く諸侯を建てて其の力を少なくするに若《し》くは莫《な》しの両句に在り」と記し、賈誼の経世策を高く評価していた。そして、この

『新策』という書名も、賈誼の『新書』を意識したものであったことを、山陽は「新策例言四則」の中で明らかにしている。

それでは『新策』が『新策』という書名でひとまず完成したのはいつのことだったのか。実はそれは正確には分からない。山陽の意識としては長らく未定稿の扱いであった『新策』は、生前に出版されることなく、山陽没後の安政二年(一八五五)に『新策』六巻として、門人の杉本貞健《ていけん》によって貞健架蔵の謄本を底本に、この時点ですでに刊行されていた木活字本(拙修斎叢書として天保年間の末年に刊行された木活字本『通議』を指す)を参考にしながら、山陽の息子の支峰・三樹三郎兄弟の協力によって出版された。

この板本『新策』は「六略」「八議」「二十三論」に部立されている。「六略」は「本朝の制度の沿革を論じ、其の概略を綜《す》べて、自ら観省に便す」るためのもので、「輿地略」「封建略」「官制略」「兵制略」「財用略」「法律略」から成っている。「八議」には「古今総議」「平安議」「前鎌倉議」「後鎌倉議」「中興議」「室町議」「安土議」「大坂議」が収められ、歴史の大勢に続いて日本の歴代をそれぞれ概論する包括的な歴史評論を成している。「二十三論」は「君権内治」「大臣監官」「財利之計」「務農勧耕」「水利之術」「訟獄利害」など広範な政治的・制度的な事柄に渉る二十三の経世策から成っている。

このうち「八議」の内容は、『新策』の改訂版ともいうべき『通議』では、「古今総議」が「論勢」

に引き継がれた以外はおおむね省かれており、「平安議」以下の内容は『日本外史』や『日本政記』の論賛に生かされる形になった。つまり、おおよそ『新策』の「六略」と「二十三論」を引き継いで改編されたものが『通議』だと考えてよいであろう。その「二十三論」の首には、「文化甲子孟春」(文化元年二月)の日付の山陽の文章が置かれている。この文章において山陽は、二十三篇の論文は「彼の場屋《じょうおく》の文」すなわち中国の科挙試験の対策の文章に擬《なぞら》えて、一日一篇を日課として書いたものなので、そこには「二十三日の精神」がこもっており、不出来ではあっても棄てるには忍びないのだという。これによれば、山陽が幽閉から解放された翌年の二十五歳文化元年に「二十三論」の礎稿はすでに出来上がっていたことになる。しかし、それらは怱卒《そうそつ》のうちに書かれたものだったため、必ずしも山陽の意には満たず、長らく未定稿として篋中《きょうちゅう》に収められることになったのである。

四十八歳の文政十年に『日本外史』を完成させた山陽は、ようやくその未定稿『新策』の改删《かいさん》に取りかかった。天保元年と推定される篠崎小竹宛ての山陽書簡(『書翰集』続・一五五)に、『通議』に触れて、「旧臘《きゅうろう》以来論策、此節黒汗《こくかん》になり删正、大概、緒に就き候。通議・通論など名申す可き哉。深慮篇などの様の名あり度《た》しと申すものも、よき名前に候哉。所謂《いわ》ゆる和漢古今専《もっぱ》ら今を論ずるに非ざる也と云ふ意しれる様の名ほしく候」と述べている。「旧臘」すなわち前年の文政十二年の年末以来、本格的に「論策」すなわち『新策』の改删に従事しており、その書名をどうするか、「通議」「通論」「深慮篇」などを候補として挙げている。

これと同じ年の天保元年十月十一日付の服部竹塢《ちくお》宛ての山陽書簡(『書翰集』下・五〇七)に、「去臘今春来の著論策二十七篇も落成」とあり、天保元年初冬には「論策」すなわち『通議』二十七篇が完成していたことが分かる。そして、ほぼ同じ頃、天保元年十月十八日付の門人村瀬藤城宛ての書簡(『全伝』天保元年十月十八日所引)において、山陽は次のように『通議』の完成を誇らしげに告げている。

拙者論策は古今和漢を通論するもの故、通議と名付け置き候へども、名は未定に候。何分成就はいたし候。廿七篇にて上・下二巻ほど、各三、四、五十葉ほどに候。其の実は当世の政治の得失を論じ候ものにて、其の名目体貌は、古《いにしえ》を論ずる也。……写本にて伝へ候方然る可しとも存じ候、如何。僕一代の議論、文章は波瀾を此に尽くす。蜻洲開闢《あきつしまかいびゃく》以来、巧拙は扨置き、ケ様の経世の文、縦横に極論候ものは、未曾有と存じ候也。何卒、天壌の間に存し候様にはいたし度《た》きものに候。

先の篠崎小竹宛ての書簡に「和漢古今専ら今を論ずるに非ざる也」と述べ、この書簡に「拙者論策は古今和漢を通論するもの故」と述べているように、広く和漢と古今を通じて議論した「未曾有」の大著作だと自負する山陽は、その意を込めて『通議』を書名として仮決定していたのである。さらに同年の天保元年冬には「新著通議の後に題す七首」(『遺稿』巻五)という七言絶句七首を詠んでおり、おそらく天保元年中に書名は『通議』に決定されたのであろう。天保二年十二月の門田朴斎宛ての山陽書簡(『全伝』天保二年十二月所引)には、「寅歳(天保元年)の冬・春の際には、通議と申すもの、拙著仕り候。……此二十七篇は、僕生涯心血瀝《そそ》ぎ尽くし候もの、外史二十二巻に敵す可く候」と記されている。

しかし、これで『通議』が完成したわけではなかった。この時点で『通議』は二十七篇であったが、山陽の没後に出版された『通議』は全二十八篇になっている。天保元年の末から山陽が没する天保三年九月二十三日までの間に、「論内廷」と題する一篇が追加されたのである。この追加については、天保三年十月二十七日付の頼聿庵宛て関藤藤陰書簡(『全伝』天保三年十月二十七日所引)が、その事情を次のように報告している。

九月十九日に、通議へ補入遊ばされ候内廷と申す一篇を浄録仰せ付けらる。是も九月初旬の御起草なり。其の御草稿読み兼ね候処を、十九日に別に側に有合《ありあわ》せの反古《ほご》へ御書き御座候。此の後は余り筆を御取りの事もこれ無き故に、聊《いささ》かの反古の裏にて、文一篇の中の聊かなる事に候へ共、御絶筆に相成り候姿、御臨終の時分、如何にしてや残り居り候。御絶筆の如くに御座候もの故、別に後室様へ申し上げ、取置き遊ばされ候事、此度、大兄へ差し上げ置かれ候也。

山陽が『通議』に補入しようとして「論内廷」を起草したのは天保三年九月初旬のことであった。その草稿を浄書するよう藤陰は山陽から命ぜられたが、読みかねた箇所について山陽が改めて有り合わせの反古紙に書いてくれたのは、山陽が没する四日前の九月十九日のことで、その紙は山陽の絶筆ともいうべきものだというのである。内廷すなわち権力者の後宮の放恣や贅沢がいかに有毒・有害であるかを和漢の歴史を振り返って論じたのが「論内廷」の一篇であるが、瀕死の病床にありながら、山陽が『通議』にこの一篇を補入することに執着したのは、当時十一代将軍徳川家斉の大奥の隠然たる権勢に対して、山陽が強い批判を抱いていたからであった。

文政十年に『日本外史』が完成した後、山陽は『新策』から『通議』への改編に取りかかり、それとほぼ並行して『日本政記』脱稿に向けて本格的な取り組みを始めた。そのことについて、山陽は天保三年九月の「国朝政紀稿本跋」(『文集』巻十三)に次のように記している。

其の後(『日本外史』完成後)、通議二十八篇を作り、古今の制度・政体の得失を泛論《はんろん》す。近ごろ又た荀悦《じゅんえつ》の漢紀《かんき》の意に倣ひ、国朝政紀を修む。開闢《かいびゃく》に起こり、輓近《ばんきん》に至る。其の大事を紀し、論を作ること八十余首。

「荀悦の漢紀」というのは、後漢の荀悦が班固の『漢書』を簡約し、『左氏伝』の体に倣って編んだ、編年体の歴史書である。その『漢紀』の体に倣って、本朝の「開闢」すなわち神武天皇の代から「輓近」すなわち後陽成天皇の代までの歴史を、歴代天皇を標目として著述したものが「国朝政紀」すなわち『日本政記』であり、その論賛八十余首を脱稿したというのである。

この『日本政記』の原型が、山陽二十六歳文化二年三月二十日付の大槻子縄宛て書簡に示されていた、『隠史五種』のうちの「三紀」に当たることはすでに指摘した。そして編年体の日本歴史という点に注目すれば、山陽にとって『日本政記』の著述は、父春水の遺志を受け継ぐものでもあった。父春水の修史については、木崎好尚『頼山陽の人と思想』にその詳細が解説されている。その概略は次のようなものであった。

春水には早くから修史の志があり、大坂に居住していた頃から水戸藩の『大日本史』を書写し、広島藩にもその写本を献上していた。広島藩に招聘された春水は、藩の学制改革と世子の教育を主な御用としたが、天明五年の一、二月に、御用のほかに「本朝歴代治乱盛衰之模様」を編年体で叙した史書を著述したいという上申書を、藩の用人関外衛に呈出した。春水はその上申書の中で、「水戸様にて御撰進之大日本史は、比類なき御大業に御座候。右は紀伝之体に御座候。私、今度申し上げ試み候は、編年に仕り、折節《おりふし》論弁を加へ、温公の通鑑又は歴史綱鑑様之仕方」を採用したいと述べている。「温公の通鑑」は宋の司馬光の『資治通鑑《しじつがん》』、「歴史綱鑑」は明の袁黄《えんこう》の『歴史綱鑑補』である。つまり、春水は「論弁」付きの簡約な編年体日本史を藩の事業として編集したいと上申したのであった。史書の体例という点からも、山陽の『日本政記』は、父春水のこの修史計画を踏襲するものになっていることが注目される。

こうした春水の上申に対して、天明五年八月に藩から許可がおり、春水は公務の余暇に、勘定所詰め書翰方の黒瀬白茅《はくぼう》を助手にし、弟杏坪の協力も得ながら、史書の編集作業に従事した。しかし、確たる理由は未詳だが、おそらくは春水の御用繁多のためであろう、寛政元年四月二十七日に至って編集作業は中止された。

山陽は幽閉から解放され、本腰を入れて史書の著述に取りかかるようになっていた文化元年七月四日の石井儀卿宛て書簡（『書翰集』上・六）の中で、「先年父より願ひ出で候趣、歴史綱鑑の義、中絶候処」と述べ、また文化七年七月二十六日付の広島藩の重臣築山捧盈宛ての書簡（『書翰集』上・二四）の中で、次のように述べている。

籠居以来、日本外史と申す武家の記録二十巻、著述成就仕り居り候へども、是は区々たる事にて、引用の書なども不自由、私心に満ち申さず、愚父壮年の頃より、本朝編年の史、輯《しゅう》し申し度《た》き志御座候処、官事繁多にて、十枚計り致しかけ候儘《まま》にて相止み申し候。私儀、幸ひ隙人に御座候故、父の志を継ぎ、此の業を成就仕り、日本にて必要の大典とは藝州の書物と、人に呼ばせ申し度き念願に御座候。

『日本外史』とは別に、「中絶」した父の志を継いで、「編年の史」を「成就」したいという。山陽にとって『日本政記』の著述は挫折した父の志を継ぐ事業であり、迷惑をかけた父への償罪としての意味も有していたのである。

『日本外史』完成後の『日本政記』の進捗状況については、文政十二年二月三日付の雲華宛て山陽書簡（『書翰集』下・四四五）に、「拙著応仁の処仕まい候て、先づ一幕すみ候」と記されている。つまり、板本でいえば巻十五「後土御門天皇」の応仁年間までは脱稿したという。最後の後陽成天皇まであと四代を残すところまで進んでいたことになる。しかし、山陽は天保三年六月十二日に喀血し病床に就いた。新宮涼庭《しんぐうりょうてい》の診察を仰いだところ、不治の症状という診断で、山陽本人もそれを覚悟したと妻梨影は言う。

その後、山陽は九月二十三日に没するまでの間、『日本政記』完成のことがよほど気にかかっていたらしく、諸家への書簡の中でしばしば『日本政記』の進捗状況について触れている。天保三年七月七日付の中川漁村宛て書簡(『書翰集』下・五八五)に、「僕、死ぬ覚悟にて、著述(『日本政記』を指す)を整理し、議論は大氐了《たいていおわ》り候。紀事は死後にても、しれ候ほどに相成り候。然りと雖も此の一片の精神依然たり。天、此の有用の学を成さんと欲する乎。僕未だ遽《にわ》かには死せざる也」。また同年八月十四日付の小野招月・移山等宛て書簡(『書翰集』下・五九一)に、「此の度は鬼録と覚悟をきわめ、彼の国朝政紀(『日本政記』)、未だ落成せざるだけが残念故、それに昼夜かゝり、生前に整頓いたし置き度く候」などと記している。

山陽の病床に付き従っていた門人の関藤藤陰は、山陽没後の天保三年十月二十七日、頼家の当主で広島藩の江戸藩邸に詰めていた頼聿庵に宛てて先述の書簡(『全伝』天保三年十月二十七日所引)を発し、病床の山陽が『日本政記』についてどのような指示を出していたのかを詳細に報告した。以下にその内容をかいつまんで紹介しておこう。

『日本政記』の「記事」は文政十二年冬に成稿し、「御論」(論賛)八十余篇は天保元年冬から天保二年早春の間にひとまずは成稿した。山陽が喀血した天保三年六月十二日、夜になって山陽は牧百峰・児玉旗山・関藤藤陰という門人三人に『日本政記』の稿本を示し、各々に一覧するよう命じた。その後四、五日経って病状が小康を得た時、山陽は塾生に「議論」(論賛)部分の浄書を命じ、「定日に一、二、三篇づゝ」手を入れて、それを塾生三、四人に写させた。

しかし、山陽の「刪正」した原稿は読み難いものになっていたので、八月八日に至って、山陽は藤陰一人に校正のうえ浄写するよう命じた。藤陰一人にその作業を命じたのは、「記事になりて続きものゆへ、人に託され候事は却て宜しからず」と、複数人で分担することで不統一が生ずるのを恐れたからであった。さらに、山陽は『日本政記』については、『日本外史』とは違って出版するつもりだと言い、出版に際しては藤陰の名前を自分の名前と並べて出そうと考えている。藤陰にとっても「千載不滅」の事業になるので、そのつもりで「何事も打ち捨て、専ら是へ掛り呉れ度く候」と藤陰を督励した。

八月九日以後、藤陰は『大日本史』『皇朝史略』『国史略』『編年小史』などの参考図書を座右に置いて、『日本政記』原稿の「年月・事実・書例」を一々吟味し、浄写していった。その後しばらくして山陽は思うところがあって、校正・浄写を藤陰一人に任せるという従来の方針を変更した。山陽は光孝天皇より後冷泉天皇まで(板本の巻七・八に当たる)の校正・浄写を牧百峰に担当させることにした。これは「五郎(藤陰)に計功を奪はるゝも残念ならん、其方(百峰)へも分附頼み遣はす」という、門人百峰の心情を慮った師山陽の配慮であった。藤陰は『日本政記』の校正・浄写を担当するようになってからは、山陽看病の役から外された。看病から外れることを淋しく思った藤陰に対し、山陽は『日本政記』の完成が「何よりの妙薬慰安」だと言って、藤陰を納得させたという。

このように見てくると、この時点で『日本政記』の原稿は、未定稿ではあっても一通りは備わっていたかに思われるが、実はそうではなかった。藤陰が言うには、論賛の文は「朝鮮の役頃迄」はあったが、本文記事の原稿は「元亀元年、姉川合戦の処まで」しかなく、「其後三十年斗《ばかり》の事」についてては草稿がなかったという。山陽は追々その部分を書くつもりでいたが、体調の悪化によってそれも難しくなった。そこで山陽は藤陰に元亀二年以降慶長三年までの草稿を書くように命じ、それを「添刪」するつもりでいた。実はその時点ではもはや山陽には「添刪」の気力も体力も残っていなかったが、このようにして『日本政記』は山陽の病床において何とか形を整えることになったのだという。

門人たちの協力を得ながら、山陽が病床で『日本政記』の完成に向けて最後の力を振り絞っていた九月九日、猪飼敬所《いかいけいしょ》が津藩の藩校有造館へ出講するため京を発つことになり、病気見舞いを兼ねて留別しようと、山陽の病床を訪うた。その見舞いの場で、南北朝の正閏《せいじゅん》が話題になった。その場の様子を目撃していた山陽の門人江木鰐水は、「山陽先生行状」の中で次のように振り返っている。

其の病むや、猪飼敬所翁、来り訪ふ。談、南北正統の事に及び、義大いに合はず。戩(鰐水の名)時に病に侍す。翁既に去りて先生曰く、「苟《いやしく》も北朝を以て正統と為さば、豈に新田・楠の諸公を以て乱臣賊子と為すか」と。方《まさ》に之を言ふの時、目張り眉軒《あが》り、其の慷慨激烈なること、病むと雖も衰へざるなり。遂に正統論を著して、之を政記中の初論の後に置く。

敬所の持論である北朝正統論に反発した山陽は「慷慨激烈」なる様子を見せ、病による疲労困憊、気息奄々《きそくえんえん》たる中、南朝を正統とする「正統論」を著して、『日本政記』の中に組み込んだというのである。九月十三日に脱稿した「正統論」は、『日本政記』巻十四「後亀山天皇論賛」の第二論として収められているが、それは次のように書き出されている。

或ひと頼襄に謂ひて曰く、「子の正統を論ずるは似《に》せたるなり。抑《そもそ》も子も亦た北朝の臣子に非ずや。何ぞ諱《い》まざる」と。曰く、「何居《なんぞ》や。子の所謂ゆる北朝は安《いず》くに在りや」と。曰く、「今の朝廷、是《これ》なり」と。襄曰く、「於戯《ああ》、今の朝廷は、神武以還、大一統の朝廷なり。何を以てか北と曰《い》ふ。北と曰ふは、延元・元中の間、天子南遷し、而して賊臣、私に君を立つ。是の時に当り、南は則ち正、北は則ち偽なり。南に事《つか》ふるは栄、北に事ふるは辱《はじ》なり。故に其の称を別《わ》けざるを得ざるなり。……」と。

「或ひと」とは、猪飼敬所のことである。現在の朝廷は北朝の系統を承《う》けるものであり、その点から言えば山陽よ君も北朝の臣というべきであるのに、なぜ君は南朝正統論を主張するのか。君の正統論はにせものではないかと、敬所は山陽を批判した。その批判に対して山陽は、いわゆる北朝は天皇が南遷している間に賊臣が勝手に新たな天皇を立てたものであり、そもそも正統が南朝にあることは疑いない。したがって南朝・北朝と呼ぶのはその正統と偽統(閏統《じゅんとう》)を区別するための便宜に過ぎないのだと山陽は主張した。

そしてこの文章に続けて、いわゆる南北朝の合一というのは、「天」がその禍を悔いて、南朝の後亀山天皇が北朝の後小松天皇に父子の儀をもって神器《じんぎ》を伝え、位を禅譲し、後亀山天皇を太上天皇として遇することを図ったのである。そこでは父子の儀をもって皇統の継続が成されたのであって、南北朝合一後の朝廷に南朝と北朝という系統を区別する余地は無く、神武天皇以来の「大一統の朝廷」に立ち返ったと考えるべきであると、山陽は敬所に反論した。

九月十四日、山陽の病の重いことを知った親友の篠崎小竹が、大坂から見舞いに訪れ、二泊して病床に付き添った。九月十六日、山陽は「小竹の来りて疾《やまい》を問ふを喜ぶ」(『遺稿』巻七)と題する次のような詩を詠んだ。

喜聞吾友声
力疾咲相迎
筐裡出新著
病来成課程

喜《よろこ》び聞《き》く　吾《わ》が友《とも》の声《こえ》
疾《やまい》を力《つと》め　咲《わら》ひて相迎《あいむか》ふ
筐裡《きょうり》　新著《しんちょ》を出《いだ》すは
病来《びょうらい》　課程《かてい》を成《な》せばなり

丈夫知己在　丈夫《じょうふ》　知己《ちき》在《あ》り
生死向前行　生死《せいし》　前《まえ》に向《む》かひて行《ゆ》く
有酒君姑住　酒《さけ》有《あ》り　君姑《きみしばら》く住《とど》まれ
休嫌不共觥　嫌《いと》ふことを休《や》めよ　觥《さかずき》を共《とも》にせざるを

ここにいう「病来課程を成」した「新著」とは『日本政記』を指す。小竹はこの詩が山陽の「詩の絶筆」だったという。山陽はもはや好きな酒も口にすることができない状態になっていたのである。

第十章「勢」と「機」の歴史哲学

史書の評価に当たっては、事実関係の記述に正確さが求められるのは当然であるが、同時に史書としての骨格を形作る歴史哲学や歴史観がなければ、単なる事実の羅列になってしまい、歴史が像を結ぶことはない。それでは歴史哲学や歴史観という言葉が意味するものは何か。ここではとりあえず、歴史はどのようにして動いてゆくものなのか、そしてそこに人間はどのように関わっているのかという、歴史の展開原理についての根本的な認識を表わす概念を歴史哲学、歴史上の人物や出来事に対するイデオロギー的な批評基準を表わす概念を歴史観とした上で、山陽の歴史哲学と歴史観を検討したいと思う。まずは山陽の歴史哲学とはどのようなものだったのであろうか。

歴史家であるとともに詩人でもあった山陽は、後世の視点から歴史上の人物や出来事をイデオロギー的な基準で裁断し、それを記述するだけでは満足できなかった。山陽は歴史が展開する局面局面における人間の表情や心情、そしてその時に見せたであろう歴史上の人物たちの特異な起ち居振舞いや、事柄の成り行きというものを具体的に再現することに大きな興味を抱いていた。そのような山陽にとって欠くことができなかったのは、歴史展開の動因とは何か、歴史の展開に個々の人間はどのように関わり得るのかについての考察であった。山陽は二十年を超える長い『日本外史』の執筆期間において、そのことを考え続けてきた。そして、その結果として晩年に至って整備されたのが、山陽の「勢」と「機」の歴史哲学だったように思われる。

山陽四十八歳の文政十年(一八二七)に至って『日本外史』二十二巻は完成し、その後、天保三年(一八三二)九月二十三日に五十三歳で没するまで五年ほどの間、山陽は編年体の日本通史『日本政記』の執筆に尽力した。『日本政記』巻九「崇徳天皇論賛」に、次のような文章が見られる。

頼襄曰く、士に貴ぶ所の者は、其の時を知るを以てなり。時に勢有り、機有り。勢の推移する所、機の起伏する所は、必ずしも知り難きに非ざるなり。而《しか》るにこれを知る莫《な》きは、蔽《おお》はる所有るのみ。

つまり、歴史を動かす要因には「勢」と「機」というものがあり、この二つの因子は相互に絡み合って歴史を展開させてゆく。この二つの因子は通常は覆われていて見えにくいが、知り難いわけではなく、士にとってそれを知るのは大切なことだというのである。

また『日本政記』巻十五「後奈良天皇論賛」には、次のような文章が見られる。

頼襄曰く、兵に形有り、勢有り、機有り。形は勢を生じ、勢は機を生ず。機なる者は見難くして変じ易き者なり。時に随ひて変じ、処に随ひて変ず。勢と形とは、必ず大にして見る可く、確として変ぜざる者有り。其の形に因りて其の勢を制す。其の勢に因りて其の機を決す。是れ将の智なり。

これは「兵」すなわち戦《いくさ》についての論賛なので、「形」(戦の陣形)という要素が加わっているが、戦における「勢」と「機」の関係を論じたものである。

山陽が『日本外史』の執筆と並行して取り組み、『日本政記』と同じように『日本外史』の完成後に仕上げられた著作に『通議』三巻がある。この『通議』は現実の幕府政治に対する批判的な視点から政策論を展開した、いわゆる経世論として書かれたもので、以下の十八論から成っている。

巻一「勢を論ず」「権を論ず」「機を論ず」「利を論ず」

巻二「官制を論ず」「民政を論ず」「内廷を論ず」「市糴《してき》を論ず」「地力を論ず」「水利を論ず」「銭貨を論ず」

巻三「法律を論ず」「訟獄を論ず」「兵制を論ず」「騎兵を論ず」「辺防を論ず」「火技を論ず」「水戦を論ず」

これら個別の十八論から成る『通議』については、山陽の現実認識が大雑把で、経世論としてはほとんど現実的な有効性を持たないとして、低く評価されるのが常であった。経世論としての『通議』に対するこの評価はともあれ、山陽は経世論として具体的・現実的な制度論や政策論を展開する前提として、その巻一に四つの総論的・原論的な文章を配しており、その中でも特に「勢を論ず」と「機を論ず」という二論は、山陽が晩年に至って到達した歴史哲学を説き示したものとして注目に値する。

まず「勢を論ず」において、山陽は歴史の動因としての「勢」という概念を次のように説明する。

天下の分合《ぶんごう》、治乱《ちらん》、安危《あんき》する所以《ゆえん》の者は勢なり。勢なる者は漸《ぜん》を以て変じ、漸を以て成る。人力の能く為す所に非ず。而るに其の将《まさ》に変ぜんとして未だ成らざるに及びて、因りてこれを制為《せいい》するは、則ち人に在り。人は勢に違《たが》ふこと能はず。而して勢も亦た或いは人に由りて成る。苟《いやしく》も誘《ゆだ》ねて是れ勢なりと曰《い》ひて、肯《あ》へてこれが謀《はかりごと》を為さざる、これが謀を為して其の勢に因らざるは、皆な勢を知らざる者なり。故に勢は論ぜざるべからず。

「天下の分合、治乱、安危」とはすなわち歴史の「変」ということであるが、その「変」の原動力は「勢」にあるとし、この「勢」は人間の力を超えたものとして存在すると山陽はまず言う。そうであるならば、人間は歴史の「変」に対して無力なのかというと、決してそうではなく、歴史の「変」の原動力である「勢」を「制為」(作り出すこと)する役割を人間は担っている。つまり、歴史の「勢」というものは人間によってしか現実化されないのであるから、「勢」を人間の力を超えたものとして歴史に働きかけることを諦めたり、あるいは逆に「勢」というものを知らずにむやみに歴史に働きかけようとするのは、歴史と人間との関係において誤った考え方であると論じている。

それでは、歴史の原動力である「勢」を、人間はどのようにしてコントロールできるというのであろうか。そこで山陽が提示するのが「機」という概念である。現代においても「機」という言葉はさまざまなニュアンスを含んで使われているが、山陽は「機を論ず」において、次のように述べている。

> 機に非ざるは無きなり。機の物に在る、その最も大なる者は天下為《た》り。天下は善く動くの物なり。抑《おさ》ふれば則ち昂《たか》まり、揚ぐれば則ち伏す。揺撼《ようかん》には易く、維制《いせい》には難し。之を百世の久しきに維制し、而して揺撼無からしむるには、必ずその機有り。機の最大にして善く動く者も亦た之を制するに機を以てす。機なる者は一日に万変し、来去して窮まり無き者なり。

「機」というものはあらゆる局面に存在するという。それは例えば個人と個人との関係の中にもあり、また小さな集団や組織の中、そしてもちろん戦《いくさ》の中などにもあるが、「機」の存在するもっとも大きな局面は「天下」だといい、しかもその「機」というものは一瞬たりとも停止することなく常に変化しており、「維制」(コントロール)することが難しいものだという。

現代では「機」は、例えば「時機」(チャンス)という言葉があるように、時間的な意味合いを含んで使われることが多い。山陽が用いる「機」にもそうしたニュアンスが含まれることは少なくないが、しかし、「機」は必ずしも時間的なニュアンスを帯びて使われるわけではない。漢字字書の古典である後漢の許慎《きょしん》の『説文解字《せつもんかいじ》』に、「発するを主《つかさど》るこれを機と謂《い》ふ」という語義の説明が見られるように、そもそも「機」とは、弩弓《どきゅう》という大型のバネ仕掛けの弓矢の発射装置を意味する言葉であった。したがって「機」は本来的に、さまざまな物事や局面において、それらに次の動きをもたらす機構(メカニズム)のようなものを意味する言葉だったと考えることができる。歴史の大小の局面の一瞬一瞬における力学的な構造、しかもそれは刻々のうちに変化している——山陽は「機」という言葉を、そのような一瞬一瞬連続して停止することのない力学的構造を意味する概念として用いた。こうした意味合いの「勢」と「機」という概念によって組み立てられていたのが、山陽の歴史哲学であった。

歴史における「勢」と「機」の相関的な関係についての山陽の考えをもう一度整理してみたい。山陽は、歴史の原動力を人間の力を超えた「勢」というものに求め、「勢」によってもたらされる歴史上の治乱興亡の「変」を、人間は根本的あるいは究極的には変更することができないという。しかし、「勢」によってもたらされる歴史上の治乱興亡の具体的なあり方については、歴史における一瞬一瞬の局面の「機」を洞察し、それに働きかけて新たな「機」を作り出すことによって、人間がコントロールすることは可能であると考えた。つまり人間は常に変化している歴史の局面局面の「機」に働きかけることによって、歴史に積極的に参与でき、歴史を具体化することができると山陽は捉えたのである。つまり、山陽のいう「機」とは、人間が歴史に対して主体的に関わりうる根拠を示す、歴史哲学上の概念であった。こうした歴史における「勢」と「機」という概念の設定と、両者の相関的な関係の考察にこそ、山陽の歴史哲学の特徴があった。

もとより、「勢」あるいは「機」という言葉そのものは、史書の記述において必ずしも珍しいものではなかった。しかし、「勢」と「機」という概念を組み合わせたこの歴史哲学は、朱子学的な歴史論の中には求めることのできない、山陽固有のものだったように思われる。

山陽の親友だった朱子学者篠崎小竹は、山陽の『通議』に読後評を書き加えているが、「勢を論ず」について小竹は、「道理を論ぜず、但だ勢を制することを論ずるは孔孟の宗旨に非ず」と評した。また「機を論ず」については、「究竟は須《すべか》らく君の明暗を論ずべし。何ぞ必ずしも機を論ぜん」という評語を書き記した。つまり小竹は、歴史において「勢」や「機」を問題視するのは、「孔孟の宗旨」すなわち儒教的な考え方ではないと指摘し、歴史を論ずるに当たって大切なことは、時の君主の明暗(賢明か暗愚か)であって、「勢」と「機」という概念によって組み立てられた山陽の歴史哲学は、朱子学的な歴史観からは逸脱していると批判したのである。

それでは、このような山陽の歴史哲学はどこから来たのか。その淵源と目されるものの一つに、兵法書の古典『孫子』がある。『孫子』の「勢篇」の中に、「勢」と「機」についての次のような文章が見られる。

激水《げきすい》の疾《はや》くして石を漂《ただよ》はすに至る者は勢なり。鷙鳥《しちょう》の撃ちて毀折《きせつ》に至る者は節《せつ》なり。是《こ》の故に善く戦ふ者は、其の勢は険《けん》にして其の節は短《たん》なり。勢は弩《ど》を彍《は》るが如く、節は機を発するが如し。

「鷙鳥」というのは、鷲や鷹のような猛禽類のこと。「節」というのは、間合いをはかった瞬間的な動きをいう。つまり、激しい勢いに乗り、俊敏に行動することが戦いに勝つ要点だということを、弩弓に比喩しながら「勢」と「機」という言葉を用いて説いた文章である。

山陽が読了した書物の巻末に書き記した感想的・批評的な短文を集成した『山陽先生書後』の巻上に収める「孫子の後に書す」という文章に、次のような一文が見られる。

> 古書の平易にして精妙、踰《こ》ゆべからざる者は、唯だ論語のみ。論語に配すべき者は、唯だ孫子十三篇のみ。孫子の形・勢・虚実の数篇の如きは、真に宇宙間の精言・至文なり。

山陽は『孫子』を『論語』に並ぶ古典として高く評価していたのである。なかでも右に紹介した一文を含む『孫子』「勢篇」を、「宇宙間の精言・至文」とまで褒め讃えており、山陽は文政十一年には門人たちに『孫子』を講義したこともあった。我が国の武家の通史である『日本外史』には当然のことながら合戦の場面が多くある。それらの合戦をどう分析し、どう評価するかという点で、兵法書『孫子』は山陽に多くの示唆を与えた。戦《いくさ》もまた歴史の中の一局面である。山陽は『孫子』が兵法の要点を説き示すために用いた「勢」と「機」という概念を、局面の「最も大なる者」である「天下」すなわち歴史全体に適用し、「勢」と「機」の歴史哲学というものを作り上げた。

そのような「勢」と「機」の歴史哲学は、『日本外史』の中に、どのように記述されているか。

「勢」と「機」という言葉の用例を『日本外史』の中から拾い出してみよう。まず「勢」という言葉が初めて登場するのは、巻一「源氏前記　平氏」の序論末尾近く、次のような箇所である。

　吾れ外史を作り、首《はじめ》に源・平二氏を叙するに、未だ嘗《かつ》て王家の自らその権を失ひたるを歎ぜずんばあらず。而《しか》れども国勢の推移は人力の能く維持する所に非ざる者あり。世変に因つて以て得失を見《しめ》す。

また、巻七「足利氏正記　足利氏上」において、官軍に攻められた六波羅探題救援の命令を鎌倉幕府の執権北条高時から下された時、足利高氏(尊氏)が怒って発した言葉を山陽は次のように記している。

　彼旧《もと》我が家の臣隷《しんれい》たり。時遷《うつ》り勢変《かわ》り、乃ち我を僕役《ぼくえき》するに至れり。我今日を以て官軍に帰《き》し、以て我が家を興《おこ》さんと欲す。如何《いかん》。

さらに、巻九「足利氏正記　足利氏下」の論賛においては、足利幕府の統治を批判して、山陽は次のように記している。

　足利氏は子弟・旧臣を封建《ほうけん》し、以て相維持するに足る。故に遽《にわか》に滅びざるのみ。然れども其の封建するや、本末《ほんまつ》軽重《けいちょう》の勢を制するを知らず。ここを以て、纔《わずか》に能く一時を偽定《ぎてい》すれども、而も反者《はんしゃ》蝟毛《いもう》の如くにして起る。

そして、巻十三「徳川氏前記　織田氏上」の序論は、山陽の封建論が展開される注目すべき文章であるが、「外史氏曰く、封建の勢を我が邦に成すや、其の来ること遠し」という一文で始まり、以下「封建の勢」という言葉を多用しつつ、「封建の勢は源氏に始まつて足利氏に成る。足利氏未だその利《り》を享《う》けず。而してその弊《へい》に勝《た》へず。織田・豊臣、その弊を承《う》けて、これを裁するの術を知らず。蓋《けだ》し皆な我が徳川氏に待つあるなり」と武門の歴史の変遷を概観し、「封建の勢、ここにおいて一定して復《ま》た撼《うご》かすべから」ざるものにしたのが徳川氏であると論じた上で、「唐の柳宗元《りゅうそうげん》、封建を論じて曰く、「勢なり」と。余《わ》れ曰く、「封建は勢なり。勢を制するは人なり」と」と論定した。

また、巻十七「徳川氏前記　豊臣氏下」の論賛では、豊臣秀吉の朝鮮出兵を次のように山陽は批判しているが、その中でも「勢」という言葉は用いられている。

彼(秀吉に臣従した武将たちを指す)の求むる所窮《きわまり》なくして、我(秀吉を指す)の有する所尽《つ》くるあり。尽くるあるを以て窮なきに供す。その勢、これを海外に取り、以てこれを塞《ふさ》がざるを得ず。ここにおいて、七道の民、其の未だ愈《い》えざるの瘡痍《そうい》を裹《つつ》み、以て知るべからざるの地に趨《おもむ》き、連年成る所なくして、その力竭《つ》きたり。

いずれにおいても、歴史の「変」は人間の力を超えた「勢」によって引き起こされ、その歴史の原動力ともいうべき「勢」への洞察こそが、歴史における権力の把握と維持に深く関わるものであることが述べられているのである。

それでは、山陽の歴史哲学のもう一つの概念である「機」という言葉は、『日本外史』においてどのように用いられているか。「機」は歴史上の具体的な局面に関わる概念であるだけに、「勢」よりもはるかに用例が多いが、その幾つかを取り出してみることにする。

『日本外史』における「機」の用例の最初のものは、巻一「源氏前記　平氏」の平治の乱勃発に際して、平重盛が挙兵に消極的な父清盛に対し挙兵を進言する、次のような会話場面中のものである。

已《すで》にして源氏の兵阿倍野《あべの》に要すと聞く。清盛曰く、「彼は衆にして我は寡《か》なり。我れ且《しばら》くこれを四国に避け、以て再挙を謀らん」と。重盛曰く、「機失ふべからず。今を失つて伐《う》たずんば、彼将《まさ》に我に先んぜんとす。我れ寡《か》にして敗るゝも何の恥か之れあらん。今日の事死あるのみ」と。

また、巻二「源氏正記　源氏上」において、前九年の役で源頼義が安倍貞任を討伐する場面は、次のように記述されている。

頼義大《おおい》に喜び、長蛇《ちょうだ》の陣を為し、逆《むか》へ戦ふこと半日、大にこれを破り、走《にぐ》るを追ひ磐井河《いわいがわ》に至つて曰く、「吾れ機に乗じ遂にその巣穴《そうけつ》を擣《つ》かんと欲す」と。

『日本外史』において楠木正成は機略の武将として高く評価されるが、巻五「新田氏前記　楠氏」において正成は、六波羅探題の命を受けて正成討伐に向かった宇都宮公綱との戦いを回避しようとする。その場面に「機」という言葉は次のように用いられている。

正成の族和田《わだ》某、逆《むか》へ戦はんと請うて曰く、「我れ已《すで》に五千に勝つ。何ぞ五百に有らん」と。正成、黙然《もくぜん》たること良々《やや》久しうして曰く、「勝敗の機は、離同《りどう》に在つて、衆寡《しゅうか》に在らず。……」と。遂に営《えい》を抜いて去る。

さらに、巻十三「徳川氏前記　織田氏上」の桶狭間《おけはざま》の戦いの場面で、家臣たちが兵力の多寡を理由に今川義元軍との衝突を避けるよう織田信長に進言した時の、信長の反論の言葉は次のように記されている。

信長曰く、「不可なり。吾れ天下の英雄を視るに、その地利を恃《たの》み以て事機を失ひ、自ら滅亡を取る者、少しとなさず。……明日、将に一戦して勝敗を決せんとす。吾れと志を同じうする者は努力せよ」と。

また、信長の後継者になった豊臣秀吉について、巻十七「徳川氏前記　豊臣氏下」の論賛において、「機」という言葉を用いながら秀吉の権力掌握を山陽は次のように論評している。

太閤、人奴《じんど》より起つて大国に主たるは、固《もと》より已にその望む所に踰《こ》ゆ。乃ち変故《へんこ》に遭遇し、機に投じ会《かい》に赴き、動けば意の如くなるを得《う》。皆な初念《しょねん》の至らざる所なり。

そして、巻二十一「徳川氏正記　徳川氏四」において、関ヶ原の戦いに臨もうとする石田三成に対し、大谷吉隆が徳川家康と戦うべきではない五つの理由を挙げて諫める場面で、吉隆の言葉は次のように記されている。

「……且つ子《し》の事を挙ぐるに、不可なる者五あり。内府(家康を指す)は少小《しょうしょう》より武田・北条の諸豪《しょごう》に角《かく》して兵機に老《お》ゆ。故太閤の英略を以てして、終《つい》に加ふる能はず。況《いわ》んや今人《こんじん》においてをや。その不可なる一なり。……」と。

以上のような例からも、人知を超えた「勢」を原動力とする歴史上の治乱興亡、すなわち歴史の「変」というものの局面ごとの具体的なあり方を決定する要因として、「機」という概念を山陽が積極的に用いたことが窺われるのである。『日本外史』は武門の歴史なので、上記の例にも見られるように軍事的な「機」に関わる記述が多いが、もとより軍事は政治に直結しており、軍事的な「機」は政治的な「機」でもあった。

このように「勢」と「機」という言葉は、『日本外史』の記述中においてしばしば用いられ、武門の歴史的な治乱興亡を把握するための歴史哲学上の概念として有効性を発揮しているが、実は「勢」と「機」という二つの言葉を一文の中で複合的に使用した例は見られない。それに代わるものとしてあるのは、次に示すような「変」と「機」という言葉を複合的に用いた例である。例えば巻十「足利氏後記　後北条氏」において、北条早雲が配下の武士たちに向かって発した言葉の中に次のような表現がある。

苟《いやしく》も此《ここ》に割拠するを得ば、天下図《はか》るべきなり。吾れ、諸君と偕《とも》に東し、機に因り変を制し、謀つて樹立する所あらんと欲す。

また、巻十一「足利氏後記　武田氏・上杉氏」において、主君上杉謙信を評する家臣宇佐美定行の言葉は次のように記されている。

主公、年少なるに、機に臨みて変を制すること此《かく》の如し。豈《あ》に我が輩の企て及ぶ所ならんや。

さらに、巻十五「徳川氏前記　豊臣氏上」において、織田信長に毛利攻めを命ぜられた時の、豊臣秀吉の主君信長への返答の言葉は次のように記されている。

叛《そむ》くを討ち服するを撫で、機に臨み変を制し、以て中国を定めんこと、臣の度内に在るのみ。

つまり、北条早雲や上杉謙信や豊臣秀吉など歴史に大きく関与した英雄たちは、いずれも「機」への洞察に勝れ、その洞察をもとに己の行動を決定して、歴史の「勢」による変動（「変」）を利用し、時にコントロールした人物だったということを、山陽は描こうとしたことが分かる。記述において「勢」と「機」の複合的な使用ではなく、「変」と「機」の複合的な使用になっているのは、「勢」が抽象的な概念であるのに対し、「変」はその「勢」によってもたらされる具体的な現象を意味しているからであろう。歴史的な事象の分析と記述においては、具体的な現象を意味する「変」という言葉を用いたほうがより適切な文脈が多かったからだと思われる。もちろん「変」をもたらすのは「勢」である。しかし、「勢」は人知を超えたものとして人間が動かすことのできないものであったのに対し、「勢」によってもたらされる具体的な現象である「変」のあり方は、人間が「制為」

することができると山陽は考えていた。

こうした「勢」と「機」の歴史哲学に基づいて、山陽は『日本外史』において歴史の局面局面において躍動する人間の姿を、具体的・印象的に描くことに成功した。それが『日本外史』が史書としてだけではなく、歴史文学としても歓迎され、広く読まれることになった理由の一つであった。

第十一章　歴史観としての尊王

頼山陽の歴史上の人物や出来事に対するイデオロギー的な判断基準すなわち歴史観を考えるに当たって、まずその前提として押さえておかねばならないものに、儒学とくに朱子学の説く鑑戒《かんかい》史観あるいは名分《めいぶん》史観と称される歴史観がある。歴史は天理（天の道理）に支配されており、天理を体現し道徳的な政治を行う善なる権力者は栄えるが、天理に背いて不道徳な政治を行う悪なる権力者は滅びるという、勧善懲悪的な見地から歴史を評価し、歴史は道徳的な規範を映し出す鑑《かがみ》だとする歴史観が鑑戒史観である。

そして鑑戒史観よりさらに一歩を踏み込んで、歴史の解釈により明確な主観的判断の発動を求める歴史観が名分史観である。「名分」とは「名称」と「本分」を組み合わせた言葉であるが、名称と本分が一致した時に社会は安定し、名称と本分の間に乱れが生じた時には社会は混乱するという考え方で、名分論と称された。特に父子の間や、君臣の間の名分が問題にされることが多く、これを歴史上の人物や出来事を評価判断する場合の基準としたのが名分史観である。歴史の編纂・記述においては、積極的に歴史上の人物や出来事の名分を正すことが求められ、名分に適った権力を正統、名分に乱れのある権力を閏統として、両者の区別を明確にし、正統を尊重すべきことが主張された。

こうした儒教的・朱子学的な鑑戒史観・名分史観という二つの歴史観は、前者は中国宋代の史書である司馬光の『資治通鑑』に、後者は『資治通鑑』を改編した朱子の『資治通鑑綱目』に体現されているとされ、江戸時代の儒者とりわけ朱子学者たちはこれらの史書に学んで、こうした二つの歴史観を自分たちの歴史観の拠り所としてきた。山陽の父頼春水は筋金入りの朱子学者であった。山陽は父ほど厳格な朱子学者ではなかったが、家学を受けた山陽の儒学の基本もまた朱子学であった。山陽が少年時代に父春水の盟友である朱子学者柴野栗山からの忠告に発憤して、朱子の『資治通鑑綱目』を読んだことはすでに見た通りである。山陽の歴史観の根底に鑑戒史観や名分史観という儒教的・朱子学的な歴史観が存在していたことは間違いない。

しかし、こうした鑑戒史観や名分史観という歴史観は江戸時代の儒者にとってはいわば一般的・常識的なものでもあった。山陽の『日本外史』以前に、幕府の御儒者林羅山《はやしらざん》・鵞峰《がほう》父子によって編まれた『本朝通鑑《ほんちょうつがん》』、また水戸光圀《みつくに》の発起で水戸藩において編纂されていた『大日本史』、これら江戸時代を代表する歴史書が拠り所としたのもこうした歴史観であった。もっとも名分史観に関しては、『大日本史』の場合は、日本という国家のアイデンティティとして天皇家すなわち皇統の継承をどう考えるかという問題が大きく存在しており、皇統の尊重を大義として優先する大義名分論というものが提唱され、本来の儒教的名分論とは少しく異なる様相を見せるようになっていた。そうした大義名分論的な尊王主義は、山陽の『日本外史』や『日本政記』を支える歴史観でもあったとされるが、山陽の尊王主義的歴史観とは具体的にはどのようなものだったのであろうか。

『日本政記』最終巻の巻十六「正親町《おおぎまち》天皇論賛」第三において、山陽は以下のようなことを論述している。国の「治乱興衰」の起因は君臣の関係にある。君臣の関係が緊密であれば国は興り治まり、君臣の関係が疎遠になると国は廃れ乱れる。臣下が主君の権力を奪うという事態は、君臣の関係が疎遠になったことによって起こるというのが歴史の実態であり、それは天の然らしむるところである。ところが、そのようにして異姓の王朝が交替してきた中国とは違って、日本では「最下の者」が「最上の者」から政治権力を奪い取っても、さらに「其の上一等」の天皇が変わることなく存在してきた。それは天皇家の祖先が臣下の労苦を慮り、「家人父子」の如く「上下相親しむ」という徳を「七、八百年」にもわたって積んできた余慶である。これが政治権力の「実」が武家に移っても、君主としての「名」が天皇家に残り続けてきた理由である。歴史的にみて政治権力の実態は変化しながらも、君主としての名が変化しないということは、これもまた天の然らしむるところだ、と山陽は言う。

このように考える山陽にとって、日本歴史を構成し記述する上でもっとも重要な関鍵《かんけん》となるのは、実際の政治権力の変遷過程において、天皇と臣下(公家や武家)との関係はどうであったのかということにほかならなかった。そして、それを考察するための歴史観として当時存在していたのは、鑑戒史観や名分史観と称される儒教的な歴史観であり、名分史観から派生する尊王主義(勤王主義)の歴史観であった。山陽はそのような歴史観によって記述された日本歴史を、北畠親房《ちかふさ》の『神皇正統記《じんのうしょうとうき》』、林羅山・鵞峰編の『本朝通鑑』、徳川光圀・彰考館《しょうこうかん》編の『大日本史』などから学び、『日本外史』や『日本政記』の著述に利用した。しかし、『日本外史』や『日本政記』著述以前に、山陽の中に固有の歴史観が確立されていたというわけではない。山陽は『日本外史』や『日本政記』などを著述する過程において、上記のような歴史観を学びながら自己の歴史観を形成していった。山陽の歴史観の形成過程を振り返ってみることが求められる。

山陽が幽閉中に歴史書の編纂を思い立ったことはすでに述べたが、山陽二十四歳の享和三年のものと推定されている梶山立斎宛ての書簡には、「大ニ其力ヲ文章ニ肆《ほしいまま》ニセント欲ス」と記した後に、「其余ハ永享以降、織・豊ノ交ニ至迄ノ旧聞ノ放失ヲ罔羅《もうら》シ、遺日(異日の意)太史氏ノ秉録《へいろく》ヲマツト云《いう》業ヲナサント欲ス」と記されていた。当初の山陽の史書編纂は、信頼できる史料に乏しい永享年間(一四二九〜四一)から「織・豊」時代(安土桃山時代)に至る間の史料の収集整理を目指すものに過ぎなかったのである。そして、「遺日太史氏ノ秉録ヲマツト云業」というように、その間の歴史記述そのものは他日に期するとしていた。つまり、当初山陽が手がけようとしていたのは、必ずしも明確な歴史観が要請されるような歴史書ではなかったのである。

しかし、やがて『日本外史』へ向けて歴史書の構想が固まっていき、山陽は武家政権の政治と権力の移り変わりの総括的かつ具体的な記述を、自らが編もうとする歴史書の目的にするようになった。山陽は歴史の「勢」の趨《おもむ》くところと、歴史的局面ごとの「機」の様相を明らかにしながら、まずは具体的な歴史的事実の脈絡を「記事」として書き進めていくことにした。そして文化七年(一八一〇)頃には、その史書の「記事」の基本部分が出来上がった。おそらく、その時点で山陽が主として記述の拠り所にしていたのは、先述したような鑑戒史観と称される儒教的な歴史観であった。歴史というものは、天理に基づく治乱興亡の跡である。したがって歴史的な事実を直書すれば、そこには鑑《かがみ》のように君臣のあり方が映し出され、褒貶《ほうへん》(勧善懲悪)の意もおのずから明らかになる。その結果として歴史記述からは、君主はどうあるべきか、また臣下はどうあらねばならないかという道徳的な訓戒を得ることができるという、事実主義的・道徳主義的な歴史観である。

『春秋』は孔子が編纂したとされる古代中国の歴史書であるが、山陽は「春秋正文の後に書す」(『書後』巻上)において、「苟《いやしく》も後儒の言ふ所の褒貶黜《ちゅっちょく》陟の如きは、則ち孔子を妄人と為し、春秋を見戯と為す。唯だ実に拠りて直書するのみ」と記し、また門人への『春秋』の講義録『春秋遼豕《りょうし》録《ろく》』において、「春秋の書に、褒貶を意とすること無し。其の事を直書して、褒貶自ずから明らかなり」とも説いているように、『春秋』の筆法とは事実直書に重きを置き、褒貶はその結果としておのずから明らかになるに過ぎないという考えを抱いていた。そして、宋の司馬光の『資治通鑑』を、そのような事実直書がおのずから結果として褒貶を明らかにすることになる鑑戒史観の代表的な歴史書として評価していた。こうした『春秋』や『資治通鑑』の歴史観や筆法に依拠しつつ、山陽は『日本外史』の「記事」の著述にまずは専心していったのである。

しかし、なかなか定まらなかった書名も『日本外史』に決まり、「記事」の基本部分が出来上がった文化七年頃になると、山陽は『日本外史』を「記事」だけで成書とすることに物足りなさを感じるようになっていた。つまり、事実を直書するだけで褒貶はおのずから明らかになるのだろうかという疑問が、おそらくは山陽の中で大きくなっていた。第八章での引用の繰り返しになるが、山陽は門人牧百峰に与えた「外史隠微《いんび》七則」(『文集』巻十)という文章の中で、次のように述べている。

> 序論・論賛は他の文と同じからず。皆な隠微にして言ひ難きの情事を指す。半呑半吐、而して古今を俯仰し、感慨之に係る。其の中にも亦た已《すで》に脩撰《しゅうせん》の意を分疏《ぶんそ》する者有り、叙事の至らざる所を補足する者有り。腐令《ふれい》(司馬遷)源を発し、後人溯回《そかい》す。至ること能はずと雖も、心は之に嚮《むか》ふ。

つまり、歴史の中には「隠微にして言ひ難きの情事」というものがあり、「記事」だけでその「隠微」を読者に悟らせることは難しい。「叙事の至らざる所を補足する者」として、「序論・論賛」という論文を付加すべきだと思うようになったというのである。

思い返せば、山陽は歴史書の編纂に当たって、司馬遷の『史記』や水戸藩編纂の『大日本史』を強く意識したが、それらには歴史批評とでもいうべき文章が織り込まれていた。山陽は『日本外史』の著述が進むにつれて、「叙事中に議論有る者は史なり」(『古文典刑』凡例)という思いが強くなり、「世家《せいか》」ごとに巻頭や巻末にその「世家」の記事を歴史的な視点から総括する、「序論」や「論賛」と呼ばれる歴史批評的な論文を付そうと考えるようになったのである。

文化八年九月十八日付の篠崎小竹宛ての書簡(『書翰集』上・三四)において、新井白石の『読史余論』と『大日本史』中の論賛を集成した『大日本史賛藪《さんそう》』との借用を申し出たのは、『日本外史』にそうした「序論」「論賛」を書き加えるための準備にほかならなかった。文化十四年五月二十三日付の小野移山宛ての書簡(『書翰集』上・一二一)において、山陽は「論賛も書き申し候」と記している。おそらくこの頃には『日本外史』の「序論」「論賛」はおおよそ脱稿していたのであろう。

そして、「記事」に「序論」「論賛」を付して総括的な歴史批評を開陳するというスタイルは、『日本外史』完成後に成立した『日本政記』にも踏襲された。完成後の『日本外史』には十九篇の「序論」「論賛」が、『日本政記』には八十二篇の「論賛」が付されている。

そうした「序論」や「論賛」という歴史批評的な文章を書く上で大きな役割を果たしたのが、鑑戒史観と並ぶもう一つの儒教的な史観である名分史観であった。先ほど略説したように、「名分」というのは名称(名義)と本分(実態)の意で、名称と本分の一致が秩序を確立し、社会や国家に安定をもたらすという思想である。「名分」という言葉はそのままの形では儒教の経典の中には見出せないようであるが、次のような話が『論語』に見えている。衛の国の殿さまが孔子先生をお迎えして、政治をなさることになれば先生は何から先になさいますかと、門人の子路《しろ》が孔子に質問したところ、孔子は「必也正名乎(必ずや名を正さんか)」と答えたという(「子路」篇)。この「正名」(名称と実態との関係を正して一致させること)と「名分」とは、言葉としては力点の置くところが違っているが、意味するところは重なっている。また、斉の景公から政治において重要なことは何かと問われた孔子は、「君は君たり、臣は臣たり、父は父たり、子は子たり」と答えたという(「顔淵」篇)。孔子は君臣・父子の間の「名分」の一致こそが政治の要点であるとする名分論を主張したのである。

このような名分論をもとにした歴史観が名分史観であるが、名分史観は鑑戒史観の代表的な歴史書とされる北宋の司馬光の『資治通鑑』の中にも、「天子の職は礼より大なるは莫《な》く、礼は分より大なるは莫く、分は名より大なるは莫し。何をか礼と謂《い》ふ。紀綱是れなり。何をか分と謂ふ。君臣是れなり。何をか名と謂ふ。公・侯・卿・大夫是れなり」(巻一「周紀一」)などという形で見えているが、これをさらに徹底して歴史著述の原則として意識的に適用したのが、南宋の朱子の『資治通鑑綱目』であった。朱子は司馬光の『資治通鑑』を簡約して、「綱」(歴史記事の本文)と「目」(その注釈)とに再編し、歴史的な事件や人物の記述に当たっては義例(名分の義理を明らかにするための体例)や書法を工夫して名分を正し、褒貶の意を表わそうとした。

朱子学者にとって『資治通鑑綱目』は教科書的な歴史書であるが、山陽は『資治通鑑綱目』との出会いや、この書に対する評価を、文政十二年九月四日に書いた「通鑑綱目を読む」(『書後』巻中)において次のように記している。

　正史は、一事、数処に散見す。治乱を観んと欲するに、通鑑に若《し》くは莫し。而して綱目は以て其の条緒を晰《あき》らかにす可く、必ずしも義例に拘拘《こうこう》せず。襄十三歳の時(寛政四年)、先人、江門《えど》に祗役《しえき》す。家信中、時に襄の詩有り。諸老人、偶々《たまたま》奨賞せらる。薩藩の赤崎彦礼(海門)先生、之を柴野(栗山)博士に語る。博士曰く、「千秋、子有り。之を教へて実才と成さざるは、乃ち詞人と為さんと欲するか。宜しく先づ史を読み、古今の事を知らしむべし。而して史は綱目より始めよ」と。赤崎先生、西帰す。(寛政五年六月四日、山陽十四歳の時)藝を過ぎ、襄を諗《いさ》む。襄、乃ち発憤して之を読む。後に十八歳、東遊し、博士に過謁す。博士問ふ、「綱目を読むや否や」と。曰く、「尽《ことごと》くは読む能はずと雖も、大意を領するのみ」と。博士曰く、「可なり」と。

　父春水の友人で幕府に仕えた朱子学者柴野栗山の勧めで、山陽は少年期に『資治通鑑綱目』を「尽く」ではなかったにしろ、読んだという。しかし、『資治通鑑綱目』は歴史上の治乱の「条緒(関連)」を「晰」らかにするにはよいが、その「義例」には必ずしも拘《こだ》わる必要はないと言い、自分は『資治通鑑綱目』の「大意を領するのみ」だとも述べている。『資治通鑑綱目』の「大意」は了解したけれども、必ずしもその歴史観や書法に全面的に賛同しているわけではないということであろう。山陽の歴史観の根底に朱子学的な名分史観が存在したことは確かだが、「拙著、未曾有の体を創《つく》る。世家を以て、上は本紀を包み、下は列伝を総《す》ぶ」(『文集』巻十「外史隠微七則」)というように、『日本外史』を「未曾有」の史書であると自負する山陽は、『資治通鑑綱目』の後塵を甘んじて拝するつもりはなかったのである。

名分史観は『日本外史』における人物や事象の把握や描き方に反映しているだけでなく、『日本外史』や『日本政記』の「例言」「序論」「論賛」において、山陽は「名分」という言葉そのものも、例えば次のようにしばしば用いている。


『日本外史』「例言」に、「正記・前後記と署する者は、以て名分の混ずべからざるを示すなり」。

『日本外史』巻九「足利氏論賛」に、「然れども名分の在る所、踰越《ゆえつ》すべからず」。

『日本政記』巻一「垂仁天皇論賛」に、「未だ嘗《かつ》て反逆を謀るに至らざるは、名分大いに定まり、往昔に異なることありと雖も、亦た躬《みずか》ら兵権を握らざるが故のみ」。

『日本政記』巻十「安徳天皇論賛」に、「平源の事、その名分の逆順は姑《しばら》く置きて可なり」。

「名分論」は時に「大義名分論」と称されることがある。「名分論」とは父子や君臣の間の義を重視する思想であることはすでに述べたが、『春秋左氏伝』隠公四年に「大義、親を滅す」(君臣の関係である大義を貫くには肉親関係をも切り捨てなければならない)とあることから、君臣の義は特に大義と称され、山陽も『春秋遼豕録』に「特筆有り、以て大義の係る所を知る」と記している。また、『日本外史』巻十七において、片桐且元《かつもと》が徳川家康に内通しているのではないかと疑う豊臣方の武将大野治長《はるなが》が、且元の弟元重に且元を攻めさせようとした時、元重が治長に対して発した言葉を山陽は、「家兄、誠に携弐《けいじ》を懐《いだ》かば、吾れ将《まさ》に大義、親《しん》を滅せんとす。必ずしも公らを煩さず」と記述している。山陽は意識して『春秋左氏伝』隠公四年の「大義」の用例をここに織り込んだのである。さらに『日本外史』巻二でも、「頼義必ず虜《りょ》を滅さんと矢《ちか》ひ、人をして出羽の酋《しゅう》清原光頼及び弟武則に説かしめ、諭《さと》すに大義を以てす」として、君臣の義を「大義」という言葉で表わした。

そして、先に紹介した『日本政記』巻十六「正親町天皇論賛」第三に、「最下の者」が「最上の者」から政治権力を奪い取っても、さらに「其の上一等」の天皇が変わることなく存在してきたというところに日本歴史の特殊性を見る山陽からすれば、『日本外史』巻十二の「毛利氏論賛」に、「吾れ元就《もとなり》を論ずるに、その智略を言はずしてその果断を言ひ、その果断を言はずしてその事の義に合ふを言ふ。これを天子に請ふに至つては、また義の大なる者なり」とも論じたように、「大義」とは天皇と臣下との大いなる義を意味することになった。

この天皇と臣下との間の大義を全うすることが、「尊王(尊皇)」であり「勤王(勤皇)」である。この二つの言葉は、ひとまずは「尊皇とは道義的信念上から言ふ所の言葉である。勤皇とは其の信念の実行上から言ふ所の言葉である」(頼成一『日本外史の精神と釈義』昭和十九年刊)と区別できるであろうが、「尊王」「勤王」はどちらも『日本外史』において用いられている。「尊王」の用例は、巻十四「織田氏論賛」における「豊臣氏、右府《うふ》(織田信長)の将校を以て、その成緒《せいしょ》を継ぎ、能くその志を就《な》す。而して尊王の義、四方を経営するの略に至つては、一として右府を師とせざるものなし」という、おそらくはこの一例だけである。これ以外は多く「勤王」の語が用いられている。

『日本外史』における「勤王」の用例には次のようなものがある。

巻五「新田氏前記　楠氏」の序論における、「古《いにしえ》の所謂《いわ》ゆる武臣なる者は、王に勤むと云ふのみ」。また「その勤王の功は、われ楠氏を以て第一となす」。また「天下方《まさ》に承久を以て戒《いましめ》となし、踵《くびす》を重ね息を屏《おさ》めて、敢て勤王の事を言ふなし」。

巻五「新田氏前記　楠氏」の記事における、「帝、これを熟視し、欣然として、心に勤王の者あるを知れり」。また「ここにおいて、四方、復《ま》た勤王の師なし」。また「北条氏、天下に勤王の者多きを以て、帝の逃れ出づるを慮《おもんぱか》り」。また「ここにおいて、四方勤王の師、所在に耗散《こうさん》して、足利氏の勢威、天下に擅《ほしいまま》なり」。

巻六「新田氏正記　新田氏」の記事における、「楠正成らの豪傑並び起こり、相共に王に勤む」。

また「尊氏反《そむ》きしより以来、また挙族、王に勤め、陛下の為に数々《しばしば》万死を冒す」。

巻六「新田氏正記　新田氏」の論賛における、「令を奉じて周旋し、意を鋭くして王に勤め、便利を占むるに暇《いとま》あらざるは、義貞たる所以《ゆえん》なり」。

以上のように、「勤王」の語は、南北朝時代に南朝方を正統として戦った楠氏や新田氏の行動を顕彰するための言葉として用いられており、山陽に大義名分論に基づく勤王主義の歴史観があったことを明示している。ただし、山陽自身は「勤王」の行動を実践したわけではない。山陽において問題になるのは歴史書著述に当たっての歴史意識なので、山陽の歴史観を論ずる場合には、原則として「尊王」の語を用いることにし、文脈によって「勤王」の語を用いることにしたい。さて、そこで山陽の尊王主義において注目されるのは、天皇を絶対的な存在として盲目的に奉仕するという、一方的で無批判な行動を臣下に要求するものではなかったということである。

山陽の尊王主義に関連して触れておきたいのは、神器というものを山陽がどう捉えていたかということである。名分論的に判断して皇統が正統か閏統かということが江戸時代の歴史書においては議論の対象になったが、その際には皇統を権威づける神器の所在が問題になった。

山陽は二十四歳の享和三年(一八〇三)に栗山潜鋒《せんぽう》の『保建大記《ほうけんだいき》』を読んで、「保建大記を読む」(『文集』巻二)という文章を書いた。『保建大記』は「神璽・宝剣・内侍鏡」という三種の神器の存在を皇統の証しとしたが、それならば、もし盗賊が三種の神器を盗み取って保持したならば、「盗賊も亦た皇統」となすのかと、この文章において山陽は『保建大記』の所論を批判した。つまり、山陽は物としての神器よりも「貴重」なものがあるというのである。それは何か。

『日本政記』巻十四「後亀山天皇論賛」第三に、「嚢、故に曰く、祖宗の意、天人の心の嚮《むか》ふ所を正統となす。正統の在る所、神器これに帰す。神器の在る所、正統これに帰するに非ず」と山陽は記している。皇統が正統であるかどうかを決定するのは、物としての神器ではなく、それよりも「貴重」なもの、すなわち「天人の心」だというのである。「天人の心」とは、天の意志は人間世界を支配し、人間世界の出来事は天の意志の具現化されたものであるという「天人合一」の心の意で、皇統が正統であるかどうかを決定するのは「天人合一」の心であり、物としての神器の所在も結局はこの「天人の心」に従うことになると、山陽は主張した。

従って、神器を保持して天皇の位にある者には天の心を体現することが求められるが、その天の心は民を撫育《ぶいく》することにある。「天の君を立つるは、民の為なり。君の為に非ざるなり。而《しか》るに暗君は以て己の為と為すなり」(『日本政記』巻十一「伏見天皇論賛」)ということである。己の欲望を満たそうとして権勢を恣《ほしいまま》にする人主は、天の心に背く「暗君」であり、そのような「暗君」は廃されてもやむなしという、『孟子』の革命思想に近い考えを山陽が有していたことは、藤原基経《もとつね》が暴虐な陽成天皇を廃し、光孝天皇・宇多天皇を立てたことを擁護する、『日本政記』巻六「陽成天皇論賛」第二の次のような文章に見ることができる。

頼襄曰く、国朝、太子を廃することあるも、未だ天子を廃することあらず。天子を廃するは、藤原基経より始まる。而るに当時異議なく、後世これを称するは何ぞや。その門望比《たぐ》ひなきに由るか、その父の勢ひを藉《か》るか、抑々《そもそも》その器略・神識、中外を圧服するか。三者皆な然り。然れどもこれより大なるものあり。曰く、廃する所、当《まさ》に廃すべき者なればなり。立つる所、当に立つべき者なればなり。当に立つべき者を立て、而して当に廃すべき者を廃す。三者なしと雖も、天下将《まさ》にこれに服せんとす。況《いわ》んや三者あり。藉《か》りてこれを行ふは、巨船・大帆を以て順風・壮潮に乗るが如し。誰か能くこれを禦《ふせ》がんや。

当時の藤原家の威勢や基経個人の能力が天皇の廃位という未曾有の変事を可能にしたことは否定できないが、それ以上にこうした変事が容認された理由は、陽成天皇が「廃すべき者」だったからにほかならないというのである。

また、『日本政記』巻四「称徳孝謙天皇論賛」第二には、私欲に偏した称徳(孝謙)天皇から皇位が光仁天皇・桓武天皇へと移った背景に、藤原百川《ももかわ》の動きがあったことについても、山陽は次のように述べている。

> 人心、孝謙を去り、明主を得んことを思ひ、望を光仁に属《しょく》す。而して百川因《よ》りてこれを定むるのみ。桓武の事も亦た然り。これをこれ公なり、誠なりと謂ふ。公且つ誠なれば、則ち人心服す。人心服すれば、則ち天意従ふ。故に曰く、藤原氏の王室に比隆《ひりゅう》するは天道なりと。天道は観《み》る可からざるなり。人心を以てこれを視るなり。

公正・誠実であれば人心は服し、天意もまた従う。己の欲望を満たそうとする「暗主」を廃して、公正・誠実な「明主」を求めようとする「人心」は、「天意」「天道」に適うものであると山陽は言う。

こうした山陽の論賛における暗主批判の背後には、『孟子』「梁恵王下」の次のような有名な一節が存在している。殷王朝の暴虐な紂王《ちゅうおう》を、臣下にあたる周の武王が弑《しい》したことの可否を斉の宣王から問われた孟子は、「仁を賊《そこな》ふ者はこれを賊《ぞく》と謂ひ、義を賊ふ者はこれを残《ざん》と謂ふ。残賊《ざんぞく》の人はこれを一夫《いっぷ》と謂ふ。一夫の紂を誅《ちゅう》するを聞くも、未だ君を弑するを聞かざるなり」と答えたという一節である。すなわち、仁義の徳をもって民を撫育すべき王道に悖《もと》る暴虐な為政者は、もはや「君」ではなくて「一夫」に過ぎず、その「一夫の紂」を誅殺したとしても何の問題があろうかというのである。山陽の尊王論の背後にはこうした儒教的な王道論があり、『日本外史』や『日本政記』において山陽は、歴代の天皇をそうした儒教的な王道論をもとに厳しく評価した。

『日本政記』において、山陽が明主として高く評価したのは、仁徳・天智・光仁・桓武・宇多・後三条天皇である。例えば『日本政記』巻十一「伏見天皇論賛」には、「吾が前の聖王、仁徳の若《ごと》き、天智の若き、光仁・桓武・宇多・後三条の若きは、則ち然らず(己の欲望に従う暗君ではないの意)。天の己を立つるは、民の為なるを知るなり。ここを以て自ら倹勤し、以て民を養ふ」という。そして、これを個別的に見れば、仁徳天皇については「仁徳の言に曰く、天、民の為に君を立つ。君、自ら倹して以て民を養ひ、民富めば則ち君富むと。大いなるかな言や。これ我が列聖の伝ふる所にして、これを帝に発す。範を万孫に貽《のこ》す所以《ゆえん》なり」(巻一「仁徳天皇論賛」)、光仁天皇については

「光仁中興の政は、日の升《のぼ》りて天地清明なるが如く、以て百官・万姓をして洗濯磨淬《まさい》し、以て上意に副《そ》はんことを求めしむるに足る。帝の厲精《れいせい》自強して息《や》まざるに非ずんば、曷《いずく》んぞ能くかくの如くならん」(巻五「光仁天皇論賛」)、桓武天皇については「無益の費、無用の官は、英主に非ずんば能くこれを省く莫し」(巻五「桓武天皇論賛」第二)、宇多天皇については「宇多の英主たるや、その権柄《けんぺい》を攬《と》り、紀綱を振ひ、勤倹を躬《みずか》らし、賢能を挙げ、宗廟《そうびょう》・生民《せいみん》を以て心となす。天智・桓武の業に接《つ》ぐ所以は必ずしも論ぜざるなり」(巻七「宇多天皇論賛」)、後三条天皇については「蓋《けだ》し天位を以て楽しみとなさずして、億兆を以て憂となす。この故に一旦位に即《つ》くや、痛く自ら節倹し、機務を勤労して、敢て逸予《いつよ》せず。而してこれを行ふに、その剛と明とを以てし、以て天下に令す」(巻九「後三条天皇論賛」)などと評するごとく、これらの天皇は聖王・英主・明主として高く評価された。

　これに反して、聖武天皇については「帝の不君・柔暗は、智者を待ちて知るのみならざるなり」(巻四「聖武天皇論賛」)、称徳(孝謙)天皇については「聖武、宮闈《きゅうい》の勧めを聴き、府庫の蔵を糜《つく》し、生民の膏血《こうけつ》を寺塔・仏像に塗りて甘心す。継ぐに孝謙の縦恣《しょうし》を以てし、位に居ること皆な久し。六帝(天智・天武・持統・文武・元明・元正)豊富の業、ここに於いて衰ふ」(巻四「称徳孝謙天皇論賛」第一)、白河天皇については「白河を得るは、則ち驕陽炎赫《きょうようえんかく》して惔《や》くが如く、焚《や》くが如し。而して黎民《れいみん》、孑《げつ》遺《い》なきなり。……而も興造(法勝寺の建立をいう)の費《ついえ》、府蔵を空竭《くうけつ》す。その功徳をなす所以は、三千の仏像、四十万の塔婆にして、皆な民の膏血を塗るのみ。……故に白河の権を収むるは、適《まさ》に天下の怨を収むる所以なり。……白河は則ち己の欲を縦《ほしいまま》にせんと欲す」と批判した上で、「天位を以て戯れとなすと謂ふ」(巻九「白河天皇論賛」)と断じ、後白河天皇については「君、已に私に徇《したが》ふ。相《しょう》も亦た私を営む。私の極、倫理を敗り、廉恥を亡《うしな》ひて顧みず」(巻九「後白河天皇論賛」)などとして、これらの天皇の私欲を縦《ほしいまま》にした暗君ぶりを山陽は厳しく批判した。

そして、その他の天皇についても、その人間性や治世の是非や歴史的な役割について山陽は忌憚のない論評を重ねた。例えば建武の新政を進め、その後の南北朝対立の歴史を招いたことで、論者によって褒貶の分かれる後醍醐天皇について、山陽は『日本政記』巻十二「後醍醐天皇論賛」第三に次のように記している。まず山陽は「中興の政は失するか」と問題提起し、多くの論者は「失すと謂ふ」が、自分は必ずしもそうだとは思わないと言い、後醍醐天皇の政治について、「これを総《す》ぶるに、当時の政は概ね皆なその宜しきを得、時勢に合ひ、人情に愜《かな》ふ。何ぞ失すと謂はんや」と論じて、後醍醐天皇の政治は「失」したものではなかったとひとまずは肯定的な評価を下す。しかし、「然らば則ち失する所なきか。曰く、政は失せざるなり。而れども政をなす所以《ゆえん》のもの失せり。政をなす所以のものとは何ぞや。曰く、人主の心これのみ」と述べて、政治が間違っていたとは思わないが、政治のもとになる「人主の心」すなわち後醍醐天皇の心が失《あやま》っていたと山陽は言う。

そして、この後醍醐天皇の心の「失」について、山陽は「帝の心をして、常に元亨以前の如くにして、建武以後の如くならざらしめば、則ち縦《たと》ひ政事をして少しく失する所あらしむるも、而も再び困踣《こんぼく》(苦しみ倒れること)を取るに至らざるなり。唯だそれその心の大ならざれば、その量満ち易し。故にその未だ得ざるに当りては則ち勤厲《きんれい》し、その已に得るに及びては則ち懈怠《けたい》す」と続けている。つまり、天皇親政を回復しようとしていた元亨年間(一三二一～二四)以前においては「勤厲」していた後醍醐天皇も、親政が実現した後の建武年間(一三三四～三六／三八)になると心が満ち足りたのか「懈怠」したとして、後醍醐天皇の心の狭量から生じた怠慢を山陽は厳しく批判したのである。

山陽の歴史観において尊王が重要な位置を占めていたことは間違いない。それは大義名分論に基づく正統な皇統の継承を前提としたものではあったが、「万世一系」を尊崇するあまりに、天皇に対する盲目的・無批判的な奉仕を要求するようなものではなく、尊王の直接の対象者である天皇のあり方自体にも批判が及ぶ、儒教的な王道論に基づく尊王主義であったことを忘れてはならないであろう。山陽における天皇の存在とは、明治二十二年(一八八九)に発布された大日本帝国憲法(明治憲法)の第一章「天皇」の第三条にいう「天皇ハ神聖ニシテ侵スヘカラス」というような神聖不可侵の存在ではなかったのである。

山陽は仁義の徳による王道政治の体現者としての姿を天皇に求めたが、同時に歴史の展開過程において、実際の政治権力が朝廷から武家へと移行したことを「必然の勢」として肯定的に捉えてもいた。前九年の役(一〇五一～六二)・後三年の役(一〇八三～八七)によって陸奥の反乱を平定した源頼義・義家父子に対し、朝廷がこれを私闘として処理して賞典を与えなかったことが、後日、朝廷の権力が源氏に奪われるきっかけになったとする山陽は、その歴史的な意味を、『日本政記』巻八「後冷泉天皇論賛」第二において次のように論じている。

朝廷の公卿、方《まさ》に声色歌詠を以て事となし、而して血戈汗馬《けっかかんば》の労は、これを辺鄙《へんぴ》の吏に委ね、又た肯《あえ》てその労を償はず。而して偃然《えんぜん》として長くその上に託せんと欲す。これ天道の与《くみ》せざる所なり。大凡《おおよそ》治安の久しき、上なる者は亢《こう》して下らず、下なる者は滞りて上らず。上下の間、痞膈《ひかく》(閉塞すること)して通ぜず。而して天下覆《くつがえ》る。下なる者反《かえ》りてその上を制し、上なる者反りて下に制せらるるは、必然の勢なり。

こうして王者である天皇に代わって政治権力を握った武家を、山陽は覇者に擬えた。『孟子』「公孫丑上」に、「力を以て仁を仮《か》る者は覇たり。覇は必ず大国を有《たも》つ。徳を以て仁を行ふ者は王たり。王は大を待たず。……力を以て人を服する者は心服せしむるに非ざるなり。力贍《た》らざればなり。徳を以て人を服せしむる者は、中心より悦《よろこ》びて誠に服せしむるなり」とあるように、儒教においては、天意に従い仁義の徳によって民を撫育する王者に対し、武力によって権力を掌握し刑罰によって民を服従させるのは覇者とされた。そして、それぞれの政治のあり方は王道・覇道として区別され、覇者は王者を補佐すべき存在と位置づけられた。日本において武力によって政治権力を掌握し、覇者として幕府を開いた将軍は、その上の存在たる王者としての天皇を補佐すること、すなわち尊王に心がけることが求められるというのが山陽の歴史観であった。

いっぽう、『日本外史』巻九「足利氏論賛」において山陽は次のように述べている。

> 尊氏、中興の業を奪ふに及んで、尺地《せきち》一民《いちみん》もその有に非ざるはなし。……然れども名分の在る所、踰越《ゆえつ》すべからず。故に北朝の天子を擁戴《ようたい》し、而して己《おのれ》上将を以て天下を宰する、猶《な》ほ源氏の故《こ》のごとし。義満に至つては、驕侈跋扈《きょうしばっこ》、乗輿《じょうよ》に僭擬《せんぎ》し、信《しん》を外国に通じ、日本国王と称し、旧臣・門族を分ち、以て摂籙《せつろく》・清華《せいか》に倣ふ。豈《あ》に名実を幷有《へいゆう》せんと欲するに非ずや。朝廷その贈号を擬するに、太上天皇を以てす。無稽の甚しき、笑を千古に貽《のこ》すと雖も、而も義満の素心の蓄ふる所も亦た以て見るべし。其の早世して志を終へざる、我が邦の幸と謂はざるべけんや。

室町幕府を開いた初代将軍足利尊氏は政治的な実権を掌握しても、天皇を擁戴して「名分」を越えるようなことはなかった。しかし、室町幕府の第三代将軍になって南北朝合体を実現した足利義満は、天皇の「名実」を我がものにしようとし、太上天皇を望む心をも抱いていたとして、山陽は義満が早世したのは「我が邦の幸」だったと論弁している。つまり覇者であることを忘れて、大義名分を越えて天皇(王者)たることを望もうとした義満を、山陽は尊王主義の歴史観をもとに厳しく批判したのである。

そして、山陽は右の論賛の文章を、「而るに或者《あるもの》、これを憾《うら》むるは何ぞや。昔者《むかし》、孔子、告朔《こくさく》の餼羊《きよう》を愛《お》しむ(実を失って名のみであっても尊重するの意)。王室既にその実を失ふ。頼《さいわい》にその名あるのみ。而して今また挙げてこれを褫《うば》はんと欲す。是れ足利氏を助けて虐《ぎゃく》をなす者なり」と続けている。ここにいう「或者」とは新井白石を指している。白石は『読史余論』において、太政大臣に昇り、明の皇帝から「日本国王」に封ぜられ、「当時、此人の権勢をもて何を望み申さるゝとも、その心のごとくならずといふ事あるべからず」という権力の絶頂にあった義満は、「王朝既におとろへ、武家天下をしろしめして、天子をたてゝ世の共主となされしよし、その名、人臣なりといへども、その実のある所は、その名に反せり」という名実の乖離した状態を解消すべく、「その名号をたてゝ、天子より下れる事一等にして、王朝の公卿・大夫・士の外、六十余州の人民等、こと〳〵く臣たるべきの制」を建てるべきであったのに、「不学無術」な義満はそれを実行することができなかったと白石は論難した。

白石はなお「天子より下れる事一等」という留保条件は付けてはいるものの、武家の頂点として「天下をしろしめして」いる将軍足利義満は、「人臣」の名に甘んずるべきではなく、その「実」にふさわしい名を求めるべきであったという。こうした白石の『読史余論』の論調は、義満に王者の名を奪うことを勧めた暴虐な主張だとして、山陽は強く批判を加えたのである。この山陽の批判の根底にあったのは、覇者としての将軍は王者としての天皇を補佐するために忠誠を尽くすべきだとする尊王主義の歴史観にほかならない。山陽自身、文政九年十一月二十五日付の篠崎小竹宛て書簡（『書翰集』下・三六二）に、「論讃も白石論も踏襲の嫌《きらい》ある処など、大分かへ申し候。……史賛と云ふもの、史論などの様に馳騁《ちてい》して奇を出し候事もあしく、正論なれば踏襲を免れざるの事出で来り候。こまり候もの也。新意を竪《た》つる事も余程あれども、一々左様にも参らず候。白石は余論、仮名書き也。漢文にいたしても、其の論究竟《きゅうきょう》の処、人は以て剿説《そうせつ》に帰することを為し候を恐れ候也」と歎いているように、『日本外史』の論賛に白石の『読史余論』からの影響は大きかったが、ここは尊王の一点において、山陽は白石に対して異論を立てたのである。

したがって、『日本外史』において山陽は、正統の南朝方のために勤王に励んだ楠木正成や新田義貞らの事蹟を称揚し、「中興の諸将、楠氏を以て主となし、自余はこれに隷す。新田氏また未だ嘗て上将(征夷大将軍の意)の位を膺《う》けざれども、これを足利氏の上に置き、兵部卿(護良親王)の親《しん》、北畠氏の貴《き》と雖も、皆なその中に繫《か》く」(『外史』「例言」)として、『日本外史』は征夷大将軍に任ぜられて幕府を開いた武将を「正記」に立てることを原則としたにもかかわらず、そうではない新田氏を「正記」に立て、楠氏を「新田氏前記」に立てるという特別の体例を採ったのは、「大義の繫《かか》る所に至りては、必ず特書を用ふ」(『外史』「上楽翁公書」)ということであった。これについて山陽は「その私心を伸ばし、以て幽光を発するを得るのみ」(『外史』「例言」)と説明する。つまり、私史として彼らの勤王の志を顕彰するために、このような特例的な措置をしたというのである。

しかし、こうした新田氏を「正記」に立て、楠氏を「新田氏前記」に立てるという特別の体例が採られたのは、おそらく『日本外史』の論賛が出揃い、巻数も二十二巻に定まった、かなり遅い時期のことではなかったかと推測される。論賛もまだ出揃わず、巻数も二十巻であった、文化十年八月の山陽自序を付す写本『日本外史』(国立国会図書館蔵)では、巻一「源氏上」、巻二「源氏下」、巻三「平氏」、巻四「北条氏」、巻五「楠氏」、巻六「新田氏」、巻七「足利氏上」、巻八「足利氏下」、巻九「伊勢氏」、巻十「長尾氏・武田氏」、巻十一「毛利氏」、巻十二「織田氏上」、巻十三「織田氏下」、巻十四「豊臣氏上」、巻十五「豊臣氏中」、巻十六「豊臣氏下」、巻十七「徳川氏上之上」、巻十八「徳川氏上之下」、巻十九「徳川氏下之上」、巻二十「徳川氏下之下」と世家の武将の名前だけが記されており、「正記」「前記」「後記」の区別はなされていない。「正記」「前記」「後記」の区別をして新田氏を「正記」に立てるという特別の体例の採用は、『日本外史』の完成が近くなり、その尊王主義をよりはっきりと明示するための措置だったのである。

E・H・カーは『歴史とは何か』において、イタリアの哲学者クローチェの言葉を引用しながら、次のように述べている。

すべての歴史は「現代史」である、とクローチェは宣言いたしました。その意味するところは、もともと、歴史というのは現在の眼を通して、現在の問題に照らして過去を見るところに成り立つものであり、歴史家の主たる仕事は記録することではなく、評価することである、歴史家が評価しないとしたら、どうして彼は何が記録に値いするかを知り得るのか、というのです。

山陽もまた同様なことを『日本外史』の「例言」に、「今日に生まるる者は、従前の喪乱を詳《つまび》らかにせずんば、或いは自らその生の幸を知らざるなり」と記している。山陽にとっても、歴史は「今日」を起点とし、「今日」の「生の幸」の由来を知るためのものであった。つまり、『日本外史』は「現代史」でもあったということである。山陽における「現在の問題」とは、約《つづ》めて言えば江戸幕府の政治と将軍のあり方にほかならない。例えば、『日本外史』巻四「源氏後記　北条氏」や『日本政記』巻十一「後宇多天皇論賛」において、山陽は北条時宗の元寇への対応を高く評価したが、それは暗に江戸幕府の異国船来航への対抗策を意識して書かれたものになっている。

『日本外史』の当初の構想は、文化元年後半の頼春風宛て書簡(『書翰集』下・別集三二〇)や文化二年三月二十日付の「大槻子縄に与ふる書」(『文集』巻三)に見られたように、「豊臣氏世家」までで、徳川氏は含まれていなかった。徳川氏にまで筆を及ぼせば、忌諱に触れて筆禍を招くという虞れがあったからであろう。しかし、「現代史」ではない歴史著述に山陽は満足できなかった。文化四年三月十一日付の池口愚亭宛て書簡(『書翰集』上・一二)に、山陽は「私著作、豊臣氏迄と存じ居り候処、事欠《ことか》き申し候故、御当代三世将軍迄を徳川氏四巻と仕り、合て二十巻に致し候」と記して方針転換を示した。山陽にとって「現代史」でない歴史は「事欠」くものだったのである。

そして、このことと新田氏を「正記」に立てるということとは、山陽の尊王主義の歴史観によって結びついていた。『日本外史』巻六「新田氏論賛」において、「令を奉じて周旋し、意を鋭くして王に勤め、便利を占むるに暇《いとま》あらざるは、義貞たる所以なり」と新田義貞の勤王を称える山陽は、しかし義貞の勤王は報われることなく、いったんは「足利氏は王土を奪ひ、以て王臣を役《えき》する者なり。故に足利氏の罪を論ずれば源氏に浮《す》ぐ」(『外史』巻九「足利氏論賛」)という、勤王に敵対する足利氏の幕府政治が続いたものの、「義貞山霊に祈るに、その子孫の再び起つて、賊を滅すを以てす。……我が二百年の後、足利氏に代つて興る者は、実に新田氏の遠裔《えんえい》に出づ。亦た烏《いずく》んぞ義貞の祈に応ずるに非ざるを知らんや。則ち天運果《はた》して復《かえ》る時あり」(『外史』巻六「新田氏論賛」)とも記した。

つまり、二百年の時を経た後に、義貞の「遠裔」が足利氏に代わって新たに幕府を開くことになったのは、義貞の勤王の「祈」に「天運」が応じたからだと考えたのである。新田義貞の二百年後の「遠裔」とは、江戸幕府を開いた徳川家康を指す。大局的に見れば、歴史の流れは勤王を復活させて現代に至っていると山陽は言うのである。

従って室町時代末期の戦乱の世を統一した覇者織田信長を、山陽は『日本外史』において、江戸幕府を開いた徳川氏の「前記」として位置づけ、「織田氏論賛」(『外史』巻十四)で、古代中国戦国時代の覇者であった斉の桓公や晋の文公の尊王と比較しながら、「尊王の義、四方を経営するの略に至つては、一として右府(信長)を師とせざるものなし。即ち徳川氏の興るも亦たこれに因らざる能はず、以て王室・将家並びに今日の盛を見るを致す」と記して、信長の「尊王」を高く評価し、江戸幕府を開いた徳川氏も信長の「尊王」を継承して、今日の盛世をもたらしたと山陽は説いた。

そうであれば、織田信長・豊臣秀吉の覇業を受け継ぎ、征夷大将軍として江戸幕府を開いた徳川家康は、当然のことながら『日本外史』において、大義をわきまえた覇者として描かれねばならなかった。例えば『日本外史』巻二十において、長久手《ながくて》の戦いで秀吉に勝利した家康は、和議を進言する石川数正に対し怒りを表わして、「義如何《ぎいかん》と問ふのみ。勝敗の数《すう》に至つては、則ち乃公《だいこう》自らこれを計る」という言葉を発したと描かれている。また、天正十四年に家康が上洛して秀吉に対面した時の会話も次のように描かれている。秀吉が「私は賤しい身分から立身したので、諸侯が心服しない。どうしたらよいだろうか」と問うたのに対し、家康は「公、第々《ただ》義に違ふなかれ。義の在る所、天下これに従ふ」と答えたと山陽は記している。さらに、『日本外史』巻二十二では、大坂冬の陣の後、豊臣方との和議が成立した時、伊達政宗や藤堂高虎などが豊臣秀頼を除くことを進言したのに対して、家康は「吾れと豊臣氏と、義を以て合ふ者なり。……吾れ特に太閤の旧好を念《おも》ひ、以てこれを保全するのみ。彼(秀頼)復た我に負《そむ》き、敢て不義を行はば、則ち自ら亡《ぼう》を取るなり。卿ら且《しばら》く言ふなかれ」と答えたと記述されている。いずれの場面においても、君臣あるいは尊王の大義を忽《ゆるが》せにすることのない覇者としての家康の姿を、山陽は描こうとしたのである。

このように『日本外史』が、家康を仁義の徳の体現者として描いていることを、江戸幕府に対する山陽の「諛辞《ゆじ》」(へつらいの言葉)と批判する論もあるが、新田義貞の勤王の「祈」を二百年後に実現して江戸幕府を開いたとする家康をこのように描いたのは、山陽にとっては「諛辞」というよりも、むしろ尊王主義の歴史観からすればそうあらねばならない姿だったと言えよう。

そして、そこで問題になるのは、『日本外史』の最終巻である巻二十二の本文大尾の、次のような文章の意味するところである。

今の公、一橋より入りて世子となる。名は家斉、実に有徳公(徳川吉宗)の曾孫なり。職を襲《つ》ぐに及び、復たその政を修め、賢に任じ能を使ひ、百廃悉《ことごと》く挙《あが》る。在職最も久し。左大臣に累遷《るいせん》し、遂に太政大臣に拝せらる。固辞すれども命を得ず。……源氏・足利氏以来、軍職に在つて太政の官を兼ぬる者は独り公のみ。蓋し武門の天下を平治すること、ここに至つてその盛を極むと云ふ。

江戸幕府の十一代将軍徳川家斉は文政十年三月十八日に太政大臣の宣下《せんげ》を受けた。『日本外史』完成直前の出来事である。山陽はこのことを特記して『日本外史』の結びにした。幕府の将軍として太政大臣を兼ねるのは初めてのことだという。確かに初代将軍家康には太政大臣宣下の打診が朝廷からあったが、家康は固辞して受けなかった。また二代将軍秀忠も太政大臣にはなったが、それは将軍職を三代家光に譲った後のことで、将軍と太政大臣を兼ねたわけではなかった。そういう意味で、家斉が征夷大将軍と太政大臣を兼ねるということは、武家政治にとって「極盛」の慶事であった。そして、そのことを奉祝して大団円とするのは、源平時代から当代に至るまでの武家政治の流れを追ってきた『日本外史』にとって、まことにふさわしい結末であるように思われる。

しかし、山陽はこのことを心の底から奉祝していたのであろうか。すでに左大臣であった家斉に太政大臣宣下がなされる直前の文政九年十月十八日、山陽は菅茶山に宛てた書簡（『書翰集』下・三五五）において、この一件について、次のように率直な批判を書き記していた。

関東（家斉を指す）太政大臣宣下と申し候。左大臣さへあるに、又々如何の事に候や。昔、実朝の官爵を飽取して思ひ出にすると申すは、怪《け》しからず悪き例に候。御子は夥敷《おびただし》く、御官は極上と申し候へば、惜福の道に非ずと存じ奉り候。後嵯峨なども、おびたゞしき御子、果して王朝の盛極、衰へを萌《きざ》すに、杞憂《きゆう》の狂人と笑ひ候へ共、只だ先生の此の意を語る有るのみに候故、申し上げ候。如何に候。

将軍家斉が太政大臣を兼ねることやあまたの息女がいることについて、源実朝が「官爵」を貪ろうとした「怪《け》しからず悪き例」や後嵯峨天皇の「御子」の数が多かったことを引き合いに出しながら、「盛極、衰へを萌す」ことではないかと、山陽は否定的な見方を示したのである。これが、憚ることなく何でも話すことのできた旧師茶山に対して打ち明けた山陽の本心であった。『日本外史』は「ここに至つてその盛を極むと云ふ」という文章で締め括られているが、実はその後には、「（しかし、これは）盛極、衰へを萌す」ことなのだという言葉が隠されていると読むべきなのである。山陽の尊王主義からすれば、将軍家斉の太政大臣兼任は覇者としての名分を越える、好ましからざる出来事だった。しかし、そのことをあからさまに書けば、幕府の忌諱に触れることになる。山陽としては「ここに至つてその盛を極む」という慶賀の表現の中に、これは衰退の予兆にほかならないというアイロニーを潜ませるほかなかったのである。

吉田松陰は『日本外史』のこの大尾の文章を評して、「物盛んなれば必ず衰ふ。況んや其の極をや。畏れざる可けん哉。山陽の筆端、戒めを寓すること深し矣。諛言《ゆげん》に非ざる也」(旧版『吉田松陰全集』第四巻「欄外書」)と書き付け、「ここに至つてその盛を極むと云ふ」という末尾の一文に込められた山陽の真意を読み取った。幕末の急激な政治情勢の変化の中で、尊王はやがて倒幕に結びついていった。山陽は『日本外史』を完成させた文政十年の時点で、将軍家斉の太政大臣宣下に名分からの逸脱や、尊王精神からの乖離を感じ取り、それが江戸幕府の衰退を招くのではないかと危惧したのである。しかし、この時、尊王が倒幕に結びつくとは山陽自身思っていなかったのも、また確かなことであった。

第十二章　地勢から地政へ

頼山陽十六歳の寛政七年（一七九五）、備中国岡田（現、岡山県倉敷市真備町）の地理学者古川古松軒《こしょうけん》が広島の頼家を訪れた。古松軒はかつて寛政元年に江戸の広島藩邸で山陽の父春水と面会したことがあり、古松軒と春水は旧知の間柄だった。古松軒来訪の時、病床にあった山陽は古松軒と対面することはなかったが、古松軒から「海内輿地《かいだいよち》、及び四隣略図」を贈られ、地理を学ぶことを勧められたという。この時に古松軒から贈られた輿地図が、山陽の地勢への関心を喚起し、後年の山陽の著作に大きな影響を与えたことを、文政十一年の「古川翁伝」（『文集』巻十一）という文章において、山陽は次のように回想している。

余、之を熟玩するに、世の地図と大いに異なれり。州郡の界《さかい》を画かず、特《た》だ山川の脈理を示し、略《ほ》ぼ州名を傍《かたわ》らに署するのみ。余、此に因つて海宇の大勢を識ることを得たり。已にして四方に遊び、以て之を験すること有り。史を作り且つ事を論ずるに及びて、依拠する所多し。

皆な翁の賜《たまもの》なり。

　これが山陽の地勢への関心の端緒である。それから二年後の寛政九年、十八歳の山陽は叔父の頼杏坪の江戸赴任に随行して、江戸遊学の旅に出た。山陽にとって初めてのこの長旅は、古松軒によって喚起された地勢への関心を実地に検証する旅になっただけでなく、地勢と歴史の展開とが深く関わっていることに気づくきっかけになった。そのことは山陽道と東海道を経由して江戸へ向かった往路の紀行『東遊漫録』の記事に色濃く表われている。

　山陽はこの道中で「丁巳《ていし》東遊《とうゆう》六首」(『詩鈔』巻二)と題する詩を詠んだ。その中の一首に次のような作がある。

五十三亭控海東
故関右折路岐通
湖南草樹春雲碧
畿内峰巒夕日紅
流峙依然此形勝
興亡已閲幾英雄
分明攻守千年勢
著論誰追賈誼風

五十三亭《ごじゅうさんてい》　海東《かいとう》を控《ひか》へ
故関《こかん》　右《みぎ》に折《お》れて　路岐《みちわか》れ通《つう》ず
湖南《こなん》の草樹《そうじゅ》　春雲《しゅんうん》碧《みどり》に
畿内《きない》の峰巒《ほうらん》　夕日《せきじつ》紅《くれない》なり
流峙《りゅうじ》依然《いぜん》たり　此《こ》の形勝《けいしょう》
興亡《こうぼう》已《すで》に閲《えっ》す　幾英雄《いくえいゆう》
分明《ぶんめい》なり　攻守千年《こうしゅせんねん》の勢《いきおい》
著論《ちょろん》　誰《たれ》か追《お》はん　賈誼《かぎ》の風《ふう》

逢坂の関に到ったところで、通り過ぎてきた畿内の地勢を振り返り、英雄たちの興亡の歴史に思いを馳せた詩である。幾多の英雄たちが経験した治乱興亡「攻守千年の勢」を、前漢の賈誼の学風を継承して著述するのはいったい誰であろうか、それは他でもない自分だと山陽は自負したのである。賈誼の『新書《しんじょ》』および「治安第一策」を、山陽はこの時すでに読んでいた。『新書』の「過秦下」には、例えば「秦の地は山を被《せお》ひ河を帯び、以て固めと為す四塞《しそく》の国なり。繆公《ぼくこう》より以来、秦王に至つて二十余君、常に諸侯の雄と為る。此れ豈《あ》に世々《よよ》賢《けん》ならんや。其の勢《いきおい》、居然たりしなり」というように、秦の覇権が地勢に拠るものであったとする文章が見られる。また山陽は、天下の形勢を論じたものとしては賈誼の「治安第一策」がもっとも優れており、少年の頃それを喜んで読んだと記している（『書後』巻下「賈誼の治安第一策の後に書す」）。ちなみに『山陽詩鈔』所収の右の詩には、山陽の師であった菅茶山の「後来の著述は蓋《けだ》し此に胚胎す」という欄外評が付されている。山陽が後年著述することになる『新策』や『日本外史』などの著作の濫觴《らんしょう》はここにあると茶山は指摘したのである。

一年ほどの江戸遊学の後、寛政十年に山陽は中山道を経由して広島に帰った。山陽は信州を通過したこの時のことを、『新策』巻一「輿地略」において、「余、畿内に生まれ、山陽に居し、長く東海に游び、還りに東山の信濃に至り、然る後に地脈の起ること此に在るを知る」などと記し、地勢がその地の風気や民俗を形成し、それに応じた性格の武家政権を成立させることになったと指摘している。つまり、山陽は十代の終わりに経験した江戸への往復の旅において、歴史の展開が地勢と深く関わるものであったことを強く実感したのであった。

江戸遊学から帰郷後二年の寛政十二年(一八〇〇)、二十一歳の山陽は宿痾の暴発によって、脱藩逃亡するという大事を惹き起こした。京都に潜伏しているところを見つけ出された山陽は、広島に連れ戻され、座敷牢に幽閉された。その後数年に及んだ幽閉生活の間に、妻とは離縁させられ、広島藩儒頼春水の嫡子としての地位も奪われた山陽が、自分の犯した罪を償い、無用者になってしまった自らの存在証明を果たそうとして思い立ったのが、日本における武家の勃興と武家政権の推移を通史として展望する『日本外史』の著述だったことはすでに述べた。

山陽が『日本外史』の執筆に取りかかったのは、幽閉生活から解放された翌年、二十五歳の文化元年(一八〇四)の後半頃である。『日本外史』二十二巻が完成するのはそれから二十年以上も後の、山陽四十八歳の文政十年(一八二七)のことであった。山陽は『日本外史』執筆の過程において、歴史が推移してゆく原動力とは何か、人間は歴史の推移に対してどのように関わりうるのか、ということを考え続けてきた。その結果、晩年に至って山陽は「勢」と「機」の歴史哲学に辿り着いたことも、すでに概説した。

この山陽の歴史哲学において、「勢」という概念は歴史の展開推移の原動力とされているので、時間的な「勢」すなわち「時勢」を意味することが多い。しかし、時に地理的な「勢」すなわち「地勢」を意味することもあった。そもそも山陽の歴史哲学の形成に大きな影響を与えた書物の一つである『孫子』は、「勢」と「機」という言葉を用いながら、戦場における勝敗の帰趨を説く兵法書の古典であった。山陽はそれを戦場という限定的な局面を問題にする兵法書として受容するだけでなく、賈誼『新書』の所論をも取り入れながら、最大の局面である「天下」の帰趨にまで拡大適用して歴史哲学とした。

『孫子』の「地形篇」や「九地篇」には、戦《いくさ》と地形の関係についての具体的な言及がなされている。例えば「地形篇」には次のような記述がある。

　夫《そ》れ地形は兵の助けなり。敵を料《はか》りて勝を制し、険夷《けんい》・遠近を計るは、上将の道なり。此を知りて戦ひを用《おこ》なふ者は必ず勝ち、此を知らずして戦ひを用なふ者は必ず敗る。

ここには、地勢への洞察が戦の勝敗に直結することが説かれている。山陽が「勢」という歴史哲学上の概念を、時間的な「時勢」として捉えるだけでなく、空間的・地理的な「地勢」としても捉えようとした淵源は、先に指摘した『新書』とともに、『孫子』にも見出すことができる。

それでは『日本外史』や『日本政記』、あるいは詠詩において、山陽は歴史の展開と地勢との関係を具体的にはどのように捉えたのであろうか。まず、『日本外史』巻一「源氏前記　平氏」冒頭の序論は次のように始められている。

　外史氏曰く、吾れ旧志を読み、鳥羽帝の時、数々《しばしば》制符を下し、諸州の武士の源・平二氏に属するを禁ずるを見て曰く、「大権の将門《しょうもん》に帰するや、其れこの時に在るか」と。

山陽は政治権力が武士の手に移ったのは鳥羽天皇の時代(一一〇七〜二三)だったという指摘から『日本外史』を始めたのであるが、その時を遡ること約八十年、関東における武士の力を誇示することになった平将門《たいらのまさかど》の乱(九三五〜九四〇)の記事の中に、武蔵守興世王《おきよおう》が将門に対して「関東八州は沃饒《よくじょう》にして四塞《しそく》す。拠って以て天下に覇たるべし」と説いて反乱を嗾《そそのか》したと山陽は記した。しかし、山陽が『日本外史』の参考書として掲げる『将門記』において、興世王が将門に語りかけた場面は、「時に武蔵権守興世王、窃《ひそか》に将門に議《たばか》りて云はく、案内を検《けみ》せしむるに、一国を討ちたりといへども、公《おおやけ》の責め軽からじ。同じくは坂東を虜掠《りょりゃく》して、暫く気色を聞かむてへり」とあるだけで、関東八州の地勢に興世王が言及したという記事はない。関東八州の肥沃で「四塞」の地勢が、武士が覇権を握るための必要条件であったと考えたのは、同じ「四塞」の語が用いられている『新書』「過秦下」から影響を受けていた山陽自身であった。『日本外史』において山陽は関東八州の地勢についての自論を、興世王の言葉に託して表明したのである。

摂関政治を行った藤原氏に代わって、いったんは政治権力を掌握した平家はやがて力を失って源氏に追われ、西国に逃れようとしてついに長門壇ノ浦で滅亡した。山陽の長篇古詩「壇浦行《だんのうらこう》」(『詩鈔』巻三)は、寿永四年(一一八五)の平家滅亡を詠んだ詩であるが、それは次のように始められている。

畿甸之山如龍尾
蜿蜒曳海千余里
直到長門伏復起
隔海豊山呼欲譍
海水漸狭如嚢括
想見九郎駆敵来
平氏如魚源氏獺
岸蹙水浅誰得脱

畿甸《きでん》の山《やま》は龍尾《りゅうび》の如《ごと》く
蜿蜒《えんえん》として海《うみ》に曳《ひ》くこと千余里《せんより》
直《ただ》ちに長門《ながと》に到《いた》りて伏《ふ》して復《ま》た起《た》ち
海《うみ》を隔《へだ》つる豊山《ほうざん》　呼《よ》べば譍《こた》へんと欲《ほっ》す
海水漸《かいすいようや》く狭《せま》くして嚢《ふくろ》の括《くく》るが如《ごと》し
想《おも》ひ見《み》る　九郎《くろう》の敵《てき》を駆《か》りて来《きた》るを
平氏《へいし》は魚《うお》の如《ごと》く　源氏《げんじ》は獺《かわうそ》
岸《きし》は蹙《せま》り　水《みず》は浅《あさ》く　誰《たれ》か脱《のが》るるを得《え》ん

畿内の山から長門までは蜿蜒として地脈がつながっているという地勢がまず俯瞰され、安徳天皇を擁した平家一門は、その地脈に沿うようにして畿内から西国に落ち延びたが、瀬戸内の海が嚢《ふくろ》の口を括ったように窄《すぼ》まっている長門壇ノ浦に平家一門は追い込まれ、逃げ場を失ってついにこの地で滅亡することになったのだという。山陽は大槻磐渓《ばんけい》に贈った「自製の地図に題す」(『文集』巻十二、文政十一年八月八日成)という文章において、次のように述べている。

山水を観るは、経史を治むると同じく、先づ其の大綱を見るを要す。又た文章を作ると同じく、首尾貫通することを要す。京より鎮西に趨《おもむ》く地勢山脈は、大概此《かく》の如し。胸中に其の節族《せっそう》を領して往けば、則ち眼裏に其の条貫を得ん。

平家滅亡という歴史的な出来事を、地脈・水脈との関係において理解しようとする、山陽の地政論的歴史解釈の視点が、この「壇浦行」という詩には顕著に表われているのである。

平家を討滅したのち、源頼朝は征夷大将軍に任じられ、幕府を鎌倉に置くことになるが、『日本外史』巻三「源氏正記　源氏下」の論賛の中に、次のような文章がある。

余、嘗《かつ》て函嶺《かんれい》を踰《こ》え、八州の野、北に奥羽を控へたるを望み、源氏の基業の深くして且つ遠きを知れり。

関東八州の地勢がこの地での源氏の政権樹立と不可分のものであったことを、かつて江戸への旅において箱根を越えた時に実感したこととして、山陽は回想しつつ確認している。

承久の乱(一二二一)後、鎌倉幕府内の権力を掌握した北条氏が、京都に六波羅探題を設置して朝廷を統制しようとしたことについて、『日本政記』巻十一の「後堀河天皇論賛」において、山陽は次のような分析を加えた。

之を人に譬《たと》ふれば、鎌倉は胸腹《きょうふく》なり、両府(六波羅探題の南・北両府)は臂《ひじ》なり、而して諸道は指なり。胸腹は以て両臂《りょうひ》を使ひ、両臂は以て衆指を使へば、関節脈理、運掉自《うんとうじ》如《じょ》にして、能く天下を制する所以《ゆえん》なり。彼、それ承久の乱に懲りて、豈に直ちに幕府を移して京師を鎮めんと欲せざらんや。而るに不可なる者有り。何となれば則ち関東は其の根本なり、揺《ゆる》がす可からざるなり。其の巣穴《そうけつ》なり、離る可からざるなり。其の巣穴を離れ、其の根本を揺がし、而して遠く京師に居らば、勢は棲泊《せいはく》寄託するが如く、烏《いずく》んぞ能く天下を制せんや。則ち異日の足利氏は是れのみ。故に北条氏は為さざるなり。

幕府の存在する鎌倉、六波羅探題が設置された京都、そしてそれ以外の地域を、人体に比喩して、それぞれ「胸腹」「両臂」「指」に当て、武士にとって「根本」であり「巣穴」である「胸腹」の地関東から幕府を京都に移すことなく、公家を統制するために六波羅探題を京都に別置したことが、鎌倉幕府にとっては有効な政治的判断になったと指摘する。ここにも、人体の中枢である「胸腹」の地関東を、武家政権は離れるべきではないとする、山陽の地政論的な見解が示されている。ちなみに、賈誼の『新書』巻二「五美」には、「海内の勢は、身の臂《ひじ》を使ひ、臂の指を使ふが如く、制に従はざるは莫《な》し」、さらに『資治通鑑』巻一には、「貴きを以て賤しきに臨み、賤しきを以て貴きを承《う》く。上の下を使ふは、猶ほ心腹の手足を運《めぐ》らし、根本の支葉を制するがごとし。下の上に事《つか》ふるは、猶ほ手足の心腹を衛《まも》り、支葉の本根を庇《おお》ふがごとし。然る後に能く上下相保ち、而して国家治安す」という文章が見られる。身体の比喩を用いて国家の体制や治安を論ずる先蹤《せんしょう》をここに見ることができる。山陽の右の文章は、これら『新書』や『資治通鑑』の文章の影響を受けて書かれたのであろう。

六波羅探題が置かれてからおよそ百年後、鎌倉幕府は崩壊し、後醍醐天皇による建武の新政が始まるが、この新政もほどなく失敗する。その失敗の原因について、山陽は『日本政記』巻十二の

「後醍醐天皇論賛」において、次のように指摘している。まず山陽は『孫子』に拠りながら、「頼襄曰く、孫子、兵を論ずるに、道を以て先と為し、天地は之に次ぎ、将法は又た之に次ぐ」として、建武の新政が失敗に終わった主因は、道に悖《もと》る政治を行って人心に背いたからだという。そして、新政が失敗しさらには南北朝の争乱が長く続くことになった二次的な原因は「天地」の「利」を見失ったからだと指摘して、次のように述べている。

　何ぞ地利を失ふと謂《い》ふ。曰く、京師の形勢は本《もと》より関東に及ばず。故に北条氏・足利氏は皆な関東に拠りて巣窟と為し、以て能く朝廷を制す。而るに朝廷は故常に習ひ、常に京師を得失するを以て、大故と為す。

　つまり、京都は政権の維持という点において、地勢的には関東より劣っているにもかかわらず、後醍醐天皇をはじめ朝廷方は京の地に執着して歴史の機を見誤った。それが新政失敗の原因の一つになったというのである。ここにも歴史の帰趨の要因には地政論的な判断が関係していると考える、山陽の歴史把握の特徴が見られる。

　建武の新政の失敗後、南朝方と北朝方が対立する南北朝時代を迎えることになる。山陽は南朝方の武将として活躍した楠木正成の至誠を高く評価し、その非運を慨嘆して「南遊《なんゆう》して往反《おうはん》数《しばしば》金剛《こんごう》山《さん》を望《のぞ》む。楠河州公《なんかしゅうこう》の事《こと》を想《おも》ひ、慨然《がいぜん》として作有《さくあ》り」(『詩鈔』巻八)と題する長篇の古詩を詠んだ。この詠史詩は次のように始められている。

山勢自東来　　山勢《さんせい》　東自《ひがしよ》り来《きた》り
如鳥開双翼　　鳥《とり》の双翼《そうよく》を開《ひら》くが如《ごと》し
遥夾大江流　　遥《はる》かに夾《はさ》む　大江《たいこう》の流《ながれ》
相望列黛色　　相望《あいのぞ》んで黛色《たいしょく》を列《つら》ぬ
南者金剛山　　南《みなみ》は金剛山《こんごうさん》
挿天最岐嶷　　天《てん》に挿《さしはさ》んで最《もっと》も岐嶷《きぎょく》
拖尾抵海垠　　尾《お》を拖《ひ》きて海垠《かいぎん》に抵《いた》り
蜿蜒画南域　　蜿蜒《えんえん》として南域《なんいき》を画《かく》す
隠与城郭似　　隠《いん》として城郭《じょうかく》と似《に》て
擁護天王国　　擁護《ようご》す　天王《てんのう》の国《くに》

金剛山は河内国と大和国の国界をなす金剛山地の主峰である。その山麓の千早城や赤坂城を楠木正成は拠点としたので、金剛山は正成抗戦の要害となった。歴史の「勢」に抗しきれず、志半ばで死んだ非運の武将正成の運命を慨嘆するに当たって、ここでもまず山陽は地勢を大観することから始めたのである。

室町幕府が当初から不安定な政権運営を強いられた原因の一つは、幕府を京都に置いたことにあったと山陽は考えていた。応仁の乱以後、室町幕府は政治権力としての統一性を失い、各地に武将が割拠する戦国時代に雪崩《なだ》れ込んでいった。そうした戦国武将の一人北条早雲は、かつて伊勢新九郎と称して足利将軍家に仕えていた。『日本外史』巻十「足利氏後記　後北条氏」において、早雲挙兵の際の檄《げき》を山陽は次のように記述している。

一日、衆に謂つて曰く、「天下の事、知るべきのみ。功名を成し富貴を取るは、今を舍《す》てて何《いず》れぞや。顧《おも》ふに関東八州は、地勢高隆《こうりゅう》にして士馬精強なり。古より武を用ふるの地と称す。而して永享以来、復た定主なし。苟《いやしく》も此《ここ》に割拠するを得ば、天下図るべきなり。吾れ、諸君と偕《とも》に東し、機に因り変を制し、謀つて樹立する所あらんと欲す。諸君、豈に意あるか」と。衆奮《ふる》つてこれに従ふ。

武士として天下統一を図ろうとするならば、「地勢高隆にして士馬精強」なる「関東八州」に割拠すべきだと、早雲は家臣たちを鼓舞したというのである。この早雲の檄にもまた、武士が天下の覇権を掌握するためには関東の地勢が重要な意味を持つとする、山陽の地政論的な判断が託されている。

このようにして、北条早雲をはじめとして日本各地に武将たちが割拠し、戦国時代を迎えた。『日本政記』巻十六の「正親町天皇論賛」において、山陽は武田・上杉・北条・織田など歴史を動かした戦国大名たちの勢力関係を、地政論的な見地から解説した。例えば織田信長が覇者となった理由を、「正親町天皇論賛」第二は次のように記している。

当時、群雄の知る能はざる所を知るは、能く足利氏を継ぎて天下を宰《つかさど》る所以《ゆえん》なり。饒使《たと》ひ其の居る所、地勢の便なるに処《お》るも、其の利を用ひて其の不利を避くるを知らず、又た時勢の可否を知らざれば、則ち何ぞ能く此を致さんや。

右の引用箇所以外にも、この「正親町天皇論賛」には「時勢」と「地勢」という言葉が多用されているが、信長が戦国の覇者となり得たのは、「時勢」と「地勢」への洞察があったからだと山陽は指摘したのである。

織田信長は天下統一の志なかばで京都本能寺に横死した。信長の後継者として遺業を成就しようとした豊臣秀吉は、天正十一年(一五八三)に大坂城を築いた。秀吉はなぜ大坂に築城したのか、その理由を『日本外史』巻十五「徳川氏前記　豊臣氏上」は、次のように記している。

秀吉、天下に覇たるの志あり。謂《おも》へらく、京師は狭迫《きょうはく》にして、漕運に便ならず。且つ邸第《ていだい》を列するの地なし。大坂は北に大河を帯び、西に海水を控へ、地勢宏壮にして、以て七道を管摂《かんせつ》すべしと。十一月、遂に十余州の卒《そつ》を起して、大坂に城《きず》き、成つて徙《うつ》る。

覇者の都としてふさわしいのは京都ではなく大坂であるということを、両地の地勢をもとに秀吉は判断したというのである。

秀吉の天下統一の過程で最後まで帰順に抵抗を示したのは、関東八州に拠る北条氏政(北条早雲の曾孫)と陸奥・出羽に拠る伊達政宗だった。秀吉は天下統一を成就するために北条氏政討伐の戦《いくさ》を起こした。天正十八年(一五九〇)の小田原攻めである。この時、秀吉からの帰順勧告を拒否した氏政が口にした言葉を、『日本外史』巻十五「徳川氏前記　豊臣氏上」は次のように記している。

我(氏政)と彼(秀吉)と相距《あいへだつ》ること遼遠たり。彼何ぞ輒《すなわ》ち来らん。且《か》つ彼は特に能く畿内・西国を服するのみ。古《いにしえ》称す、関八州は天下に敵すべしと。且つ箱根は天険なり。彼果して来らんか、我八州の勁兵《けいへい》を以てこれを箱根に要せば、彼何ぞ能くなさん。

関東八州の地勢に拠るかぎり、小田原が易々と攻略されるはずはないと氏政は豪語した。しかし、豊臣方の圧倒的な兵力によって包囲された小田原城は結局落城する。小田原城を包囲した時、秀吉は小田原城を眼下に見る石垣山の城楼において、小田原攻めに参陣していた徳川家康と次のような会話を交わした。『日本外史』巻十五「徳川氏前記　豊臣氏上」の記事である。

秀吉、徳川公を携へて城楼に登り、下視《かし》して曰く、「関東八州、我が目中《もくちゅう》に在り。不日《ふじつ》取つて以て卿《けい》に予《あた》へんのみ」と。徳川公、拝して曰く、「幸甚だし」と。秀吉、その耳に附き、語つて曰く、「卿も亦た小田原に居るか」と。曰く、「然り」と。秀吉曰く、「不可なり。我れ嘗て地図を観るに、ここより迤《ななめ》に東二十里可《ばか》りに地あり、江戸といふ。河海を襟帯《きんたい》し、地潤《ひろ》く土肥ゆ。卿、宜しくここに居るべし」と。徳川公曰く、「謹んで教《きょう》を奉ぜん」と。

小田原攻めの後、家康に関東八州を与える約束をした秀吉は、「河海を襟帯し、地潤く土肥ゆ」という地勢の判断に基づいて、家康に対し江戸に城を築くことを勧めたというのである。

このように見てくると、歴史の展開推移の節目節目の具体相を、山陽が意識的に地勢と関連づけて捉えようとしていたことは明らかであろう。なかでも武士による覇権の獲得とその維持において、関東八州の地勢が重要であることを山陽は一貫して強調しようとした。そうした山陽の地政論のもっとも総括的な文章として挙げることができるのが、『日本外史』巻十に収める以下のような「後北条氏序論」である。

外史氏曰く、天下を制駆《せいぎょ》するは、形勢より善きはなし。苟《いやしく》も形勢を失へば、分裂を致さざるもの鮮《すくな》し。……余嘗て東西を歴遊し、其の山河の起伏する所を考へて以為《おも》へらく、我が邦の地脈は東北よりして来り、漸く西し、漸く小なり。之を人身に譬《たと》ふれば、陸奥・出羽は其の首《かしら》なり。甲斐・信濃は其の脊《せ》なり。関東八州及び東海の諸国は其の胸腹《きょうふく》にして、而して京畿は其の腰臀《ようでん》なり。山陽・南海以西に至りては則ち股《もも》のみ、脛《はぎ》のみ。故に其の腰臀に居て、以て其の股《こ》脛《けい》を制す可きも、以て其の腹脊《ふくせき》を制す可からず。且つ平安は四戦の地(山河の要害が無く、四方からの敵と戦わねばならない土地)、天下事有れば必ず先づ兵を被《こうむ》る。鎌倉の独り一面を以て、西のかた中原を制するに如《し》かざるなり。……(鎌倉幕府は)其の盛んなる時に方《あた》りて、鎌倉を以て根本と為し、而して府を京師・筑紫(六波羅探題と鎮西探題)に置く。其の天下を制する、臂《ひじ》の指を使ふが如くす。而して足利氏は其の為す所に反して、彼(鎌倉)を舎《す》てて此(京都)に居る。謬《あやま》れり。……室町遂に是より乱る。是れ其の四方を制駆《せいぎょ》する能はずして、以て王室の敗《はい》を襲《つ》ぐ者は、形勢を失ふ故にあらずや。……織田・豊臣の形勢に於ける、察する有るが如し。而して其の居る所（織田は安土、豊臣は伏見・大坂）に至りては、足利氏と未だ嘗て大異《だいい》同《どう》有らざるなり。其の既に合して又た裂《わか》れ、久しく天下を馭《ぎょ》する能はざる所以の者も亦た此に出づるか。

日本の地勢を人体に比喩して把握しようとしたことは、すでに紹介した『日本政記』巻十一の「後堀河天皇論賛」にも見えていたが、ここではそれが拡大された形で示され、陸奥・出羽は頭、甲斐・信濃は背中、関東・東海は胸と腹、京畿は腰と臀《しり》、中国地方と九州は股《もも》であり脛《はぎ》であるという。政治権力を安泰ならしめるためには、四方から攻められやすい腰臀《ようでん》部の京に政庁を置くべきではないと山陽は主張し、胸腹部の関東・東海に位置する鎌倉に政庁を置いたことが、鎌倉幕府の安定をもたらしたという。そして、室町幕府の失敗は鎌倉を捨てて京に政庁を置いたことにあり、織田信長・豊臣秀吉も京畿の地に政庁を定めたことによって室町幕府の轍を踏むことになったというのである。

徳川家康は小田原攻め参陣の後に関東八州を領有するが、関東八州の内には未だ徳川氏に従わない勢力が存在し、関東八州の外には徳川氏を牽制する武将たちも配置されていた。そうしたなか秀吉の勧めを受け入れた家康は、これまでの武家政権と縁の深い鎌倉や小田原ではなく、江戸に入城することになる。その家康の決断について、『日本外史』巻二十「徳川氏正記　徳川氏三」は次のように記している。

大納言《だいなごん》(家康)曰く、「可《か》なり。関八州も亦た我が宗《そう》の故国、古《いにしえ》より武を用ふるの地と称す。士を養ひ民を撫し、以て天下の変を観るに足る」と。乃ち兵を発して四出し、諸々の城邑《じょうゆう》の未だ服せざる者を伐《う》ち、尽《ことごと》くこれを定む。遂に地を相《そう》して都を建つ。将士以為《おも》へらく、小田原に非ずんば則ち鎌倉ならん、と。大納言乃ち秀吉と議して、江戸に営し、八月朔、振旅《しんりょ》して入る。

秀吉没後、関ヶ原の戦いに勝利した家康は覇権を握り、慶長八年に征夷大将軍に任ぜられて江戸に幕府を開いた。以後、『日本外史』が完成する文政十年まで二百二十余年にわたって江戸は政治の中枢となり、幕府政治のもとで太平の世が維持された。

歴史の「勢」と「機」を洞察し、江戸に入城して幕府政治の基礎を築いた覇者としての徳川家康を山陽は高く評価した。『日本外史』最終巻である巻二十二「徳川氏正記　徳川氏五」の末尾に付される論賛は、次のように記されている。

外史氏曰く、吾れ嘗て江戸に遊び、その城闕《じょうけつ》の壮、侯伯邸第《こうはくていだい》の夥《おびただ》しきを観る。既にして東海を歴《へ》て、尾濃の間に彷徨し、北は信越の諸山の綿亘重畳《めんこうちょうじょう》として来り、迤《ななめ》に京畿に赴くを望む。而してその南は沃野洪濶《こうかつ》として三・遠(三河国と遠江国)と接す。真に天下の衢路《くろ》、千軍万馬の馳驟《ちしゅう》を想見す。今の邸を布き第《し》を列《つら》ぬる者、その初め、皆な嚮背《こうはい》を此に決せるなり。蓋し源・平以還、治少くして乱多し。群雄棊峙《きじ》して分裂梗塞《こうそく》すること、其れ幾百歳を閲《けみ》するかを知らず。而して今吾れ緩帯垂橐《かんたいすいたく》(無防備なさま)、糧《かて》を齎《もたら》さずして行くは、則ち誰の力ぞや。

家康が江戸の地に開いた幕府によって現在の太平の世がもたらされ、江戸の町は繁栄しているという。そして、この論賛は次のような家康讃美の文章で終わり、『日本外史』は閉じられる。

織田・豊臣氏は、その間を以て近畿を奄有《えんゆう》し、暴《にわ》かに強大を致す。蓋し公(家康を指す)を以て遅鈍《ちどん》と為さざるは無し。而して天の公を成す所以は、乃ち是に在るを知らず。二氏の天下における、唯だ速やかに之を得たり。故に速やかに之を失ふ。公は未だ嘗て天下を取るに急ならざるなり。而して天下の釁《きん》(戦いの糸口)、毎《つね》に以て公を開くに足る。嗚呼《ああ》、是れ其の長く天下を有《たも》つて、以て今日の盛業を基《はじ》むる所以なるか。

歴史は過去についての現在からの遡及的追認という一面を有している。武家の覇権によって二百年を超えて維持されている当代の太平の要因を時間を遡って探索することは、山陽の『日本外史』著述の大きな目的の一つであった。その遡及的追認のための有効な方法として山陽が注目したのが地勢であり、京畿の地と不可分の朝廷・公家の権力に対抗して、武家が覇権を掌握し維持するためには関東八州の地を拠り所にすべきだとする地政論的な判断であった。山陽は十八歳の広島から江戸への初めての長旅で、地勢や景観と歴史との深い関わりを実感した。山陽における歴史的な地政論の出発点は早かったわけだが、その後『日本外史』『日本政記』という歴史書を著述するなかで、山陽はより具体的・包括的にその歴史的な地政論を組み立てていったのである。

山陽は天保三年(一八三二)五十三歳で没した。山陽没後、幕府政治はしだいに安定性を失い、結局、慶応三年（一八六七）には大政を朝廷に奉還せざるを得なくなり、明治新政府が樹立されることになる。江戸幕府を崩壊させた幕末の勤王討幕運動の中心勢力となったのは、薩・長・土・肥に代表される西国地方の諸藩であった。山陽は先に紹介した「後北条氏序論」において、西国地方を人体の「股脛」に比喩し、江戸幕府の置かれた関東・東海地方を「胸腹」に比喩して、「股脛」に当たる西国地方は、「胸腹」に当たる関東・東海地方の支配を受けるものと考えた。幕末の歴史的な状況は、「股脛」の「胸腹」に対する蹶起であり「股脛」による覇権の掌握でもあった。そして、こうして成立した明治新政府によって、「腰膂」の地である京都から、「胸腹」の地である東京への遷都が実行された。もし山陽が存命であったならば、こうした幕末・維新期の歴史的な推移を、地政論的にどう説明したであろうか。

第十三章　『日本外史』の筆法

父春水が江戸の藩邸に赴任していた山陽十歳の頃、母が夜なべの針仕事をする灯りのもとで、山陽は『論語』や『孟子』の素読《そどく》をさせられた。しかし、山陽は素読よりも絵本を読むことに熱を入れていたという。それを聞いた父春水は、江戸で絵入りの『保元物語』『平治物語』『義貞記』を買い求め、広島の山陽のもとに送った。山陽は欣喜雀躍してこれらを繰り返し読み、前後を見比べて事蹟を年代順に整理し、足りない挿図は手ずから描いて糊で貼り接ぎ、不細工ながら巻物に仕立てたという。このような四十余年前の出来事を回想して、「後来の史学は、実に源を此に開く」(『書後』巻中「保元・平治物語の後に書す」)と山陽は記した。『日本外史』編纂へとつながる歴史の勉強は、ここから始まったというのである。

山陽が歴史書の編纂に具体的に取り組みはじめた直接的なきっかけは、山陽二十一歳の寛政十二年に起こした脱藩逃亡とその後の幽閉生活だった。家名を傷つけ、親不孝の汚名を蒙り、廃嫡されて無用者になった山陽は、胸中に「消磨すること能《あた》は」ざる「数个《すうこ》の磊磈《らいかい》」(『文集』巻五所収、文化七年七月十六日付の「武元君立に答ふる書」)を抱えることになり、「大罪ヲ償ハント欲」(『書翰集』下・別集三二四、梶山立斎宛て書簡)して、歴史書の編纂に着手し、それを完成させることによって自分の存在価値を改めて周囲の人々に認めさせようと発憤した。

当時、儒学を学ぶ人にとって、史書といえば『春秋』と司馬遷の『史記』、朱子学を学ぶ人ならばさらに司馬光の『資治通鑑』と朱子の『資治通鑑綱目』などが、まずは頭に浮かぶ史書だった。史書の編纂を志した当初、山陽がもっとも意識したのは司馬遷の『史記』だった。匈奴に降伏した将軍李陵を弁護したため、武帝によって投獄され、恥ずべき刑罰である宮刑に処せられた司馬遷は、その恥辱を耐え忍んで『史記』を編纂したことを、「任少卿《じんしょうけい》に報ずる書」(『文選』)に吐露した。雪辱のために発憤して史書の完成を目指した司馬遷の姿が、長きにわたる幽閉生活の後に廃嫡されて無用者となった山陽に、いかに生きるべきかを示唆してくれたのである。「曩の尤《もっと》も悔ゆるに方《あた》るや、偶々《たまたま》司馬子長の任安に答ふるの書を読み、慨然として自ら悟ること有り。是に於いて念《おも》ひを功名に絶ち、意を文章に一つにす」(『文集』巻三所収、文化二年十月十日付の「武元君立に答ふる書」)という言葉を、山陽は幽閉からの解放後に書き付けている。

文化六年十月二日、山陽は広島の頼家を訪れた古賀穀堂と初めて対面した。その直後、穀堂から送られてきた書簡の返信に、「病廢以来、文墨を以て自ら遣《や》る。最も賈生・司馬子長の為す所を慕ひ、窃《ひそ》かに之に擬せんと欲す」（『文集』巻四「古賀溥卿に答ふる書」）と山陽は記した。座敷牢に幽閉されて以来、賈誼と司馬遷を手本にして文章を書いていたというのである。山陽は前漢の賈誼と司馬遷の文章のどのようなところを学ぼうとしていたのか。山陽が文化元年に書いた「賈・馬二子の文を読む」（『文集』巻三）には、次のように見えている。

　文を三代の後に論ずるは二篇のみ。賈生の秦を論ずるや、事を論ずる者は、以て尚《くわ》ふること莫《な》し。司馬子長の項（項羽）を紀するや、事を紀する者、以て尚ふること莫し。秦の事は偉なり。賈生に非ざれば孰《たれ》か能く之を論ぜん。項の事は奇なり。子長に非ざれば孰か能く之を紀せん。蓋《けだ》し奇偉の事を世に為すは必ず力有る者にして、焉《これ》を論じ、焉を紀するは、則ち文士なり。曰く論、曰く紀、文の体、焉を尽くす。士の文を学び、詩を学ぶは、二篇にして足る。余は一文士なるのみ。酒の酣《たけなわ》なる毎に、二篇を出して之を読み、自ら快しと云ふ。

賈誼の「過秦論」（『新書』）と司馬遷の「項羽本紀」（『史記』）の二篇の文は、それぞれ論議の文章と記事の文章の手本とすべきものだという。これらの文章は山陽の代表的な著作である『日本外史』『通議』『日本政記』の文章に大きな影響を与えた。ちなみに山陽の印譜の中には、「論事学誼紀事学遷」（事を論ずるには賈誼に学び、事を紀するには司馬遷に学ぶ）という印が収められている。

「外史隠微七則」（『文集』巻十）において、「拙著、未曾有の体を創《つく》る。世家を以て、上は本紀を包み、下は列伝を総《す》ぶ」と述べたように、武家の治乱興亡を主題として記述する『日本外史』は、

『史記』の「本紀」「表」「書」「世家」「列伝」を組み合わせた構成とはおのずから異なり、「世家」の中に「本紀」や「列伝」的な要素を包含するものになったが、「彼（『史記』を指す）は天下の事勢の機会緩急の際を観《み》て、明らかなること掌紋の如し。故に順叙・倒叙・側叙し、而して読者は了然たらざること無し。然して平淡に看過す。余は私史（『日本外史』を指す）を修し、大事を叙《の》べ到る毎に、輒《すなわ》ち法を此に取る」（『書後』巻下「史記鈔本に跋す」）と述べたように、『日本外史』の記述に際しては、『史記』の筆法を参考にすることが多かった。『日本外史』巻三において木曾義仲が粟津で敗死した時の、「進んで敵陣を衝き、貫いて過ぐること三たび、乃ち二十余騎有り」の「三たび」「二十余騎」という表現は、『史記』「項羽本紀」において項羽が東城の戦いで敗れたところの叙述に学んだものという頼惟勤《つとむ》の指摘（日本の名著28『頼山陽』解説）はその一例である。

また『日本外史』の「例言」においても、山陽は『史記』の筆法をしばしば引き合いに出して、『日本外史』の筆法を説明している。文化二年の山陽の文章「史記を読む」（『文集』巻三）に、「外史氏、喜んで史記を読む。其の案上に常に史記数巻有り。読みて歎息し、読みて浩歌し、読みて泣き、読みて笑ふ」とあるように、『史記』は『日本外史』執筆中の山陽を刺激し続けた座右の書であった。

もちろん、山陽の筆法に影響を与えたのは、賈誼や司馬遷の文章だけではない。山陽は「村瀬士錦問目条対十八則」（『文集』巻六）の中で、「僕は尤も賈生・司馬子長を好む。次に国策・韓非、次に荘生・左氏、降《くだ》つて昌黎《しょうれい》・三蘇、以て明・清諸家に及ぶ」と記したように、賈誼・司馬遷に続いて『戦国策』『韓非子』『荘子』『春秋左氏伝』、それに韓愈・三蘇（宋の蘇洵とその二子の蘇軾・蘇轍）らの文章を挙げている。さらに、これには漏れているが、「孫子の後に書す」（『書後』巻上）では、「古書の平易にして精妙、踰《こ》ゆべからざる者は、唯だ論語のみ。論語に配すべき者は、唯だ孫子十三篇のみ。孫子の形・勢・虚実の数篇の如きは、真に宇宙間の精言・至文なり」として『論語』『孫子』の文章を称揚したほか、柳宗元や欧陽脩《おうようしゅう》の文章も高く評価した。おおよそこれらが、山陽が手本として意識した文章だったと言ってよい。

『日本外史』の叙述に際して、以上のような書物のどのような文章が影響を与えたのか。山陽自身が言及する幾つかの具体例を挙げておこう。山陽は「左氏叙戦鈔の後に書す」（『書後』巻中）において、『春秋左氏伝』における戦闘の描写を「一の同じき者無し。所謂ゆる奇正相生ず」と評して、「文法を学び、兵法を学び、両《ふたつ》ながら補ひ有るを覚ゆ」と、『春秋左氏伝』が「文法」や「兵法」に有益なことを述べ、『史《し》記』もまた「左氏と異曲同工」とした上で、「諸史の兵勢を審《つまび》らかにするは、左氏の兵情を尽くすに若かず。故《ことさ》らに諸史は専ら大将を写し、左氏は細かに卒伍《そつご》を写す」として違いを指摘し、「余は保・暦の間（保元の乱以後、後醍醐帝の没した暦応二年まで）を叙するに、多く左氏の意に学び、応仁後は諸史の体を用ゆ。亦た時勢を視るなり」と述べて、『日本外史』の戦闘の表現は『春秋左氏伝』から大きな影響を受けたことを明かしている。

また、「城濮《じょうぼく》戦図の後に書す」(『書後』巻中)の中で、山陽は『春秋左氏伝』における城濮の戦い(晋の文公が覇者となるきっかけになった戦い)の叙述が、「一縦一横、原委《げんい》(本と末)両《ふたつ》ながら尽くす」ものであるのに、「百余字のみ」という簡潔なものになっていると称えた上で、「吾、庚子《こうし》の事(徳川家康が覇者になった関ヶ原の戦い)を叙するに、毎《つね》に其の条緒繁多にして、文の錯雑し易きに苦しむ。安《いず》くんぞ盲史(『春秋左氏伝』を指す)の訣《けつ》を得て、之を救はん」と述べている。複雑になりがちな関ヶ原の戦いを記述するに当たっては、『春秋左氏伝』の城濮の戦いの簡潔な叙述を参考にしたいというのである。

さらに、宋の欧陽脩が慶暦《けいれき》の党争に敗れて滁州《じょしゅう》の長官に左遷された時に書いた「豊楽亭記」(『唐宋八大家文読本』)を読んだ山陽は、「豊楽亭記の後に書す」(『書後』巻中)という文章を書いて、次のようなことを述べている。古跡などに立ち寄って感慨を記す文章は、司馬遷が始めて以後、諸人が競ってまねをするようになったが、それらは「蒼莽悲涼《そうもうひりょう》」の感を表現するにとどまっていた。ところが、欧陽脩のこの文章は「独り国初の創業を憶起し、祥雲瑞靄《しょううんずいあい》の筆底に浮動するを覚ゆ。天地間一種の出色の文字」であり、宋王朝の創業を寿《ことほ》ぐ優れた文章になっているとし、私は『日本外史』の「末尾の一賛」(『日本外史』巻二十二末尾の「徳川氏論賛」を指す)を書く時に、この「豊楽亭記」を手本にしたが、結果的には「議論の窠臼《かきゅう》に落つ。所謂ゆる鼈《すっぽん》の月を学ぶ者のみ」になってしまったという。つまり、「徳川氏論賛」の文章は江戸幕府を慶賀しようとして欧陽脩の「豊楽亭記」を意識しつつ書いたものだが、月並みな議論を展開することになり、「豊楽亭記」とは月とスッポン、遠く及ばないものになってしまったと、山陽は悔やんだのである。

このように、山陽の『日本外史』の漢文は、さまざまな古典的な漢文作品の影響を受けつつ書かれたが、「叙事に至りては、余嘗《かつ》て私史を修するを以て、古人苦心の処に於いては、略《ほ》ぼ彷彿たるを窺ふに似たり」(『古文典刑』「凡例」)と自負したように、それらは山陽によってよく消化されており、あからさまな踏襲や模倣を感じさせるものにはなっていない。そして、「議論叙事は、皆な自ら了するを以て了と為す。已に自らは了せずして、焉《いずく》んぞ能く人を了せん。多く古文を誦し、多く自家の文を作る。他に秘訣無し」(『文集』外集「経説・文話十則」)、すなわち自分が納得できないような議論叙事の文章が人を納得させることなどできるはずはないという山陽の心構えが、その文意に明晰さをもたらし、印象鮮明な場面描写を可能にしたと言ってよいであろう。

以上が『日本外史』の漢文表現の由って来たるところであるが、これに付け加えて『日本外史』の筆法の特徴的な点を一つ取り上げておきたい。それは叙事の視点についてである。『日本外史』の「例言」に次のような一条がある。

古人云はく、史記を読むに、一事、紀中に之《これ》有り。伝中にも亦た之有り。記識するに易し。通鑑《つがん》の如きは、一見輒《すなわ》ち没了す。是れ紀伝の長ずる所なりと。此書の如きは関原《せきがはら》の一役《いちえき》を叙するに、織田・豊臣・毛利・上杉皆なその概略を挙げ、而して後に特に末編に詳らかにして、重複を避けず。その他、皆な此に類す。

『資治通鑑』は編年体の史書なので、歴史上の出来事は原則として一箇所にまとめて記述されるが、『日本外史』は『史記』と同じように紀伝体の史書なので、例えば関ヶ原の戦いの記事は「織田氏」「豊臣氏」「毛利氏」「上杉氏」に重複して登場し、一つの出来事が何箇所にも分散して記述されることになるという。さらに、同じ「例言」中には、次のような一条もある。

是の伝を叙するとき、則ち称謂《しょうい》言語、皆な是の人に私するが如し。これ紀伝の体のみ。史記の項羽を伝するが如し。当代のためにその体を変ずるを得ず。この書を観る者、幸にこれを諒《りょう》せよ。

少し分かりにくい文章だが、『日本外史』は紀伝体の史書なので、それぞれの巻において、例えば平氏や源氏や新田氏や足利氏というように中心となる家が立てられ、その巻はその家の視点に拠って「平氏」の巻ならば平氏の立場に立ち、「源氏」の巻ならば源氏の立場に立って出来事や人物の心情が記述され、「称謂言語」もそれに応じたものになっているので、読者はそのつもりで読んで欲しいと注意を喚起したのである。つまり、『日本外史』は歴史的な結果を知っている後世の人間の統一的・俯瞰的な視点から書かれているわけではなく、例えば平氏の巻と源氏の巻で同じ歴史的な出来事を記していても、いっぽうでは源氏側の視点で記述し、もういっぽうでは平氏側の視点で記述しているというのである。

こうした異なる視点に拠る複眼的な叙述法が、結果的に『日本外史』に奥行きを与え、歴史の中で行動する人間を臨場感をもって描写することを可能にした。そして、そこに客観的な歴史叙述を越えた文学性が胚胎し、それが『日本外史』の魅力として読者を惹きつけることになった。ここでは「戦闘事実などは委曲を尽し候」(『書翰集』下・三五七、文政九年十月十八日付、村瀬石斎宛て)というように、山陽が重視した戦闘場面の描写を具体的に見ておきたい。まずは平家が滅亡する壇ノ浦の戦いの同一場面を、平氏側から描いた巻一の記述と、源氏側から描いた巻三の記述の両方を示して、見較べてみたいと思う。次に示すのは巻一「平氏」における、平家が平家方の武将田口成能《しげよし》の裏切りによって壇ノ浦の船戦に敗れ、幼い安徳帝(養和帝)が二位尼《にいのあま》平時子に抱かれて入水する場面である。

優柔不断な総大将平宗盛と、雄壮沈着な弟知盛の姿も見事に描き分けられている。

田口成能、潜《ひそか》に款《かん》を敵に通ず。知盛、宗盛に謂つて曰く、「士気奮へり。独り成能疑ふべし。請ふ、斬つて以て徇《とな》へん」と。聴かず。固く請ふ。宗盛乃ち成能を召してこれを勗《はげ》ます。成能唯唯《いい》す。知盛、刀を握り、宗盛に目《めくばせ》す。宗盛終《つい》に断ずる能はざるなり。已にして大に戦ふ。我が兵奮撃し、東軍数々《しばしば》却《しりぞ》く。成能、義経に降《くだ》り、これに告げて曰く、「平氏、帝を兵船に徙《うつ》し、兵を帝船に徙し、敵を誘つてこれを夾撃せんと欲す」と。義経、乗輿《じょうよ》の在る所を知り、軍を合せて疾《と》く攻む。知盛乃ち帝船に赴く。諸嬪《しょひん》迎へて状を問ふ。知盛大に笑つて答へて曰く、「卿《けい》ら当《まさ》に東国男児を睹《み》るべきのみ」と。一船皆な哭《こく》す。知盛手づから船中を掃除し、尽《ことごと》く汚穢物《おわいぶつ》を棄つ。時子乃ち帝を抱き、相約するに帯を以てし、剣璽《けんじ》を挟《さしはさ》み、出でて船首に立つ。帝時に八歳、時子に問うて曰く、「安《いず》くに之《ゆ》くか」と。時子曰く、「虜《りょ》、矢を御船《ぎょせん》に集む。故に将《まさ》に他に徙《うつ》らんとするなり」と。遂に与《とも》に倶《とも》に海に投じて死す。皇太后、継いで投ず。東兵その髪を鉤《こう》してこれを獲《う》。行盛・有盛これを聞き、皆な力戦して死す。

これと同じ場面の巻三「源氏下」の記述は、次のようなものである。

義経、成能《しげよし》の言を以て、宗盛らの在る所を知り、軍を麾《さしまね》いてこれに萃《あつま》り、成能をして内応をなさしむ。西軍大に敗る。教経《のりつね》怒り、我が船に入り、義経に薄《せま》る。義経躍《おど》つて別舟に入る。教経及ぶ能はず。乃ち海に赴いて死す。知盛以下六人、前後皆な死す。二位尼《にいのあま》、養和帝を懐《いだ》いて海に投ず。平太后《へいたいこう》、継いで投ず。我が兵、搭《とう》してこれを得たり。義経徇《とな》へしめて曰く、「海に赴く者は貴人《きにん》なり。我が兵辱《はずかし》むるを得るなかれ」と。ここにおいて太后以下をその船に奉じ、遂に宗盛を生擒《せいきん》して、平氏の軍を鏖《みなごろし》にす。海水これがために赤し。

源氏方の視点に拠って描かれるこの場面では、義経の乗船に乱入した平教経と義経の戦いが簡潔に描かれ、壇ノ浦の戦いの終結は「平氏の軍を鏖《みなごろし》にす。海水これがために赤し」という表現で、印象鮮明に描き出されている。

もう一箇所、同一の戦闘の局面を、当事者双方の側から描いた場面を対照して紹介しておこう。

建武の新政に叛旗を翻したものの、足利尊氏はいったん戦いに敗れて九州に逃れる。しかし、尊氏はやがて勢力を盛り返し再び大軍を率いて京都に攻め上ってくる。延元元年(一三三六)の尊氏と、それを京都で官軍を率いて迎え撃った新田義貞との戦いは、『日本外史』巻六の「新田氏」では次のように描かれている。

義貞、是《ここ》において出戦を議し、四国の兵を遣して炬《きょ》を阿弥陀峰《あみだがみね》に列《つら》ねしめ、諸将帥を約して斉《ひと》しく進ましむ。天子親臨して軍を労《ねぎら》ひ、御《ぎょ》する所の紅裳《こうしょうき》を剪り、分つて之を賜ひ、以て笠識《りゅうし》と為す。義貞、発するに臨み、白《もう》して曰く、「勝敗は天なり。逆《あらかじ》め睹《み》るべからず。今日の戦に、箭《や》を尊氏の営に送らざる所の者は、復た生還すること毋《なか》れ」と。已にして北白河、火を失す。藤原隆資《たかすけ》、以て戦合へりと為し、期に先んじて八幡《はちまん》より入り、敗走す。南都の兵も亦た期を失つて至らず。義貞、二万騎を以て行々《ゆくゆく》賊軍を破る。終に東寺に抵《いた》り、弓を執り矢を注し、尊氏を呼び、之に語《つ》げて曰く、「天下擾乱《じょうらん》すること久し。皇統の争と曰ふと雖も、抑々《そもそも》公と義貞とに由るのみ。其の一身の為に万民を苦しめんよりは、寧《むし》ろ各々単騎を以て決闘し、雌雄を決せん。請ふ、一箭《いっせん》を送らん」と。箭、門楼を軼《す》ぎ、尊氏の帳中に入る。尊氏、出でず。

これと重なる局面が、『日本外史』巻七の「足利氏上」では足利氏側の視点から次のように描かれている。

七月、義貞数々《しばしば》志を得ざるを以て、四面より来たり攻めんと計る。藤原隆資先づ至り、南門を攻む。我が兵尽く《ことごと》北に出でて義貞を拒《ふせ》ぐ。独り高師直《こうのもろなお》、弟師泰《もろやす》と在り、出で戦ひて敗る。

敵、門楼を焚《や》く。城内惶擾《こうじょう》たり。……師直曰く、「敵、南門に至る。公を煩はして、出でて拒がん」と。頼直諾《だく》して出づ。尊氏、之を呼び返し、之に宝刀を賜ふ。頼直、拝して之を受く。北門より敵の左に出で、馬を下りて射る。敵兵乱れ潰《つい》ゆ。乃ち馬に上り、騎して之に馳せ、手づから六人を斫《き》る。師直等復た出でて援け撃ち、遂に隆資を走らす。

而して義貞已に北門に至り、尊氏と各々独身《ひとりみ》にて決闘せんと請ふ。尊氏奮然として起ちて曰く、「亟《すみや》かに門を開け。吾れは敢へて官家《かんけ》に敵するに非ず。独り義貞と決せんと欲するのみ」と。上杉重能《しげよし》諫めて曰く、「彼は窮して此《ここ》に出づ。将軍何ぞ自ら軽んずるや」と。会々《たまたま》土岐頼遠、大宮の敵を破り、勝に乗じて義貞軍の後に踵《いた》る。義貞大に敗れ、其の左眉を傷つき、走りて叡山に帰る。

いささか引用が長くなってしまったが、九州から大軍を率いて攻め上ってきた足利尊氏と、それを迎え撃つ後醍醐天皇方の新田義貞との京都での血戦の様子が、それぞれの側に立って描き分けられている。どちらも主として『太平記』の記述に拠っているが、それをもとにして具体性を確保しつつも、余分なものは削ぎ取った簡潔な漢文になっている。

これら二つの叙述において、「独身《ひとりみ》」で尊氏に挑もうとした義貞の決意については義貞側の視点から描かれ、義貞の挑発に敢えて応じようとしながら、家臣の諫めに従って結果的には思いとどまった尊氏の姿は、尊氏側の視点によって描き分けられていることが分かる。もし尊氏が私的な感情に任せて、義貞の挑発に応じていたとしたら、そしてその結果尊氏が義貞との一騎打ちに敗れるようなことがあったならば、足利方は勢力を失い、新田方が勝利することになったかもしれない。そうなれば歴史は大きく異なるものになっていたかもしれないという局面である。『日本外史』のこの場面の叙述は、尊氏がこの歴史的局面の「機」を的確に把握し、歴史の「勢」に加担することに成功した場面を描いているのである。このような複眼的な視点が、『日本外史』の叙述に臨場感をもたらすとともに、歴史における「勢」と「機」と「人」との相関的な関係を描き出すことを可能にしたことを示している。『日本外史』が史書であるとともに文学作品であり得たことの秘訣の一端を、ここに見ることができるであろう。

第十四章　三つの『日本外史』批判

山陽没後に出版された『日本外史』は、時あたかも尊王倒幕への流れが政治情勢の中で形成されてきたことと相俟って、幕末・維新期において、広範かつ熱狂的に読まれるベストセラーになった。それだけに『日本外史』に対する批判が少なからず登場したのも事実である。『日本外史』の欠陥や短所として批判された主な三点について紹介し、検討を加えてみたい。

まず批判の第一は、『日本外史』の記事には歴史的事実についての誤謬が少なくないという指摘である。板本『日本外史』の巻頭には「引用書目」が掲げられ、二百五十九の書名が並べられている。これについて市島春城(謙吉)『随筆頼山陽　改訂版』(昭和十一年刊)は、「ホンの飾り物で、殆んど其の中の大部分は、彼の眼にも触れなかつたものであらうし、且つ一生涯知らずに終つた書も少なからずあることゝ思はれる」と厳しい指摘をした。山陽自身も「余は寒子《かんし》(貧乏人)にして、書を借りて書を購《あがな》はず」(『書後』巻下「家蔵の烈祖成績・藩翰譜に書す」)と記したように、蔵書家ではなかった。江木鰐水の「山陽先生行状」にも、「家に蔵書無し。四子五経の白文、東坡集、唐宋八大家文の数品、本朝の史は唯だ烈祖成績、藩翰譜のみ」と記されている。

『日本外史』の「引用書目」にも挙げられていて、山陽が論賛を書くのに大いに参考にした『大日本史賛藪』や『読史余論』さえも、篠崎小竹から借覧し書写したものだった。それを思えば、これらの引用書目を山陽が常備参照していたということは考えられないが、間接的な孫引き史料も含めて、引用書目のうちの多くは部分的な閲覧であったにしろ、山陽が目にした可能性は高いのではないかと私は思う。一般的に、「引用書目」として挙げられていても、それは書物の全体を読了したということを必ずしも意味しない。また、『日本外史』の「例言」に、「幼より老に至るまで、嗜《たしな》む所はここ(史書を指す)に在り。読む所、数百部を下らず」というのも虚言ではないであろう。鰐水の「行状」も、「古今の史籍、制度兵法、及び家譜野乗、渉猟せざるは無し」という。

しかし、常備参照できた参考書籍の乏しさが、史実の間違いを少なからず『日本外史』にもたらしたという指摘は否定できないであろう。『日本外史』における史実の誤謬についての指摘は、完成前の『日本外史』が写本で読まれていた時代からなされており、小野移山宛ての文化十三年一月八日付の書簡(『書翰集』上・九八)において、「近江と丹波は、けしからぬ間違也。しかし、史に箇様の間違ある事は、独り頼襄のみにあらざる也。史漢(『史記』と『漢書』)より已に然り」と記して、国名を間違ったことについて、山陽は良くないことだが、ままあることだと弁明した。

『日本外史』の史実の間違いを指摘するまとまった文献としては、早くは鹿持雅澄《かもちまさずみ》の『日本外史評』(嘉永三年成)、岡本況斎の『読日本外史』、栗原信充《のぶみつ》の『日本外史正誤』(元治元年成)、五弓雪窓《ごきゅうせっそう》の『外史糾謬』などがあるというが、もっとも本格的に考証的批判を加えたものとしては、明治四、五年〜八、九年頃に成立したとされる川田剛《たけし》(号を甕江《おうこう》)の『日本外史弁誤』がある。稿本として残されていたという『日本外史弁誤』の全貌は明らかでないが、その稿本を川田家で調査した大久保利謙は、「川田剛博士の「外史弁誤」について」(大久保利謙歴史著作集7『日本近代史学の成立』)において、『日本外史』巻一についての川田の指摘の一部を引用し論評している。

ここではその中から、短くて分かりやすい例を一、二紹介しておこう。『日本外史』巻一「平氏」に、「武蔵守興世《おきよ》王《おう》、兇険にして乱を喜《この》む。往きて将門《まさかど》に説いて曰く、……」という箇所があるが、この「武蔵守」について、『弁誤』は「将門記・日本紀略・扶桑略記・今昔物語・宇佐託宣集・園太暦は武蔵権守に作る。続本朝通鑑・日本史・皇朝史略の諸書は並びに之に従ふ。今、権の字を脱す」として、「武蔵権守」とするのが正しいと指摘した。もう一つ、同じく『日本外史』巻一「平氏」に、「忠盛七子有り。曰く清盛・経盛・教盛・家盛・頼盛・忠重・忠度。而して清盛は最も寵貴《ちょうき》を極む」という箇所があるが、この「七子」について、『弁誤』は「蓋し源平盛衰記に拠るならん。然るに忠重の事跡は平家物語諸書に、絶えて見る所無し。而して平氏系図も亦た其の名を載せず。故に続本朝通鑑・日本史は並びに焉《これ》を除き、以て六子を載す。乃ち「七子有り」と曰ふは、恐らくは非なり」として、「忠重」の名を除いて「六子有り」とするのが正しいと指摘した。

こうした『日本外史弁誤』の指摘の背景には、稗史《はいし》野乗《やじょう》と呼ばれる歴史物語的な俗書を排除し、公的な記録文書を典拠として歴史的な事柄の虚実を弁別し、正確な歴史書を編纂すべきであるとする、当時の政府修史局における考証主義の流行があったと大久保利謙は指摘する。確かに山陽の史実考証の疎漏は『日本外史』の欠陥・短所であった。しかし、そこには山陽の不注意に因るものもあるが、従来見ることのできなかった史料が発見・整理され、歴史研究が進んで誤りが明らかになったものも少なくなく、後者については現代の歴史学の成果に拠って山陽の過誤を批判するのは厳酷であろう。

山陽は『日本外史』の「楽翁公に上《たてまつ》る書」において、「その成敗盛衰の状と、臣属謀戦《ぼうせん》忠邪の跡とを覧《み》て、其の大体最も明確なる者を取らんと要す。夫《か》の博引旁捜《ぼうそう》、錙銖《ししゅ》を弁析するが若《ごと》きは、世に自づからその人あり。以為《おも》へらく、襄が輩の及ぶ所に非ざるなり」と述べたように、『日本外史』著述の主たる目的は、武家の権力の変遷を、治乱興亡の跡とそれに関わった人物の姿の中に描き出し、その帰結としての今現在のありようを問うことにほかならず、細かな歴史的考証は自分の任ではないとした。だからと言って、山陽の誤謬を見過ごしてよいということにはならないが、それをもって『日本外史』の価値を無にしたり、大きく貶《おとし》めたりするのは、公平な判断とは言えないであろう。

批判の第二は、『日本外史』の論賛は先人の史論を踏襲・剽窃したものに過ぎないという指摘である。『日本外史』は初めは叙事を基本としていたが、やがてそれだけでは不十分だと感じるようになった山陽は、叙事だけでなく、序論や論賛という歴史批評的な論文を付すことによって、より鮮明に自らの歴史哲学や歴史観を示し、叙事だけでは伝えきれないところを補うべきだと考えるようになった。そのための準備として、文化八年に友人の篠崎小竹から『大日本史賛藪』や『読史余論』を借り写したことはすでに述べた通りである。山陽が『日本外史』の論賛を一応脱稿したのは文化十四年頃と推測されるが（『書翰集』上・一二二、文化十四年五月二十三日付の小野移山宛て）、その時点ではまだ完成というには程遠かったようで、山陽はその後も論賛の改稿を継続した。

そうした『日本外史』の論賛に対し、塩谷宕陰《しおのやとういん》は「読史贅議に跋す」（『宕陰存稿』巻十二）において、「近世の史論は、頼山陽を以て称首と為す。然るに其の原は源白石に出づ。特《た》だ字に真仮の別あり、文に和漢の異有るのみ」として、山陽の論賛は和文体の史書『読史余論』において白石が展開した史論を漢文に焼き直したものに過ぎないと批判した。そして、これを受けた田口鼎軒《ていけん》は「日本外史と読史余論」（明治文学全集14『田口鼎軒集』）を著し、宕陰の論評は酷に失するところがあるとして幾分かの修正を施しつつも、大筋において山陽が白石の史論を踏襲したことを批判した。

鼎軒は『読史余論』と『日本外史』の論賛の幾つかの箇所を対照させながら、山陽の踏襲ぶりを明らかにしようと試みた。そのうちの一、二を例示してみよう。『日本外史』巻一の「平氏序論」において、鳥羽院の時代に諸国の武士に源氏・平氏に属することを止めよという制符が下されたことについて、「鳥羽のこの令を下すや、その弊を察せる者の如し。而して弊の由る所を窮めず。これを救ふの術において、蓋し已《はなは》だ疎なり。この時に当つて、源氏に命を梗《ふさ》ぐ者あれば、平氏に勅してこれを討たしめ、平氏に制し難き者あれば、源氏をしてこれを誅せしめ、更々《こもごも》相箝制《けんせい》せしめて、以て控馭《こうぎょ》の術を得たりとなす。而して異日搏噬攘奪《はくぜいじょうだつ》の禍、またこれに基づくを知らず」と山陽が論じているのは、『読史余論』中に、「鳥羽の比《ころ》おひに、源平に属すべからずとしきりに制符を下されし也。源平両氏の兵権を解《とか》むとおもひ給はゞ、これを解べき道、あになからむや。そのよりて来る所をきはめずして、こゝにこれを制しられしは、両氏いきどほりをふくむの媒《なかだち》にあらずや」とあるのを踏襲したものであるという。

また、北条時宗が元寇を却けたことについて、『日本外史』巻四の「北条氏論賛」に「外史氏曰く、時宗の元虜を禦《ふせ》いで、我が天子の国を保ちたるは、以て父祖の罪を償ふに足る」と論じているのは、『読史余論』下に「その子時宗、持明院殿・大覚寺殿の両流をかわる〴〵御位しろしめさるべしとて、帝室をみだり、その主を逐《お》ひ、その兄をうつ。これら又人倫なし。ただ大元の兵、しきりに我国に寇《こう》せしを、おのれ鎌倉にありながらこれをやぶる、此一条、其器度おもひはかるべし」とあるのに拠ったものだと鼎軒は言う。しかし、この指摘については両者の論の方向性は明らかに異なっており、踏襲とまでは言えないであろう。

山陽が『日本外史』の論賛を書くに際して、『読史余論』から人物像や歴史的事象の解釈において影響を受けたことは間違いないが、しかし、たまたま解釈が一致した場合もあろう。同一の人物や事象に関して、『日本外史』の論賛と『読史余論』とに類似が見られたとしても、そのことをもって直ちに踏襲・剽窃と批判することはできないであろう。

この点について、山陽が篠崎小竹に宛てた文政九年十一月二十五日付の書簡（『書翰集』下・三六二）に記した、「論讃も白石論も踏襲の嫌ある処など、大分かへ申し候。……史賛と云ふもの、史論などの様に馳騁《ちてい》して奇を出し候事もあしく、正論なれば踏襲を免れざるの事出で来り候。こまり候もの也。新意を竪つる事も余程あれども、一々左様にも参らず候。白石は余論、仮名書き也。漢文にいたしても、其の論究竟《きゅうきょう》の処、人は以て剿説《そうせつ》に帰することを為し候を恐れ候也」という山陽の弁明には、理があるように思われる。

事実、鼎軒も部分的には認めたように、山陽が『日本外史』の論賛において「新意を竪つる事」も少なくなかった。その幾つかを挙げたいと思う。まず鼎軒も大きく取り上げた、足利義満についての『読史余論』との評価の違いである。これについてはすでに第十一章でやや詳しく触れたので、その要点だけを繰り返せば、山陽は『日本外史』巻九「足利氏論賛」で、尊王主義の視点から「新意」を立てて論じており、白石が『読史余論』で示した義満評価については、義満に「王者」の名を奪うことを慫慂《しょうよう》するような暴虐な論であるとして強く批判したという点である。

このほかにも、北条義時・泰時の評価について、山陽は「僕の外史は、泰時の姦を発《あば》き、殆ど余《よ》蘊《うん》無し。蓋し常藩の史賛は、義時・泰時に於いて、毎《つね》に恕詞《じょし》多し」(『文集』追補「僧明恵伝を読みて感有り二首」)と述べて、『大日本史』の論賛が義時・泰時に甘いことを指摘しているが、この両人について山陽は『日本外史』巻四の「北条氏論賛」において、北条氏の政権は「陰謀狡智」によって維持されており、「泰時はその最たる者」で、「論者、これ(泰時の行為を指す)を天命・正理と謂ふも亦た過褒《かほう》なり。然れども北条氏七世、其の人理を以て論ずべき者は、独り泰時あるのみ。その他、義時輩の如きは、皆な蛇虺鬼蜮《だききいき》なり」と論じ、『読史余論』が「正統記に、大方、泰時、心正しく政《まつりごと》すなほにして、人をはぐゝみ、物にをごらず、……義時、いかなる果報にか、はからざる家業を始て兵馬の権をとれりしためし、稀なる事にや」と論ずるよりも、はるかに厳しい評価を下しており、これもまた山陽が先行する史論を安易に踏襲したとは言い難い例である。

同じく、後醍醐天皇の建武の新政(中興)についても、これは『日本外史』ではなく『日本政記』の方に見られるものであるが、「後醍醐天皇論賛」の第三において、「中興の政は失するか。頼襄曰く、然らずと。論者、皆これを失すと謂ふ」という。ここにいう「論者」とは白石が『読史余論』において、「按ずるに、中興の初政悉く議するに足らず。……古《いにし》へ朝家のいまだ衰へざりし代の如くに、なしかへされむとし給ひし事は、基傾き破れしを、やがておし直して粉飾を加ふるに異らず、其覆《くつがえ》らむ事、日をさして待《まつ》べし」などと論じたことが意識されていると考えられ、やはり山陽と白石の史的評価は一致していないのである。

　さらにもう一つだけ挙げておこう。織田信長について、『読史余論』は「父子兄弟の倫理、すでに絶《たえ》し人」あるいは「凶虐の人」としてその酷薄な人間性を強く批判するが、山陽は『日本外史』巻十四の「織田氏論賛」において、「猜忍刻厲《さいにんこくれい》の病《へい》なきこと能はず」とそのことは指摘しつつも、「右府《うふ》(信長)に非ざれば、誰か能く草莱《そうらい》を闢除《へきじょ》し、以て王室を再造せんや。……而して王を尊《たっと》ぶの義、四方を経営するの略に至つては、一として右府を師とせざるものなし」として、信長の尊王とその歴史的な役割を高く評価し、白石とは明らかに異なる評価を示した。

　このように見てくれば、北条義時・泰時、後醍醐天皇、足利義満、織田信長など武家政権の展開上重要な歴史的役割を果たした人物についての山陽の論賛が、必ずしも白石の『読史余論』の史論を無批判に踏襲・剽窃し、右から左へと漢文に焼き直したものでなかったことは明らかである。山陽の論賛は、山陽独自の歴史哲学や歴史観が示されたものになっており、そこには山陽の歴史批評の特色が表われていると見るべきであって、そのことを無視して、『日本外史』の論賛は先行する史論の安易な焼き直しに過ぎないと裁断するのは、公平な評価とは言えないであろう。

　批判の第三は『日本外史』の文章についてである。『日本外史』の文章に対する批判も早くから現われていたが、市島春城の『随筆頼山陽 改訂版』はその代表的なものとして、古賀侗庵《とうあん》と帆足《ほあし》万里《ばんり》の二篇を紹介している。侗庵は次のように批判した。

余、間々《まま》頼子成山陽の外史を展閲し、その論の雄、口識の英邁を奇とす。而して酷《はなは》だその文の未だその才を尽さざるを恨むなり。子成は近代文士の翹秀《ぎょうしゅう》なり。又その既に此史に就くや、常に点竄《てんざん》を加へて暫くも舎《お》かず。畢生の心力、注いで斯《こ》の書に在り。その文を洛誦《らくしょう》する（繰り返し読む）に及んで、平衍卑凡《へいえんひぼん》、一点の古色靡《な》し。……是より前、中井竹山は逸史を著し、時に盛行す。掞華振藻《えんかしんそう》（文章を美しく飾ること）、力《つと》めて古昔を摸倣し、頗る斁《いと》ふ可し。子成は痛く洗浄し以てその上に踞せんと欲す。斯《こ》れ病《へい》を受くるの源なるのみ。

そして、帆足万里は次のように批判した。

僕嘗て竹山先生の逸史の文章の未だ工《たく》みならざるを恨む。今、是の書を観るに、逸史を下ること数等なり。逸史は蕪累《ぶるい》多しと雖も、改定一番、尚ほ以て史氏の欠を補ふ可し。頼生の作る所、文章は鄙陋《ひろう》にして、和習錯出《わしゅうさくしゅつ》、加ふるに考証の疎漏、議論の乖僻《かいへき》を以てす。

中井竹山の『逸史』の文章が古文体の模倣であるのを厭うあまりに、『日本外史』の山陽の文章は「平衍卑凡」（平凡で卑俗）に堕してしまったと侗庵は批判し、万里は『日本外史』の山陽の文章は、竹山の『逸史』の文章よりも数等劣っており、「鄙陋にして、和習錯出」と批判した。竹山の『逸史』（寛政十一年序刊）は徳川家康一代の事蹟を漢文で著した史書である。侗庵と万里はともに『逸史』の古文体に範を取った高遠典雅な漢文と比較して、『日本外史』の漢文の卑俗さを非難したのである。

しかし、山陽が『日本外史』で目指したのは、武家政権の治乱興亡のさまとそれに関わる人間の姿を、歴史的な脈絡を明らかにしつつ生き生きと描くことであった。そのためには自分自身が納得でき、読者にも分かり易い、議論と叙事に適う平明な文体を用いるべきであると山陽は考えた。「平衍卑凡」という貶辞は、見方を変えれば「平明」という褒辞にもなりうる。『日本外史』は「平衍卑凡」な漢文であったが故に、多くの読者を獲得することができたのであるが、万里が併せて『日本外史』の漢文には「和習」が「錯出」していると批判していることをここで取り上げておきたい。

「和習」は「和臭」とも表記し、手本とすべき中国の詩文にはない、日本的な用字法、句法などの見られる漢詩文表現を言い、純正な漢詩文を作るためには避けるべき表現とされた。格調高い典雅な漢文を作ろうとした儒者たちは、日本の官職名や地名を表記するのに日本固有の呼称を避け、それらを中国風に言い換えて「和習」の譏《そし》りを避けようとした。例えば参議を相公に、侍従を拾遺に、国司を刺史に、また江戸を武陵に、京都を長安・洛陽に、比叡山を台嶺に言い換えた類いである。中国の古典に見られるような表記に置き換えることによって漢文としての格調を保とうとしたのであるが、山陽はそれよりも実録としての歴史書であることを優先して、『日本外史』において官職名や地名などは基本的に日本固有の呼称で表記すべきだと考え、それを実行した。

また、和語の俗諺や俚語が『日本外史』の漢文表現の中にしばしば見られることは、『日本外史』の漢文が「鄙陋にして、和習錯出」と批判される一因になっていた。長川東洲の『日本外史文法論』

（明治二十六年刊）の挙げるところによれば、例えば『日本外史』巻一「平氏」において平清盛が藤原成親《なりちか》を罵っていう言葉「公面可憎（公《こう》の面《つら》憎む可し）」、巻二「源氏上」において源為朝が藤原頼長を批判した言葉「唉長袖者悪知兵矣（唉《ああ》、長袖《ちょうしゅう》の者、悪《いず》んぞ兵を知らんや）」、同じく石橋山の戦いに敗れた後の和田義盛の発した言葉「諺曰、欲食者先器（諺に曰く、食を欲する者は器を先にすと）」、巻三「源氏下」の源頼朝が弟範頼《のりより》を威圧した言葉「汝亦為九郎之弐舞者（汝も亦た九郎の弐《に》の舞《まい》を為す者）」、同じく逆櫓《さかろ》の争いの時に梶原景時が源義経に反論した言葉「有進而無退、野猪而介者耳（進むこと有りて退くこと無きは、野猪《やちょ》にして介《かい》する者のみ）」。また巻八「足利氏中」の山名持豊の言葉「今日在彼、明日在我（今日は彼に在り、明日は我に在らん）」などの類いである。

しかし、これらはそれぞれの場面を生き生きとした臨場感のあるものにするために、山陽が意識的に用いた俗諺や俚語であり、いずれも会話中の表現として用いられている。山陽は「伯夷伝の後に書す」（『書後』巻中）に、次のように記している。

凡そ史伝中に套語《とうご》を用ひ、賦頌の語を用ひ、議論の語を用ひ、俗語を用ふるは、皆な大病なり。但だ言語を叙する処、酌量して之を用ふ可きのみ。邦人往往にして此の病を犯して省みず。唯だ常藩の史（『大日本史』を指す）は則ち之無し。俗語は漢土の俚言なり。邦俗語の如きは、却つて直用して本色を見るに足る者有り。

一般的に歴史記述の中で「套語」（常套表現）や「俗語」などを用いるのは大いなる欠点であるが、

ただ会話の箇所でこれらを「直用」すれば、「本色」を発揮する効果的な表現になるというのである。確かに右に挙げた『日本外史』中の例は、いずれも会話場面における俗諺や俚語の漢訳であった。日本の歴史を記述する漢文はどうあるべきか、その文体の選択において、山陽は十分に意識的だったのである。

以上、これまで『日本外史』に対してなされてきた批判の中から、主要な三点について検討を加えてみた。その結果として言えることは、欠陥や短所として批判されてきたことは、一部については当たっているものもあるが、冤罪的な非難と言えるものも少なくない。しかもそれらは、『日本外史』の魅力や長所を裏返しにした批判に過ぎないということである。仮に『日本外史』が格調高い典雅な古文体の漢文で記されていたとしたら、『日本外史』の魅力は半減し、多くの読者に受け入れられることにはならなかったであろう。

第十五章　『日本楽府』——詩と史の汽水域

『日本楽府』は、山陽の著作では唯一生前の天保元年（一八三〇）に出版された。その板本には、日本の建国と遣隋使を主題にする「日出処」から、豊臣秀吉が明の皇帝からの冊封《さくほう》書に激怒したことを主題にする「裂封冊」まで、楽府体の詠史詩六十六闋《けつ》（六十六首）が収められている。時代を追って排列されている詩題を番号を付して示せば、次のようになる。

1 日出処	2 三韓来	3 炊煙起	4 四天王	5 大兄靴	6 復百済
7 放虎南	8 和気清	9 遣唐使	10 城伊沢	11 髫齓天皇	12 賢聖障子
13 脱御衣	14 大絃急	15 検非違使	16 主殿寮	17 七日関白	18 月無缺
19 赤白符	20 剣不可伝	21 朱器台盤	22 藻壁門	23 烏帽子	24 鼠巣馬尾
25 鷺鴨起	26 鼓撃余	27 逆櫓	28 大天狗	29 獅子身中虫	30 繰糸
31 尼将軍	32 吾妻鏡	33 君好戦	34 補窓紙	35 蒙古来	36 南木夢

37十字詩	38東魚西鳥	39龍馬来	40土窟	41翻覆手	42剣截箭
43烏頭白	44吾是璽	45六分一	46両塊肉	47烏鬼舞	48頭戴脚
49新国君	50蘆雑茆	51攬英雄	52破戒頭陀	53胡蝶軍	54筑摩河
55皮履児	56吉法師	57桶子峡	58両雄頭	59天目山	60啗饅頭
61本能寺	62挈鞋奴	63罵龍王	64碧蹄駅	65夜叉来	66裂封冊

文政十一年(一八二八)十二月二十二日付の江馬細香宛て書簡に、「僕、此の冬の業(自注——冬と云へども臘月《ろうげつ》以来也。廿日強)、日本楽府六十六闋、明李《り》西涯《せいがい》の擬古より存じ付き候て仕り候」(『書翰集』下・四三八)とあるように、山陽は明の李東陽(号を西涯)の『擬古楽府』に倣って、この年の十二月中に二十日間ほどかけて『日本楽府』六十六闋の原稿を書き上げた。「粉本《ふんぽん》」(『文集』巻十三「写本李東陽楽府の後に書す」)とした『擬古楽府』は、楽府体の詠史詩百一闋を集録したもので、巻頭の「申生怨」から巻末の「尊経閣」まで、詩題はすべて三字題になっている。『日本楽府』の詩題の多くが三字題なのも、おそらくこれを意識したからであろう。なお、この三字題について、東夢亭《ひがしむてい》の『鋤《そ》雨《う》亭《てい》随筆』は清の王漁洋の「詠史楽府二十四首」に倣ったものという。

しかし、文政十一年十二月中に成立した『日本楽府』の初稿と、天保元年刊の板本の収録作は同じではない。初稿以後、出版に向けて詩句の推敲改変がなされたことはもちろんだが、収録作自体にも大きな出入りがあった。文政十二年十月五日付の篠崎小竹宛て書簡(『書翰集』下・四七五)に、

「僕の楽府「鼈《べつ》啖人《ひとをくらう》」以下、当代にさはり、删《けず》る可しと申すもの、役人悪意の者にこれ有り、拠無《よんどころな》く割愛、其の代りに六首ほど補作」と記したように、山陽は江戸幕府や将軍家に関わる「鼈啖人」以下の六首を削って、補作した六首と入れ替えたというのであるが、実は最終的には十首の入れ替えになった(福山天蔭『頼山陽の日本史詩』解説)。享保七年(一七二二)に発令されて以後効力を有していた出版に関する御触書の、「権現様《ごんげんさま》(徳川家康を指す)之御儀は勿論、惣《すべ》て御当家之御事板行書本《かきほん》、自今無用に仕る可く候」という禁止条項に抵触し、筆禍に遭う虞れがあったということが、その主な理由であった。

『日本楽府』六十六闋というのは、日本六十六ヶ国の数に合わせたものだが、さらに壱岐と対馬の二島を加えた形の、「赤夜叉」「截蜻蛉」という二闋を追加する写本(亀岡家本・住友家本・橋本家本)も存在した。また六十六闋のすべてが文政十一年十二月に新作されたというわけではなく、文永・弘安の役を主題にした「蒙古来」などは、もともと十八、九歳頃に作った七言十四句の古詩「元史を読む」を、文政十一年十二月に楽府体に改作したものという。

山陽から依頼されて『日本楽府』に序文を寄せた篠崎小竹は、文政十二年十二月の日付のある序文に、読後の印象を次のように記した。

子成の楽府を読むは霧中に舟行するが如し。茫乎《ぼうこ》として津涯《しんがい》を見ず。眸《ひとみ》を凝らし審《つまび》らかに覧《み》て、而る後に稍稍《やや》山を分け樹を弁ず。勝処に遇ふ毎に、輒《すなわ》ち欣然として掌を拊《う》ちて歎賞す。然るに余は国史に懵《くら》く、竟《つい》に悉《ことごと》くは解すること能はず。

自分のように国史に明るくない人間には、どのような史実に拠ってその詩が詠まれているのか、よく分からないものもあると言い、一般の読者はおそらく「十に八、九」は理解できないだろうとも記している。国史に不案内な読者のために、山陽は門人の牧百峰に命じて本事注(史実に関する注)を作らせ、それを付載する形で出版した。おそらく百峰の本事注は山陽の指導のもとに作られたのであろうが、詩意の理解を助けるために、詩の作者とは違う人物の手に成る本事注を付して出版するというのは、山陽が「粉本」とした『擬古楽府』が採用する形式でもあった。

小竹がいう「霧中に舟行するが如し。茫乎として津涯を見ず」の感を起こさせる詩とは、例えば53「胡蝶軍」と題する次のような作のことであろう。

胡蝶軍　　胡蝶軍《こちょうぐん》
飛還聚　　飛《と》びて還《ま》た聚《あつま》る
飛去飛来江南路」　　飛《と》び去《さ》り　飛《と》び来《きた》る　江南《こうなん》の路《みち》
蝶来非是関東風　　蝶《ちょう》の来《きた》るは是《こ》れ東風《とうふう》に関《かか》はるに非《あら》ず
西人自誇捕捉功　　西人《せいじん》　自《みずか》ら誇《ほこ》る　捕捉《ほそく》の功《こう》
東風却吹朱氏火　　東風《とうふう》　却《かえ》つて吹《ふ》く　朱氏《しゅし》の火《ひ》
扶桑産出可憐虫　　扶《ふ》桑産出《そうさんしゅつ》す　可憐《かれん》の虫《むし》

蝶が中国の江南地方をひらひらと飛び交っているという美しい描写で始まるこの詩は、いったいどのような史実に材料を求め、何を表現しようとした詩なのか。百峰は次のように注している。

足利氏の時、不逞《ふてい》の徒、海に航して明に入り、江南に抄掠《しょうりゃく》す。善く兵を草莽《そうもう》の間に伏せて、出没するに方無し。常に扇を挙げて号と為す。明人、之を患《うれ》ひ、号して胡蝶軍と曰ふ。明人鄭《てい》芝龍《しりゅう》来りて我が平戸《ひらど》に寓し、子成功《せいこう》を生む。清の明を攻むるに及びて、成功入りて援け、屢々《しばしば》之を破り、後に台湾を保つ。

「江南の路」を「飛去飛来」する蝶とは、室町時代に中国の沿海地域を荒らし回ったという倭寇のことで、その一群を「胡蝶軍」と称したのは、その頭目が扇を揮って指揮するさまが、蝶がひらひらと飛び交うさまに似ているからだというのである。「東風」は東から吹く風、すなわち日本を比喩し、「蝶の来るは是れ東風に関はるに非ず」というのは、倭寇は日本の国策ではなく、民間人による掠奪行為で、倭寇には中国本土の人間も混じっていたということを表わしている。「西人」は中国本土の人、「朱氏」は明の皇帝の姓で、「朱氏の火を吹く」とは、明王朝が滅亡に瀕した時、清に対抗して明朝のために尽力したことをいう。史実としては、平戸にやって来た明の鄭芝龍と日本の女との間に生まれた鄭成功が、明朝復興のため長期にわたって軍事的に抵抗したことを指している。「扶桑」は中国大陸の東の海上にあるとされた神木で、日本の異称。「可憐の虫」は日本生まれの鄭成功を比喩し、「胡蝶」の縁語として「虫」と表現したのである。

『日本楽府』では歴史上あるいは伝説上の印象的な場面に焦点を合わせて詠んだ作が少なくない。例えば、60「啗饅頭（饅頭《まんじゅう》を啗《くら》はす）」は次のような作である。

好男児　　好男児《こうだんじ》
摂津十三郡　　摂津《せっつ》の十三郡《じゅうさんぐん》
任汝剪取之　　汝《なんじ》の之《これ》を剪取《せんしゅ》するに任《まか》す
既取殺汝豈無辞」　　既《すで》に取《と》りて汝《なんじ》を殺《ころ》す　豈《あ》に辞《じ》無《な》からんや
知吾啗饅頭　　吾《われ》の饅頭《まんじゅう》を啗《くら》はすを知り
不知啗摂州」　　摂州《せっしゅう》を啗《くら》はすを知《し》らず
擬剣向喉機已伏　　剣《けん》を擬《ぎ》して喉《のど》に向《むか》ふ　機《き》已《すで》に伏《ふく》す
有人擬剣向君腹　　人有《ひとあ》り　剣《けん》を擬《ぎ》して君《きみ》が腹《はら》に向《むか》ふ

これは山陽が『日本外史』の引用書目にも挙げている『陰徳太平記』巻五十一に見られる逸事に取材した作である。天正元年（一五七三）、摂津国の武将の荒木村重《むらしげ》が織田信長に初めて拝謁した時、信長がいきなり佩刀《はいとう》を抜いてその切っ先に盆の中の大饅頭を二つ三つ突き刺し、「これこれ村重」と言った。この声に応じて、村重は泰然として大口を開け、その饅頭を食らった。村重の肝の据わった振る舞いに感じた信長は、「是れ日本一の器也」と褒めて脇指と槍を下賜し、「摂津一職に被二宛行一、摂津守に任ぜしめ」たという。

この詩の第一解はそのことを述べたものだが、第一解の末句は、後年の天正六年になって村重が異心を抱いているという噂を耳にした時に発した信長の思いが表現されている。お前はすでに摂津国を手にしたが、この度そのお前を征伐することになった。それについては言っておくことがあるというのである。続く第二解の二句は、「辞」の内容である。お前は私が饅頭を食らわせたことの意味は分かっていたが、私が摂津国をお前に与えた意味を分かっていなかったのだ。そして第三解の二句で、この場面が歴史的にどのような意味を持っていたのかを山陽は解説する。すなわち、信長が刀を村重の喉に向けたという酷薄さの中に、歴史の展開の「機」がすでに含まれており、それはやがて「君」(信長)の腹に刀を向ける「人」(明智光秀)が登場するという、歴史の「勢」につながっているというのである。

この詩は三解・長短句八句から成っており、解ごとに換韻されている。第一解の韻字は「児」「之」「辞」で上平声《じょうひょうしょう》四支の韻、第二解の韻字は「頭」「州」で下平声《かひょうしょう》十一尤の韻、第三解の韻字は「伏」「腹」で入声《にっしょう》一屋の韻でそれぞれ押韻されており、韻の転換に合わせて詩中の場面転換も行われている。『日本楽府』に付された山陽の門人後藤松陰の「後叙」は次のように言う。

　篇は皆な短しと雖も、意は則ち長し。其の一韻なる者、韻を転ずる者、韻の複に似たる者、句の単なる者、長短なる者、皆な有らざる莫し。肆《ほしいまま》に似て実は厳、粗に似て実は精なり。後進は其の短く読み易きを以て、読みて之を玩《もてあそ》び、其の開闔転摺《かいこうてんしゅう》の法、抑揚疾舒《しつじょ》の節を審らかにし、更に翁の諸大作を取りて之を読み、皆な此法を以て之を推せば、則ち必ず感発興起し、古風の作り易きを知り、而して其の難しきを見ず。

すなわち、『日本楽府』収録作においては詩意の展開と詩の形式（長短句の配置や押韻法など）とは密接に関連していると指摘し、そのことを理解した上で読まれるように作られているというのである。山陽自身の言葉によれば、「大抵、王代より慶元（慶長・元和の意）迄の治乱興亡相すみ候様にいたし候。皆な注を下さざれば解する者無しと存じ候。追々覧を瀆《けが》す可く候。是は頗る有益の詩、徒作にあらずと存じ候。且《かつ》、古歌詞の体を人にしらせ、古詩長篇を作り候楷梯にも相成る可きやと存じ候」（『書翰集』下・四三七、文政十一年十二月十九日付、橋本竹下宛て）ということであった。

もう一闋、『日本楽府』の特色を端的に表わしている作として、7「放虎南《とらをみなみにはなつ》」を紹介しておこう。

放虎南　　　　虎《とら》を南《みなみ》に放《はな》つ
虎眠酣　　　　虎《とら》の眠《ねむ》りは酣《かん》たり
虎視眈」　　　虎《とら》の視《み》るは眈《たん》たり
大風一起虎生翼　　大風《たいふう》　一《ひと》たび起《た》ちて　虎《とら》は翼《つばさ》を生《しょう》じ
関西草木皆無色」　関西《かんせい》の草木《そうもく》　皆《み》な色無《いろな》し
当初被虎以袈裟　　当初《とうしょ》　虎《とら》に被《き》するに袈裟《けさ》を以《もっ》てす
爪牙皆露可奈何　　爪牙《そうが》の皆《み》な露《あら》はるるは奈何《いか》にす可《べ》き

これはどのような史実を詠んだ作なのか。牧百峰は次のような注を付している。

天智帝、大漸《だいぜん》す(危篤に陥るの意)。皇太弟大海人《こうたいていおおあま》を召して、属《しょく》するに後事を以てす。時に皇子大友《おおとも》、皇太子為《た》り。太弟、病と称して固辞し、僧と為ることを請ふ。之を許す。即日、自ら剃髪す。勅《ちょく》して袈裟を賜ふ。太弟遂に芳野《よしの》に入る。時人、之が為に語りて曰く、「是れ虎を山に放つなり」と。既にして帝崩じ、太子尋《つ》いで位に即《つ》く。太弟、兵を芳野に称《はか》り、東行して伊勢・美濃に至り、兵を募る。鈴鹿・不破の両道を塞ぎ、直ちに兵を進め、滋賀を犯す。帝走りて山前に崩ず。太弟、位に即く。是れ天武天皇為り。

つまり、この詩は天智天皇崩御後の、皇太弟大海人皇子と皇太子大友皇子との間の皇位継承をめぐる争いである壬申の乱を詠んだ作であった。多く『日本書紀』天智天皇の記事に拠るが、注にもあるように「放虎南」という詩題は、大海人皇子が出家して吉野に赴いたことを、或る人が「虎に翼を着けて放てり」と評したという、『日本書紀』天武天皇の記事に基づいている。「虎」とは大海人皇子の比喩であった。

大海人皇子すなわち天武天皇について、山陽は『日本政記』巻三「天武天皇論賛」において次のように論評している。

機を決し会に赴くこと、毎《つね》に先制する所となる。……太弟の南するは、已に虎を放つの目《もく》あり。迫らるるも亦た起ち、迫られざるも亦た起たん。然れども、その迫らるるに因りて以て衆心を激し、已《や》むを得ざるものの如くにして、その吭《のど》を扼《やく》し、その背を拊《う》つは、その兵機に敏なること、啻《ただ》に燕棣《えんてい》（明の成祖を指す）に過ぐるのみならず。

この「兵機に敏なること」が、天武天皇が即位後の治世において、「文武途《みち》を分かち、国勢偏枯《へんこ》するの弊」を招くことがなかった要因だとして、山陽は天武天皇の治世を高く評価したのであるが、この詩もまた即位前の皇統争いにおいて、大海人皇子が「兵《いくさ》」の「機」を洞察するのに勇猛俊敏であったことを、「虎」の比喩を用いて表現したのである。

ちなみに、この作は三解・七句から成るが、第一解の韻字は「南」「酣」「眈」で下平声十三覃の韻、第二解の韻字は「翼」「色」で入声十三職の韻、第三解の韻字は「裟」「何」で下平声六麻と下平声五歌の通押《つうおう》になっている。二度換韻して場面を転換し、毎句押韻することで、詩意に即した切迫したリズムが作り出されている。

総じて言えば、『日本楽府』という詩集は、特徴的な歴史的場面を、史実に関わる事物・行為・言葉・固有名詞（地名・書名・官職名ほか）などによって焦点化して詩題とし、その焦点化した場面を描写・批評することで、そこに隠見する歴史の「勢」と「機」の動向を個別・具体的に表現しようとしたものであった。『日本外史』や『日本政記』として結実する山陽の歴史書編纂と、その過程で山陽が自得した「勢」と「機」の歴史哲学、そして一年に及ぶ西国遊歴の中で身につけた楽府体を含む古詩の多様な韻法と形式への理解が相俟って初めて可能になったものであり、詩を詠み、史を編む人であった山陽における、「詩眼と史眼とを以て相昭融」(『詩鈔』巻七、菅茶山欄外評)する詩集になっていると評してよいであろう。

そのような『日本楽府』中の傑作の一闋として、最後に18「月無缺」を挙げておきたい。

月無缺
日有缺
日光太冷月光熱
枇杷第中銀海涸
金液之丹利如鉄
既生魄
旁死魄
日月並缺天度別
別有大星光殊絶

月《つき》欠《か》くる無《な》く
日《ひ》欠《か》くる有《あ》り
日光《にっこう》は太《はなは》だ冷《ひや》やかに　月光《げっこう》は熱《ねっ》す
枇杷《びわ》第中《ていちゅう》　銀海《ぎんかい》涸《か》る
金液《きんえき》の丹《たん》　利《と》きこと鉄《てつ》の如《ごと》し
既生魄《きせいはく》
旁死魄《ぼうしはく》
日月《じつげつ》並《なら》びに欠《か》けて天度《てんど》別《わか》れ
別《べつ》に大星《たいせい》の光《ひかり》殊絶《しゅぜつ》なる有《あ》り

この詩にいう「月」は、藤原道長が全盛を謳歌して詠んだとされる「この世をばわが世とぞ思ふ望月の欠けたることも無しと思へば」(『小右記』)という歌に拠って、摂関家藤原氏の比喩として用いられている。それに対して、天皇家の祖神である天照大神《あまてらすおおみかみ》は日の神であることから、「日」は天皇家を比喩している。「日光太冷月光熱」というのは、自然現象とは反して「日光」である天皇の権力が衰え、「月光」である藤原氏の権勢が盛んになったことをいう。「枇杷第」は、藤原道長の邸で一時、三条天皇と中宮妍子《けんし》(道長の次女)の里内裏《さとだいり》に用いられた。「銀海」は道教で目のことをいい、「涸」は失明を意味する。これらについて、牧百峰は『大鏡』などの記事をもとにして、「三条帝嘗《かつ》て心に道長の擅権《せんけん》を憤る。火を避けて其の枇杷第に幸するに会す。時に帝眼を患ひ、太医《たいい》金液丹を進む。遂に明を失す。世、道長のせしむる所と称す」と注し、万病に効くという「金液之丹」を服用したにもかかわらず三条帝が失明したのは、道長の奸計があったからだというのである。「既生魄」は月の欠け始める陰暦十六日の月で、「魄」は月の光のない陰の部分をいい、「旁死魄」は月の満ち始める陰暦二日の月で、「死魄」とは月光のない朔日《ついたち》をいう。つまり、十六日の月があり、二日の月があるように、月も常に望月(満月)ではなく、満ちればやがて欠けてゆき光を失うというのである。

そして、詩末の二句は、天皇家の権力も摂関家藤原氏の権勢も共に欠けて、天の運行も変化し、夜空にはとりわけ強い光を放つ巨星のような武士が登場するという。天皇家と藤原氏との確執を経て両者の権力が衰退してゆく過程から、源・平二氏に代表される武士階級が興隆する歴史の大局的な「勢」というものを、山陽はこの詩において表現したのである。

III

京都東山長楽寺の頼山陽墓碑

第十六章　臨終その後

山陽の脱藩逃亡を惹き起こした精神的な病症は、三年に及ぶ幽閉期間を終えた後には沈静化し、京都で生活するようになるとほとんどその影は見られなくなった。しかし、肉体的には山陽は相変わらず虚弱で、生涯にわたって不調を託《かこ》つことが多かった。没する前年の天保二年(一八三一)九月七日付の小石元瑞宛て書簡(『書翰集』続・一六九)に、「此間は御考の御薬、懈《おこた》らず服用仕り居り候。薬効と相見え、小便は頗る通利を得、快適と申す程にはこれ無く候へ共、従前とは大違ひに候。其のわりには熱さばけ申さず候歟《か》、併《しか》し咳嗽《がいそう》は少き方に相成り候。何《いず》れ長々の違和に候へば、手際よく参り候筈はこれ無く候」と記すように、体調不良は日常的なものになっていた。

こうした体調をおして、山陽は天保二年九月十六日に広島への帰省に旅立った。母梅颸に中風の症状が出たのを見舞うためである。母を見舞い、母を伴って宮島へも遊んだ山陽は十一月三日に広島を発ち、諸処に立ち寄って旅稼ぎをしながら十二月五日に帰京した。これが山陽にとっては最後の帰省になった。そして、年が明けた天保三年四月には大坂に大塩中斎（平八郎）を訪ね、五月八日には彦根遊歴のため関藤藤陰を供にして京を発ち、彦根藩士たちへの講義を済ませた後、五月二十日に帰京した。

山陽が喀血したのはその一月《ひとつき》足らず後の六月十二日のことである。昨年来の体調不良の中での相次ぐ遊歴が肉体的な負担になったのであろうか。妻梨影は山陽没後の天保三年閏十一月二十五日付の広江秋水夫妻宛ての手紙（『屠《と》赤《せき》瑣《さ》瑣《さ》録《ろく》』巻六所収）において、山陽の喀血を、「扨《さて》久太郎（山陽）事、六月十二日より、ふと大病に取あひ、誠にはじめはち（血）も誠に少々にて候へども、新宮《しんぐう》にもけしからぬむづかしく申し候。久太郎もかくごを致し、私どもにもつね〴〵申して、ゆひごんも其節より申しおかれて候やうな事にて、かへても何分と申し、くすりをすゝめ、先々天どう次第と自身も申しいられ候」と報告している。肺疾による喀血で、このような日が来ることはかねて覚悟していたようだが、初めに診察した新宮涼庭の見立てでは治療は難しいということだった。後日往診した山陽門下の医師秋吉雲桂《あきよしうんけい》は治療可能という診察を下したが、山陽の主治医ともいうべき友人小石元瑞は新宮涼庭の治療困難という見立てに同意した。

山陽の病床に侍した門人江木鰐水は、山陽没後に撰した「山陽先生行状」（『遺稿』所収）の中で、その時の医師と山陽とのやりとりを次のように記している。

三年壬辰《じんしん》（天保三年）六月十二日、忽ち咳嗽《がいそう》を発して喀血《かっけつ》す。医曰く、「是れ積年、神《しん》を労して致す所、所謂ゆる肺血疾にして、治す可からざるなり」と。先生は豪傑にして死を怖れず。故に敢て実を以て告ぐ。一医曰く、「猶ほ療す可し」と。先生曰く、「死生命《めい》有り。然れども我が上に老母有り、且つ志業未だ成らず。仮令《たと》ひ一の生くる理《ことわり》無きも、宜しく医療を加ふべし。我慎みて薬を服し、傍ら死計を為さんのみ」と。

喀血当日から山陽は好物の酒と煙草を自ら禁じ、まじめに服薬し、口にするのは白粥だけになった。喀血後しばらくのあいだ山陽の気力はなお充実しており、諧謔を弄しながら自らの喀血を、「咳血《がいけつ》を患《わずら》ひ戯れに歌を作る」(『遺稿』巻七)と題する長篇の七言古詩に詠むような余裕もあった。死に至る病であったとしても、できるだけ長生きをして母への孝養を尽くし、未完成の著作の始末をつけたいと山陽は考えた。喀血後、成し遂げねば死んでも死にきれないと山陽が考えたのは、自らの手でほとんど編集を終えていた『山陽詩鈔』の出版、『日本政記』と『通議』の脱稿、『書後』『題跋』の編集と出版であった。

『山陽詩鈔』八巻は山陽から託された門人の後藤松陰によって、内題に「後藤機校」(機は松陰の名)すなわち後藤松陰校定と明記し(ただし巻八のみは牧百峰の校定)、巻末に松陰撰の「後叙」も付して、山陽が没した翌年の天保四年三月に出版された。没する直前の天保三年八月二十六日付の後藤松陰宛て書簡(『書翰集』続・一九二)において、山陽は出版間近の『山陽詩鈔』について、なお次のような改訂へ向けての指示を出しており、詩文集出版への山陽のこだわりを知ることができる。

時に河儀助(版元の河内屋儀助)出版の拙集も関心の一也。第一、二冊・西遊の外、未だ刻さざる処のさしてもなき詩は、板下料《はんしたりょう》を損にして、ぐつとへし、其以後数年の詩を合刻したきもの也。何となれば則ち西遊後さしてもなき詩多し。丙戌《へいじゅつ》・丁亥《ていがい》・戊子《ぼし》・己丑《きちゅう》・庚寅《こういん》(文政九年〜天保元年)五、六歳の詩、傑作多し。是を謀りて□下さる可く候。本屋にも度々費《ついえ》をさせて、うれぬ時は気の毒也。此方には生涯の詩、尽《ことごとく》刻蔵《こくぞう》成したるを看れば愉快也。さて其の後、文集などに及び申す可く候哉、如何。

そして、未完成の状態だった『日本政記』や『通議』の完成へ向けて、病床の山陽からさまざまな命を受けて力を尽くしたのは、山陽晩年の門人で家塾に寄宿していた関藤藤陰や牧百峰だったが、その間の具体的な経過については第九章に記した。また『書後』と『題跋』については、山陽は六月二十三日に児玉旗山に原稿を渡して、その整理と出版を託した。『書後』には天保三年八月の、同じく『題跋』には天保三年九月朔日の旗山の「引」が付されて、山陽没後四年の天保七年三月に一括して『書後併題跋』として出版された。

六月十二日の喀血後はしばらく小康状態が続いたが、二十七日に再び喀血し、七月二十五日には大量の喀血があったため、二人の息子又二郎と三樹三郎が呼び寄せられ、山陽の側に侍した。さらに八月十八日、二十三日と喀血を繰り返すうちに、次第に山陽の体力は弱り、九月に入ると気力の減退も目立つようになった。それでも、九月九日には見舞いに来た猪飼敬所と南北朝正閏問題について激論を闘わせた。京都の儒者の中では敬所のことを山陽はもっとも敬愛していた。敬所もまた山陽のことを「知己」としており、山陽の『日本外史』や『通議』にもすでに目を通していた。しかし、敬所の主張する北朝正統論は、自己の歴史観の根幹に関わる問題として山陽は何としても認めるわけにはいかず、激論になったのである。これがきっかけとなって、山陽は九月十三日に南朝を正統とする「正統論」を、気息奄々《えんえん》たるなか常用していたオランダ風の高机に凭《よ》りかかりながら脱稿し、『日本政記』巻十四の「後亀山天皇」に論賛の第二論として組み込んだ。九月十四日には大坂から篠崎小竹が後藤松陰を同伴して見舞いに訪れた。また同日夜には、江戸に赴く梁川星巌も留別を兼ねて見舞いに来た。

妻梨影によれば、山陽はこの頃にはすでに虎子《おまる》を用いるようになっていたが、「正統論」をめぐる激論と執筆で体力を使い果たしたのか、九月十六日からは病床に寝たきりになり、襁褓《おむつ》も使用するようになったという。

九月十九日、『通議』に補入すべく、病床で反古紙の裏に「内廷論」の改稿を試みて藤陰に浄書を命じたが、この走り書きが山陽の絶筆になった。九月二十三日の暮六つ時(午後六時頃)、山陽は静かに息を引き取った。享年五十三。その時の様子を、先に紹介した下関の広江秋水夫妻宛ての手紙において、梨影は次のように書き留めている。

右せき(『日本政記』を指す)も九月廿三日迄ばつ文迄出来上り候。廿三日夕七ツ前迄、五郎子

（関藤藤陰）かゝりうつし候。夫《それ》を又見申し候て安心いたし、半時たゝぬ内ふし申され候所、私むねをさすり居り候。うしろにいるは五郎かと申し、もはや夫《それ》きりにて候。くれ六ツどきに候。

九月二十五日、千本綾小路の光林寺で葬儀が行われた。この寺は文政八年に夭折した山陽の息子辰蔵が埋葬されている京都頼家の菩提所である。当日の葬儀には京都の山陽の家族のほか、家塾に寄宿していた門人十一名、通学の門人二十七名、京都在住の友人など多数の参列者があった。葬儀は友人の小石元瑞と浦上春琴の差配によって執り行われたという。ただ、江戸藩邸詰めになってい た息子の聿庵、広島の母梅颸、叔父杏坪などの親族は遠方のため参列できなかった。また、大坂在住の篠崎小竹や大塩中斎、九州にいた僧雲華や田能村竹田など親しい友人たちも会葬できなかったが、彼らにはいずれも葬儀に出席した門人たちから詳しい報告が届けられた。山陽の遺髪は光林寺の頼家の墓に蔵められたが、遺骸は山陽生前の希望に従って東山の長楽寺に埋葬され、「山陽頼先生之墓」と刻まれた墓石が建てられた。

山陽は死後の妻子の行く末を心配して、家計や息子の教育などについて生前あれこれと遺言していたらしい。梨影は夫を失った悲しみにくれながらも、夫の心遣いに感謝し、亡き夫の跡を守って生きていく覚悟を固めた。先にも紹介した天保三年閏十一月二十五日付の広江秋水夫妻宛ての梨影の手紙に、山陽没後の妻梨影の思いと、残された家族の生活の一端を窺っておきたい。

此方主人事、人なみの人とはちがひ候ゆへ、めつたな事はあるまいと存じ候。しかしながら廿三日八ツ比《ごろ》に、何かとあとの所もよくよく申し、此方なくなり候ても、何も〱かはり候事はなく、とんと〱此儘《このまま》にて、此所地がりゆへ、家は此方家ゆへ、ほそ〱取つゞき、二人の子ども、京にて頼二けん(軒)立て候やう、夫《それ》をたのしみいたしべく《(ママ)》と申し、かつへぬやうにいたし置き、又二郎・三木三郎、内に置き候へばやくにたゝずになり候ゆへ、はん料(飯料)出し候ても、外へ遣し候やゥ申し置き候。子どもがく物(学問)いたし候間は、私は陽と申し候三歳むすめそだて候て、ろう女つかい候て、三本木にほそ〱と取つゞき申候。……

日々何かとおもひ出し、せめてと存じ、誠に大切に百箇日迄、ちうぃん(中陰)中同やうにつとめ申し候。日々こうぶつ(好物)のしなそなへ申し候。猶さら此せつは、主人すきなすいせんの花どもさき、ひとしを〱おもひ出し候て、いく度か〱かなしみ候。子どもらぐわんぜ(頑是)なく候ゆへ、猶さらわたくしはむねがせまり候。此上はどうぞ〱二人の子どもよき人になり候て、かなりなあとになり候やうと、誠に〱是のみいのりい候。……

私も十九年が間そばにおり候。誠にふつゝかぶちようほうに候へども、あとの所ゆいごん、何も〱私にいたし置きくれられ、私におきまして、誠に〱有りがたく、十九年の間に候へども、あのくらいな人をおつとにもち、其の所存なか〱でけぬ事と有りがたく存じ候。此上に子どもらの所、よき人にそだて度《た》く、是のみたのしみ存じ候。誠に〱けんやくいたしくらしまいらせ候。

山陽が没した時、嫡子の又二郎(支峰)は十歳で、父の門人牧百峰に従って学んでいた。山陽没後、遺稿の出版は果たさねばならない大事業であったが、幼少の又二郎が編集作業を担えるはずはなく、おのずから編集作業は門人の手に委ねられた。その中心になったのは、山陽の古くからの門人で山陽の信頼も厚く、山陽の終生の親友篠崎小竹の娘婿になっていた後藤松陰だった。松陰は山陽自らが編集した『山陽詩鈔』の出版を託されて山陽没後の天保四年三月に出版しており、引き続き『山陽遺稿』の編集を主導することになったものと思われる。

『山陽遺稿』は天保十二年(一八四一)九月に、篠崎小竹序、文十巻、江木鰐水撰「山陽先生行状」、詩七巻(拾遺一巻を付す)という構成で、全八冊が出版された。しかし、この『遺稿』には幾つか不審な点が見られる。その一つは、編集・出版を主導し校定を担当したのは山陽の古参の門人後藤松陰だったと考えられるが、巻ごとの内題には「頼襄 子成著」とあるだけで、校定者の名が示されていないことである。ちなみに、『山陽詩鈔』の内題には「頼襄子成著　後藤機校」とあって、校定者である後藤松陰の名は明示されていた。『山陽遺稿』にはなぜ校定を担当したと思われる松陰の名が明示されなかったのか。

二つめの不審な点は、『山陽詩鈔』の方には校定者だった松陰の「後叙」が付されているが、『山陽遺稿』にはそれに該当するような文章が無く、序文も小竹の手になる一篇だけで、他に山陽の詩文を評価顕彰するような序跋類が付されていないということである。生前の山陽の詩文に対する評価の高さや交遊関係の広さからすれば、甚だ物足りないと言わざるを得ない。

三つめの不審な点は、詩部七巻に洩れた詩を拾いあげて「拾遺」一巻を編んで増補しているが、「拾遺」に収める七言絶句「渡部競」の一首は、すでに詩部巻二に同題の「渡部競」で収録されていることである(ただし転句に字句の異同はある)。これについては、奥付に「嘉永四年辛亥《しんがい》五月補刻」とある後年の補刻版『山陽遺稿』では、この七言絶句「渡部競」の箇所は削って埋木され、別の七言絶句「鍾馗《しょうき》騎馬図」に差し替えられている。これは編集上の不注意を補正したものにほかならない。

四つめの不審な点は、文部における収録文が、長短にかかわらず一篇ごとに改丁されていることである。収録文の差替えや排列変更を行いやすいようにという配慮からであろうが、出来上がった書物としては諸処に大きな空白が存在するという不体裁を招いている。

そして、五つめの不審な点は、付載されている「山陽先生行状」の撰者が、天保二年に入門して山陽の最晩年しか知らない年少の江木鰐水だということである。生前の山陽が「行状」の撰者として鰐水を指定していたとは考えられない。鰐水に学才があったとしても、山陽の人となりや生涯の行実・業績を顕彰して後世に伝えるべき「行状」の撰者として、鰐水が適任だったとは思われない。嫡子又二郎が年少のため撰者の任に堪えないということならば、やはり古参で山陽の信頼が厚かった後藤松陰あたりが「行状」の撰者になるというのが自然の成り行きである。松陰はなぜ「行状」

の執筆を引き受けなかったのか。松陰が編集を主導したとすれば、なぜ新参の門人である鰐水に「行状」を書かせたのか。

つまり、山陽が編集・出版した亡父の遺稿集『春水遺稿』や、山陽自身が生前に編集を終えていた『山陽詩鈔』に比べて、『山陽遺稿』の編集・出版には不審な点や杜撰さが目立つのである。なぜそうなってしまったのか。その確たる理由は不明としか言えないが、やはり編集・出版の中心にいたと推測される後藤松陰にその原因が求められるのではあるまいか。

市島春城は『随筆頼山陽 改訂版』の「山陽の墓誌」において、松陰について、「此の人の性格は、……兎角、同輩の間に喜ばれなかつたらしい。学藝に於ても、格別、他に優るといふ程でなく、同門中に松陰以上の人はいくらもあつたが、唯家産があつたので、頗る立派に門戸を張り、且つ小竹の如き姻戚を有したので、衒気もあり、銅臭もあり、動《やや》もすれば、岳父の事を鼻に懸け、或は金力を笠に同輩を凌ぐやうな事もあつたので、常に擯斥《ひんせき》されてゐたといふ説もある」と、その人間性を否定的に記している。こうした判断の根拠を春城は示しておらず、信憑性に問題は残るが、『山陽遺稿』の編集・出版を松陰が主導するに当たって、春城の指摘するような松陰の人望の無さが、山陽門下や山陽の知友たちとの意思疎通の欠如を招来し、『山陽遺稿』が右に指摘したようなさまざまな不審点や杜撰さを抱えこむ原因になったという推測はあり得よう。

山陽門下の一人森田節斎は、天保十二年九月に出版された『山陽遺稿』を一読して、付載されている江木鰐水の「山陽先生行状」について、「江木晋戈(晋戈は鰐水の字)に与へて其の撰する所の先師頼先生行状を論ずる書」という文章を弘化元年(一八四四)十二月に書いた。これは「山陽先生行状」の内容や書きぶりに対する猛烈な批判だったので、その後鰐水からの反論、それへの節斎の再論、節斎による篠崎小竹批判、小竹による節斎への反論、節斎の後藤松陰へ与える書などが続き、論争の形を呈することになった。この論争の過程で応酬された文章は、小泉久時編『頼山陽先生品行論』に集成され、明治十四年(一八八一)十月に出版されている。

節斎は鰐水の「山陽先生行状」の何を批判したのか。長い文章をそのまま引用することはできないので、以下に論点を摘記する。

(1) 山陽先生が父春水没後、厳格に三年の喪に服したことに触れず、ただ「喪除く」としか記していないのは、服喪の「大義」に関わるところを詳記しておらず、不備である。

(2) 山陽先生の学は経世を主とするもので、宋学(朱子学)を信奉するものでないことは一目瞭然であるにもかかわらず、「洛閩《らくびん》(宋学)に帰主す。而れども甚だしくは墨守せず」などと曖昧に記述しているのは、先生の父春水が宋学を奉じたことを慮ったためであろうが、これは先生の学問を見誤ったものである。

(3) 山陽先生のかつての脱藩逃亡はやむを得なかった行動で、後に先生自身も過ちを認めて償ってきた。したがって、そのことを「直書」して、そこに「先師の先師たる所以」を見るべきであるにもかかわらず、それを忌み憚り、「行状」がまったくそのことに触れないのは間違っている。

(4)山陽先生の飲酒について、節度のあるものだったと記しているが、私の実際見たところでは、先生は「動《やや》もすれば輒《すなわ》ち過飲宿酊《かいんしゅくてい》」しており、「行状」の記述は「事実を失へる者」である。

(5)山陽先生が母夫人に孝養を尽くすため、父亡き後、島原の酒楼で母夫人を饗応したことを特書しているが、これは山陽先生の「母に事《つか》ふるの誠」を見るに足る事例ではないので、削除すべきである。

(6)山陽先生は眼鏡を着け、『日本政記』の原稿を手にしたまま逝去されたと記すが、臨終の場に居合わせた人の話だと、そんなことはなかったという。この一文は伝聞の誤りとして刪《けず》るべきである。

こうした節斎の批判に対する反論「森田君謙蔵に答ふる書」を、鰐水は年が明けた弘化二年(一八四五)二月二十七日に書いた。鰐水の反論の要点は以下のようなものであった。

(1)山陽先生の飲酒についての記述が事実と違っているという批判であるが、時期によって先生の酒の飲み方は変わっているので、一概に事実と異なっているとは言えない。また臨終の様子も、病床に侍していた石川君達(関藤藤陰)から聞いたところなので間違ってはいないはずである。しかし、あなたが問題にしたいのは、こうした瑣末な事実関係についてではないと私は思う。

(2) 山陽先生の三年の服喪の実態について実は私はよく知らないし、友人たちも何も言わない。あなたの教えに従って服喪の「大義」に関わるところを補いたいとは思うが、先生の残した詩の中には、厳格な服喪に反して、喪中に「小酌」したことが見えているのは、何か理由があるのだろうか。

(3) 山陽先生の脱藩逃亡について「直書」していないことをあなたは批判するが、私は弟子の義として忌み憚って触れなかったのである。私はその事実について詳しくは知らないし、知った上でそのことを記そうとすれば文飾に陥ることになってしまうので、敢えてそうしたのである。

(4) 島原の酒楼での饗応を特記して、山陽先生が母夫人への孝養に心を尽くしたことを述べたのに対し、「区々たる飲食」を取り上げて先生の孝養を論じるべきではないとあなたは批判する。島原での「飲食奉養」は先生の直話なので私は詳記したが、遊里である「島原」を特記したことが問題ならば、この二字は刪去《さんきょ》してもよい。

(5) 山陽先生の学問は宋学に「帰主」するものの、必ずしも「墨守せず」というものだったと記したことをあなたは批判するが、先生の学問についてあなたが伝えるところと、私が聞いているところとでは、「太《はなは》だ径庭」があるようだ。先生が宋学に「帰主」していたことは間違いないところであるが、もし「墨守せず」という表現が適当でないならば、より「穏当」な表現である「取舎《しゅしゃ》有り」に置き換えてもよい。

以上が鰐水撰の「山陽先生行状」に対する節斎の批判と、それへの鰐水の反論の要点である。節斎の友人で聾者だった儒者谷三山《たにさんざん》が、節斎との筆談をまとめた『愛静館筆語《あいせいかんひつご》』の中で、節斎みずから「世人、皆、僕を以て虎と為し、狼と為す」と記しているように、節斎は往々にして攻撃的な物言いをする人物で、周囲の顰蹙を買うことが多かった。節斎の批判の文章にもそうした激烈さが表われている。後輩の鰐水は冷静さを保ちながら節斎に反論を試みているが、弁解的な口調も混じり、節斎に押されがちなことは否定できない。

そもそも、鰐水が山陽に近侍したのは、天保二年十一月に入門して家塾に寄宿して以後、山陽が没するまでのわずか一年足らずという短い期間に過ぎない。しかも山陽が没した時、鰐水はまだ二十三歳だった。そのような鰐水にとって、いかに学才に秀でていたとはいえ、山陽の生涯の行実と業績を「行状」としてまとめるのは荷が重すぎたと言うべきであろう。

「行状」という文章は、故人の身近にいてその生涯をよく知る人が書くべきものである。山陽の場合なら、最初の妻淳子との間に生まれ、広島頼家の家督を継いでいた聿庵、二番目の妻梨影との間に生まれた京都頼家の嫡子又二郎、あるいは古参の門人で山陽に信頼されていた後藤松陰などが、まずは「行状」撰者の候補者として考えられる。しかし、広島藩を脱藩逃亡し広島藩士としての頼家を廃嫡された山陽の「行状」を、広島藩士頼家の家督を継いでいた聿庵が書くのは難しい。どのような書き方をすべきか、差し障りのある問題が幾つも予想されるからである。次に候補となる又二郎は山陽が没した天保三年時には十歳の少年であり、「行状」の撰者になれるはずがなかった。であれば、後藤松陰が「行状」を書くというのがもっとも自然な成り行きであった。

ところが、二十年も山陽に従学してきた三十六歳の松陰は「行状」の撰者にならず、入門して一年足らずの二十三歳の鰐水が撰者になった。鰐水に学才があったとしても不自然な人選である。『山陽遺稿』の編集・出版を主導したのは松陰ではないかという推測はすでに述べたが、松陰の背後には岳父であり山陽の親友でもあった篠崎小竹がいた。「行状」撰者としての鰐水の起用は、おそらく松陰と小竹の意向だったのであろう。山陽のような生き方をした人物の「行状」をまとめるのは、どのような書き方をしても異議や批判が出ることが予想される。それは先ほど紹介した節斎の「行状」批判を見ても明らかである。そうなることを予想した松陰は、火中の栗を拾うことになるかもしれない「行状」撰者になるのを回避して、後輩の鰐水を起用したのではなかっただろうか。「行状」の撰者に抜擢されたことは、山陽を尊敬する門人鰐水にとって名誉なことであったに違いないが、鰐水は山陽の生涯を熟知していたわけではない。それを考えれば、鰐水の「行状」草稿が脱稿した時、少なくとも松陰はそれを頼家の親族や古参の門人たちに回覧して、内容や表現が過不足のないものになるよう意見を求めるべきだった。しかし、そうすれば却ってさまざまな意見が出されて収拾がつかなくなることも予想された。松陰はそのような事態に陥ることを恐れ、「行状」草稿の回覧も行わなかった。先ほどの『愛静館筆語』において、節斎は松陰のことを「才有れども気足らず。然れども其人となり甚だ好し」と評している。「才有れども気足らず」の松陰は、ともかく紛糾することなく平穏のうちに『山陽遺稿』を出版したいと考えたのではあるまいか。おそらくこうした思惑が、「行状」撰者に鍔水が抜擢された背景にはあったように思われる。

節斎はそこを衝いて、鍔水の「行状」を批判した。鍔水からの反論「森田君謙蔵に答ふる書」を知った後、節斎は「再び江木晋に与へて其の撰する所の先師頼先生行状を論ずる書」を書いて再論したが、鍔水はこれには応酬しなかった。そこで節斎は、『山陽遺稿』編集の黒幕的な存在と推測される篠崎小竹に対し、弘化二年五月に「篠崎小竹に与ふる書」を書き送った。その内容は、『山陽遺稿』の巻頭に置かれる小竹の序は力のこもっていない手抜きの文、鍔水の「行状」も「体を失する」不備なもの、収録詩文の選者や校定者は後藤松陰かと推測するが、その名前も明記されていない。これらを考えれば『山陽遺稿』は編集し直されるべきだと思うが、小竹先生はどうお考えかという挑発的なものだった。

これを読んだ小竹は激怒し、弘化二年八月に「森田謙蔵に答ふる書」を書いた。小竹は節斎を「狂人」呼ばわりし、「兄《けい》の山陽に従ふや、想ふに当《まさ》に一、二詩文の正を請へるなるべし。未だ其の道を伝ふるに及ばざるに、乃ち称して先師と曰ふは、蓋し山陽の名の高きを以て其の威を仮り、以て後輩を畏れしめんと欲するならん」、つまり山陽という虎の威を借りようとするだけで、山陽の門人とも言えないようなお前に、そんなことを言われる筋合いはないと小竹は激しく応酬したのである。これに対し節斎は弘化二年十月に「再び篠崎小竹に与ふる書」を書き送ったが、小竹は無視した。上方文人界の大物である小竹を怒らせてしまった節斎は、「其人となり甚だ好し」という小竹の娘婿の松陰に取りなしを依頼する「後藤世張に与ふる書」を書き送り、この騒動は落着した。

このように見てくると、山陽没後、門人たちは決して一枚岩ではなかったことが分かる。山陽が没して三ヶ月ほど経った閏十一月十日付の小野招月宛ての梨影の手紙には、「是は内々には候へども、おもに主人引たてゝやり候門人ども、あとよかれかしと申しくれずに、いつこ(一向)むねのあしき事、是迄とはうつて変り、誠にはくじやうな事」(『全伝』天保三年閏十一月十日)というような嘆きが記されている。後藤松陰については、先に紹介した広江秋水夫妻宛ての梨影の手紙において、「主人病中にも、度々上京、見まいに見え候。大へんのせつも、同人病気に候へども、おして見えくれ、とも(葬列に参加)いたし、其後もちよじつはんこう(著述板行)物たのみ、主人申し置き候ゆへ、心にかけ世話にいたしくれ、かたじけなき事」と感謝しているように、松陰は山陽没後に手のひらを返して薄情になるような人物ではなかったが、山陽門下の中心になって先師顕彰のために諸事を斡旋すべき位置にあったにもかかわらず、その性格の故であろうか、果たすべき役割を十分に果たし得なかったために『山陽遺稿』が不備のまま出版されてしまったのは、山陽にとって不幸なことであった。

山陽は没する直前の八月八日に『日本政記』の校正・浄写を藤陰に命じた時、「之は外史と違ひ、板刻になり候もの故、上木して当方子孫の家徳に残し置き度き素志なり」と口にしたという（『全伝』天保三年十月二十七日所引、頼聿庵宛て藤陰書簡）。『日本政記』は頼家の蔵版で出版し、自分の死後、板本の売り上げを遺族の生計の足しにしたいと山陽は考えていたのである。『日本外史』とは違うというのは、『日本外史』は『日本政記』に比べて分量が多く、蔵版で出版するには莫大な費用が必要だったからであろうか。それに、『日本外史』については未完成の段階から人を雇って写本を作成し、熊谷鳩居堂などを通して売り捌き、生計の糧にしていたということがあったからかもしれない（拙著『江戸漢詩の情景』「漢詩人の経済」）。

山陽の主著ともいうべき『日本外史』『通議』『日本政記』の三書は、山陽没後の天保七年から十年にかけての時期に、山陽の遺族とは無関係に、まず中西邦基という人物によって拙修斎叢書の一部として木活字版で出版された。中西邦基、字は伯基、通称は忠蔵、拙修と号した。加賀藩の家老奥村内膳の家臣で長崎市助と称したが、昌平坂学問所に学び、御切手同心中西氏を襲《つ》いで、下谷御切手町に住んだ（『図書館界』二十一巻二号、多治比郁夫「拙修斎叢書の刊行者」）。林鶴梁《かくりょう》の「活版政紀序」

（『鶴梁文鈔』巻三）によれば、処士として終わった山陽の胸中の思いに感ずるところがあって、邦基はこれらを出版したという。

『日本外史』が整版本として出版されたのは木活字本に遅れることほぼ八年、弘化元年（一八四四）十二月、川越藩の藩侯松平氏の蔵版で藩校博喩堂《はくゆどう》の教育用テキストとして出版されたのが最初である。山陽が松平定信に献上した桑名文庫本が底本として用いられ、校定者になった川越藩儒保岡嶺《やすおかれい》南《なん》の序が付されている。当時は著作権や版権についての認識が不十分で、この出版もまた著作権を有する頼家とは無関係に行われたが、この川越版『日本外史』は藩を越えてよく売れ、弘化元年の初版から明治三十二年の十四版に及んだという（市島春城『随筆頼山陽 改訂版』）。

頼家の人間が川越版『日本外史』の存在を知ったのは、出版翌年の弘化二年七月のことだった。京都頼家の当主支峰が実兄で広島の頼家を継いでいた聿庵に宛てた、弘化二年七月二十日の書簡（『全伝』弘化二年七月二十日に所引）に、出入りの本屋が持ってきた書籍の中に「川越版外史これ有り候。八家読本位の恰好に候。価一両余、能く売れ候由。何卒早々開版し、彼を圧し申し度く候。貴意云何《いかん》」という。本屋から川越版『日本外史』を見せられて大いに驚いた支峰は、一両余の価格でもよく売れているということなので、何とかこちらでも出版して川越版を圧倒したいと思いますが、どうでしょうかと兄の聿庵に相談を持ちかけたのである。

これを受けて、この年の八、九月頃には、広島の頼家が大坂の書肆秋田屋太右衛門と組み（『全伝』

によれば、広島の聿庵はこれ以前の天保十四年に秋田屋と連繫して出版を計画していたという）、京都の頼家が大坂の書肆河内屋記一兵衛と組んで、頼氏正本の『日本外史』を開版する動きになったが、二板になるのは宜しくないということで、一板にしてそれぞれが半分を支配する形で開版することになり、山陽十七回忌の年にあたる嘉永元年（一八四八）八月、ようやく頼氏正本『日本外史』が出版された。巻末には校定者として「男頼元協（聿庵）・男頼復（支峰）・男頼醇（三樹三郎）・門人後藤機（松陰）」の名が連記されている。ここでも松陰は門人の筆頭格として登場している。

これ以後、『日本外史』は川越版と頼氏正本とが並行して出版され、広く流布して幕末から明治期にかけてのベストセラーになった。このほか頼氏正本の『通議』は頼氏正本『日本外史』の前年の弘化四年（一八四七）六月に出版されており、巻末には頼氏正本『日本外史』と同じ校定者四名が連記されている。また頼氏正本の『日本政記』は頼氏正本『日本外史』よりかなり遅れて文久元年（一八六一）十二月に出版され、巻末には校定者として「男頼復（支峰）・門人後藤機（松陰）・牧輗（百峰）・石川章（関藤藤陰）・岡田喬（鴨里）」の名が連記されている。頼氏正本の『通議』と『日本外史』に校定者として名を連ねていた聿庵と三樹三郎が外れ、新たに三名の門人が追加されたのは、頼氏正本『日本政記』出版時には聿庵と三樹三郎はすでに故人になっていたからである。

『日本外史』は中国でも出版された。日本の名著28『頼山陽』（昭和四十七年刊）の頼惟勤《つとむ》解説によれば、清の光緒元年（明治八年）に広東槑花《ばいか》書屋から頼氏正本の海賊版として『日本外史』が出版され、続いて光緒五年(明治十二年)には上海読史堂から銭懌《せんえき》評閲の『評閲日本外史』、光緒二十八年(明治三十五年)には文賢閣から川越版を底本に石印版『日本外史』が出版されたという。また洋文に抄訳・出版された『日本外史』もあり、市島春城の『随筆頼山陽 改訂版』によれば、①英文日本外史五巻(英国薩竇訳、刊年未詳)、②仏文日本外史八巻(平氏記〜豊臣氏記、小倉衛門抄訳、明治十一年〜二十三年刊)、③魯文日本外史二十二巻(魯国比列都留緬訳)、④魯文日本外史二巻(平氏記・源氏記、魯国緬度倫訳、明治四十三年・四十四年刊)の四種が知られるという。

そして、『日本外史』の盛行は多くの続撰書の著述・出版をもたらした。幕末から明治・大正期にかけて、『日本外史』の批判書、訓読書、翻案書、補足改編書、講義書、字書、年表などが相次いで登場した。あまりにも多数にのぼるそれらの書目をここで紹介することは不可能である。それらについては、頼成一《せいいち》輯「頼山陽関係書目録」(『國學院雑誌』三七—一〇、昭和六年刊)、またこれを簡略化してその後の書目を補足した、日本の名著28『頼山陽』の頼惟勤解説を参照していただきたいが、そうした『日本外史』盛行の状況を、川越版『日本外史』校定者保岡嶺南の息子である保岡正卿編の『日本外史前編』に付す、明治十四年の川田甕江《おうこう》の序文は、次のように伝えている。

是に於いて川越本外史、海内に流布すること今に三十余年たり。寒郷僻邑《へきゆう》も家に誦し戸に読み、五尺の童子の其の良史為《た》るを知らざるは莫《な》し。……且つ夫れ外史の世に盛行するや、注釈する者有り、評点する者有り、抄して略史と為す(者)有り、翻して俚文と為す者あり。彼の驥《き》尾《び》に附して、售《う》るを求め利を射るは、後学に裨益《ひえき》する所無し。

営利目的の無益のものも含めて、『日本外史』続撰書の著述・出版は百花繚乱の様相を呈したのである。

頼家略系図

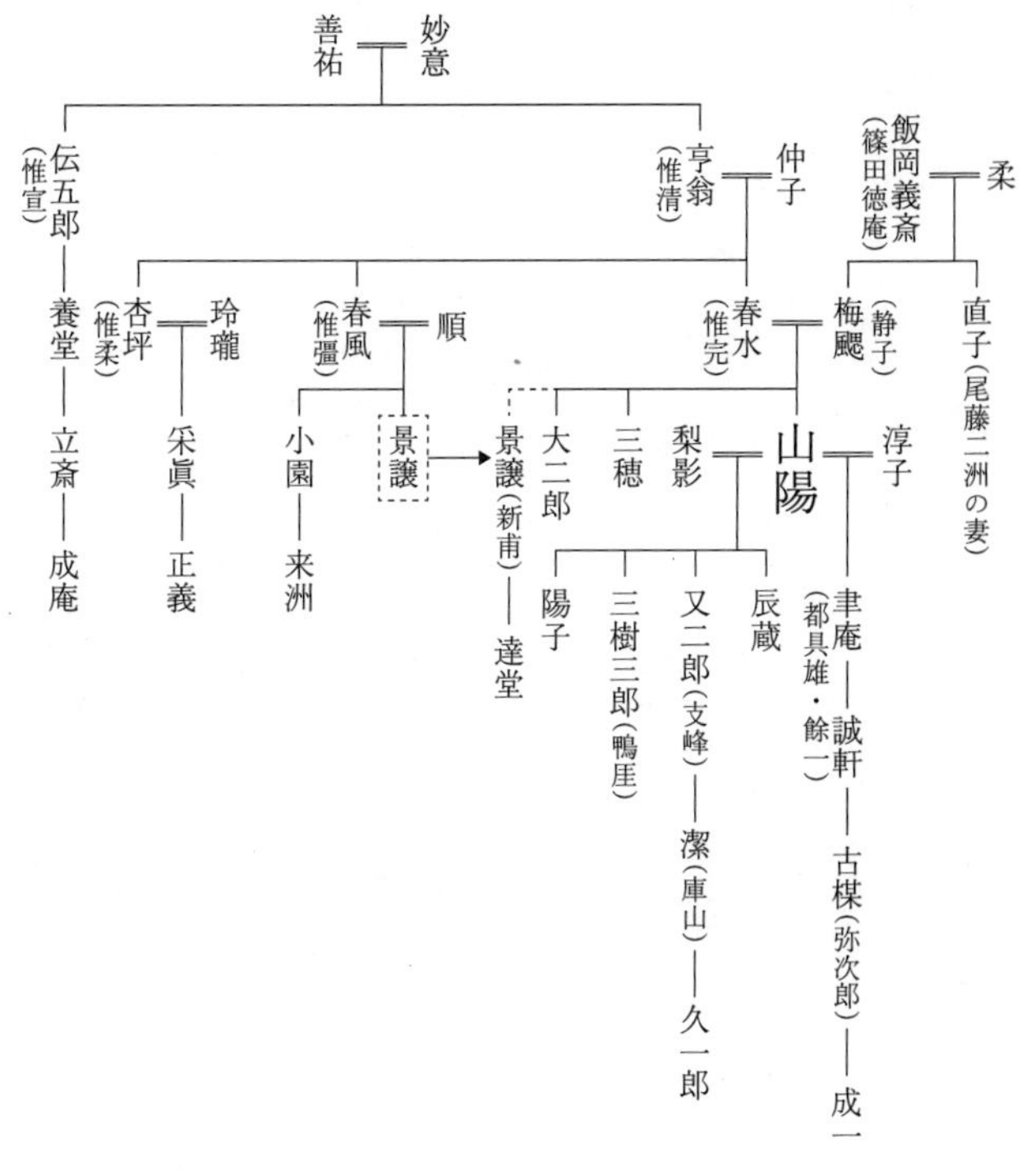

善祐
妙意
伝五郎（惟宣）
亨翁（惟清）
仲子
飯岡義斎（篠田徳庵）
柔
養堂
杏坪（惟柔）
玲瓏
春風（惟彊）
順
春水（惟完）
梅颸（静子）
直子（尾藤二洲の妻）
立斎
采眞
小園
景譲
景譲（新甫）
大二郎
三穂
梨影
山陽
淳子
成庵
正義
来洲
達堂
陽子
三樹三郎（鴨厓）
又二郎（支峰）
辰蔵
聿庵（都具雄・餘一）
潔（庫山）
誠軒
古楳（弥次郎）
久一郎
成一

頼山陽略年譜

和暦(西暦)	年齢	事項
安永 九(一七八〇)	1	十二月二十七日、大坂江戸堀北一丁目に生まれる。
天明 元(一七八一)	2	十二月、父春水、広島藩儒になる。
二(一七八二)	3	六月、母とともに広島に赴く。
七(一七八七)	8	この年、癇癖症を発する。
八(一七八八)	9	一月十六日、藩の学問所に入学する。〇六月十日、菅茶山、広島の頼家を訪問。山陽、初めて茶山と対面する。〇十月二十四日、藩の用人築山捧盈に入門し武芸を学ぶ。
寛政 二(一七九〇)	11	(五月、寛政異学の禁、発せられる。)
三(一七九一)	12	この年、襄と命名される。「立志論」を書く。
六(一七九四)	15	五月二十七日、保養のため叔父杏坪と竹原に赴き、十月十三日に広島に帰る。

寛政 七(一七九五)	16	この年、広島に来訪した古川古松軒から日本地図を贈られる。
八(一七九六)	17	六月、宿痾が暴発し、人事不省に陥る。○十月二十六日、叔父杏坪に連れられて、石見国有福温泉へ湯治に出かける。○この年、「古今総議」を書く。
九(一七九七)	18	三月十二日、叔父杏坪に従って、江戸遊学に発つ。『東遊漫録』成る。
十(一七九八)	19	四月四日、叔父杏坪に従って江戸を発ち、広島に帰る。○六月、宿痾再発。
十一(一七九九)	20	二月二十二日、広島藩医御園道英の娘淳子十五歳と結婚する。○十月二十三日、第一回輔仁会に出席。
十二(一八〇〇)	21	九月五日、父の名代として大叔父伝五郎弔問のため竹原に向かう途中、出奔する。○九月二十八日、京都の福井新九郎宅に潜匿しているところを発見される。○十一月三日、叔父春風に伴われて広島に連れ戻され、自宅内の座敷牢に幽閉される。
享和 元(一八〇一)	22	二月十六日、妻淳子、離縁となる。○二月二十日、淳子、長男都具雄(後に餘一、号を聿庵)を生む。○四月二十八日、座敷牢から「仁室」に移される。○この年、修史の志を抱く。
三(一八〇三)	24	十二月七日、藩の裁許を得て幽閉を解かれる。

文化 元（一八〇四）	25	一月十五日、景譲、春水の養嗣子として藩に認められ、山陽の廃嫡決定する。○市河米庵来訪。○この年、修史の起草を始める。
二（一八〇五）	26	三月一日、長崎からの帰途来訪した仙台藩の大槻平泉と会見する。○三月二十日、大槻平泉に『隠史五種』の構想を示す。
三（一八〇六）	27	この年、『日本外史』の称、現われる。
四（一八〇七）	28	九月二十六日、竹原で尾道の平田玉蘊・玉葆姉妹と出会い、床ノ浦に舟遊する。○この年、修史の構想ほぼ固まる。
六（一八〇九）	30	十二月二十七日、菅茶山の廉塾の都講に招かれ、広島を発って備後神辺に向かう。
七（一八一〇）	31	七月二十六日、広島藩の重臣築山捧盈に宛て、宿志を訴える手紙を書く。○八月、『唐絶新選』成る。
八（一八一一）	32	閏二月六日、神辺を去って上方へ向かう。大坂を経て、京都新町通丸太町上ル春日町に賃居し、塾を開く。
九（一八一二）	33	一月、車屋町御池上ル西側に転居する。○一月〜二月、浦上春琴と淡路遊歴。
十（一八一三）	34	三月二十六日、有馬温泉への湯治のため、都具雄を連れて上坂した父春水と、

		篠崎小竹宅で対面する。○四月二十三日、広島に帰る春水・都具雄を西宮で送別する。○十月九日、浦上春琴らと美濃・尾張方面へ遊歴のため、京を発つ。○十月中に美濃大垣で江馬細香と出会う。
文化十一(一八一四)	35	二月、梨影を内縁の妻として迎える。○八月十日、京都を発って広島に帰省する。○十月十五日、備後鞆の浦で田能村竹田と邂逅する。○この年、在京の友人と交遊サロン「笑社」を結ぶ。
十二(一八一五)	36	四月、広島に帰省する。○六月、二条通高倉東へ入ル北側(古香書屋)に転居する。○秋、「笑社記」を撰する。○十一月六日、大納言日野資愛(南洞公)に初めて招かれる。
十三(一八一六)	37	二月十九日、父春水(七十一歳)没す。○二月二十四日、広島に帰着。○三月十二日、「先府君春水先生行状」を脱稿する。
文政　元(一八一八)	39	一月、浦上春琴と連れだって京都黒谷に柏木如亭を訪ねる。○一月半ば過ぎ、門人後藤松陰を伴い、京を発ち、広島に向かう。○二月十七日、亡父春水の三回忌法要を行う。○三月六日、後藤松陰を供に、広島から西国遊歴に出立する。○三月十四日、下関着。○四月二十六日、博多着。亀井昭陽を訪ねる。○五月

		二十三日、長崎着、八月二十三日まで滞在。○八月二十五日、熊本着。○九月十日過ぎ頃、鹿児島着。○十月六日、熊本に戻る。○十月二十三日、豊後岡に田能村竹田を訪う。○十一月八日、豊後日田に広瀬淡窓を訪う。○十二月六日、豊前中津郊外の正行寺に大含を訪う。九日〜十三日に大含と耶馬渓に遊ぶ。○十二月下旬、下関に戻り、広江殿峰宅で越年する。
二（一八一九）	40	二月四日、広島に帰る。○二月二十三日、母梅颸を伴って広島を発ち、京に向かう。○三月十一日、京に帰着。ついで母を伴って吉野・奈良に遊ぶ。○四月、木屋町二条下ル柴屋長次郎方借座敷に転居する。○閏四月二十日、帰郷する母に付き随って広島に向かう。二十九日に母を送り届けた後、帰途は遊歴を重ねて八月十四日に帰京する。
三（一八二〇）	41	十月七日、辰蔵生まれる。
四（一八二一）	42	四月二十六日、両替町押小路上ル東側（薔薇園）に転居する。
五（一八二二）	43	十一月九日、東三本木南町（水西荘）に転居する。
六（一八二三）	44	十一月七日、又二郎（後に号を支峰）生まれる。
七（一八二四）	45	一月十六日、帰郷する田能村竹田を大坂に送る。○三月十三日、東上した母梅

		颸を大坂に出迎える。以後、母に従って京都近郊・近江・宇治などを遊覧する。○十月七日、京都を発って母を広島に送り、十二月十八日、姫路の仁寿山学問所で講義し、二十八日帰京する。○この年、笑社を真社に改称し、「真社約」を撰する。
文政　八(一八二五)	46	三月二十八日、息子辰蔵(六歳)没す。○五月二十六日、三木八郎(後に三樹三郎、号を鴨厓)生まれる。○九月十二日、叔父春風(七十三歳)没す。
九(一八二六)	47	七月九日、妹三穂、三十八歳で没す。○十月十八日、菅茶山宛ての書簡において、将軍徳川家斉の太政大臣宣下を批判する。
十(一八二七)	48	三月一日、東上した母梅颸と叔父杏坪を大坂に出迎える。以後、母と叔父に従って吉野・奈良・大津・有馬温泉などに遊ぶ。○五月二十一日、松平定信に『日本外史』を献上する。○閏六月十五日、大坂に大塩中斎(平八郎)を訪ねる。○八月十二日、菅茶山の急病を聞き西下するも、十三日に茶山(八十歳)没し、没後に神辺に着く。
十一(一八二八)	49	二月二十六日、『春水遺稿』刊。○十二月、『日本楽府』の稿成る。
十二(一八二九)	50	二月十四日、備後国三次(広島藩領)に叔父杏坪を訪ねる。○三月七日、母梅颸

		を伴って広島を発ち、帰京。○五月八日、日野資愛、水西荘に来駕。○十月二十日、梅颸の帰郷に従い、京を発つ。○冬、『日本政記』記事の稿成る。
天保 元(一八三〇)	51	閏三月十三日、上洛していた江馬細香が帰郷するのを湖南に送別する。○六月七日、母の病を聞き、広島に帰省のため京を発つ。(○七月二日、京都に大地震。)○八月六日、広島から帰京。○十一月一日、長女陽子生まれる。○冬、『日本楽府』刊行。
二(一八三一)	52	二月二十三日、浦上春琴・小石元瑞らと月ヶ瀬に観梅する。○四月十五日、藩主に従い江戸へ向かう聿庵を湖南瀬田に見送る。○九月十六日、京を発って広島に帰省する。○十月十五日、母梅颸と宮島に遊ぶ。
三(一八三二)	53	五月、彦根に出講する。○六月十二日、初めて喀血する。○九月九日、猪飼敬所と南北朝の正閏について激論し、九月十三日に「正統論」を脱稿する。○九月二十三日、没す。
	没後	
四(一八三三)	1	三月、『山陽詩鈔』刊。
七(一八三六)	4	『山陽先生書後』『山陽先生題跋』刊。○天保七年〜十年、木活字本『日本外

		史』『通議』『日本政記』刊。
天保十二(一八四一)	9	九月、『山陽遺稿』刊。
弘化　元(一八四四)	12	十二月、川越版『日本外史』刊。
四(一八四七)	15	六月、頼氏正本『通議』刊。
嘉永　元(一八四八)	16	八月、頼氏正本『日本外史』刊。
安政　元(一八五四)	22	頼山陽選(後藤松陰校)『韓蘇詩鈔』刊。
二(一八五五)	23	七月、『新策』刊。
五(一八五八)	26	十月七日、頼三樹三郎、安政の大獄に連座して刑死する。
文久　元(一八六一)	29	十二月、頼氏正本『日本政記』刊。

参考文献案内

幕末期から明治期にかけて『日本外史』がベストセラーになったため、頼山陽その人やその著作に関係する書物は、アジア・太平洋戦争に至るまでの間、玉石混淆、汗牛充棟もただならぬというほど多種多様なものが出版された。それらの書物すべてをここで参考文献として掲げることは不可能である。それらの詳細については頼成一輯「頼山陽関係書目録」(『國學院雑誌』三七―一〇、一九三一年十月)や、頼成一著『日本外史の精神と釈義』(一九四四年刊)の「研究の栞」によって知ることができる。また、それらの参考文献から主要なものを抜き出し、戦後のものを加えて整理したものが、頼惟勤編『頼山陽』(日本の名著28、一九七二年刊)解説文中の「著述目録」である。

ここではこれらの先行する参考文献目録を参照しながら、基本的なものを抜粋し、近年のものを付け加えて分類し、「参考文献案内」を作成した。網羅的なものではないが、本書の読者がさらに本格的に頼山陽を探究したいと思われた時にその道しるべになるよう、文献ごとに適宜＊印を付して注記を加えた。

(1) 著作の翻刻・訓読・注釈・現代語訳

『頼山陽全書』全九冊、木崎愛吉・頼成一編、頼山陽先生遺蹟顕彰会、一九三一～三二年刊

＊第一冊〔全伝上巻〕、第二冊〔全伝下巻〕、第三冊〔全集上(日本外史)〕、第四冊〔全集中(日本政記・新策・通議)〕、第五冊〔全集下(春秋遼豕録・孟子評点・古文典刑・小文規則・謝選拾遺・唐絶新選・宋詩抄・浙

西六家詩評・韓蘇詩鈔・陶詩鈔・嚼嚢小結・頼山陽先生一夜話・藝圃茗談)〕、第六冊〔文集(頼山陽文集・山陽先生書後・山陽先生題跋)〕、第七冊〔詩集(頼山陽詩集・日本楽府)〕、第八冊〔附録(春水日記・梅颸日記・遊洛記)〕、別冊〔木崎愛吉著『百年記念 頼山陽先生』〕
＊木崎愛吉編の詳細な山陽日譜である『全伝』と、山陽の主要著作を網羅する翻刻から成っており、山陽研究に欠かすことのできない基本資料である。

『日本外史』全三冊、頼成一・頼惟勤訳、岩波文庫、一九七六〜八一年刊
＊尾藤正英「解説」と頼惟勤「『日本外史』への手引き」を付す。

日本思想大系49『頼山陽』植手通有編、岩波書店、一九七七年刊
＊『日本政記』全巻の訓読と注、巻末に「解題」を付す。

『頼山陽 通議』尾崎亘著、昭森社、一九四三年刊
＊「解題」と「訳註篇」として『通議』全篇の訓読・注、「附録」として「通議の後に題す七首」「正統論」「頼山陽先生行状」などを付す。

『頼山陽詩集』全二巻、伊藤靄谿註釈、書藝界、一九八五年刊
＊『山陽詩鈔』『山陽遺稿』所収全詩の訓読・注釈に「作品索引」「詩形別索引」を付す。

『頼山陽詩抄』頼成一・伊藤吉三(靄谿)訳註、岩波文庫、一九四四年刊
＊詩体別で山陽詩三百首を収め、訓読と注を施す。巻末に頼成一「解題」を付す。

江戸詩人選集8『頼山陽　梁川星巌』入谷仙介注、岩波書店、一九九〇年刊
＊山陽詩五十六首を収め、訓読・注・現代語訳を施す。巻末に「解説」を付す。

新日本古典文学大系66『菅茶山　頼山陽詩集』水田紀久・頼惟勤・直井文子校注、岩波書店、一九九六年刊

＊『山陽詩鈔』『山陽遺稿』『日本楽府』から三百首を抄出し、訓読・注を施す。巻末に頼惟勤「頼山陽とその作品」を付す。

『頼山陽詩選』揖斐高訳注、岩波文庫、二〇一二年刊

＊山陽詩百二十首を編年で収め、訓読・注・現代語訳を施す。巻末に「解説」を付す。

『頼山陽の日本史詩』福山天蔭著、寶雲舎、一九四五年刊

＊解説文「日本楽府の研究」を置き、『日本楽府』所収各詩の訓読に「摘解」「大意」「史話」を施す。ただし、壬申の乱を詠んだ「放虎南」の一首は憚るところがあってか、除かれている。

『日本史の真髄――頼山陽の『日本楽府』を読む』全三巻、渡部昇一著、ＰＨＰ研究所、一九九〇～九四年刊

＊『日本楽府』所収の全詩に訓読・現代語訳を施し、各詩の歴史的背景を解説する。

『頼山陽書画題跋評釈』竹谷長二郎著、明治書院、一九八三年刊

『東遊漫録』富士川英郎解説、揖斐高翻刻・解題、東城書店、一九八二年刊

＊山陽十八歳の江戸への旅日記(宮島誠一郎写)の影印・翻刻・注と解説・解題。

＊内容的にはこれを簡略化して山陽が広島の梅颸に書き送った山陽自筆の『東行手記巻』(頼山陽史跡資料館蔵)が伝存している。

『頼山陽選集』全七冊、安藤英男編著、近藤出版社、一九八一～八二年刊

＊第一冊『頼山陽伝』は、安藤英男著の評伝。第二冊『頼山陽詩集』は、山陽詩百七十一首に訓読と「語解」「大意」「余考」を施す。第三冊『頼山陽文集』は、山陽の文章三十二篇を抜粋し、「解題」「訓読文」「語注」「口語訳」「余考」を施す。第四冊『頼山陽日本政記』は、『日本政記』から論賛を抜き出して現代語訳する。第五冊『頼山陽通議』は、『通議』全篇を現代語訳して「注記」「余義」を付し、巻頭に「解題」

を置く。第六冊『頼山陽日本外史』は、巻頭に「解題」を置き、『日本外史』の論賛を訓読し、「補注」「大意」「余考」を施す。第七冊『頼山陽品行論』は、山陽没後、江木鰐水撰「山陽先生行状」をめぐって起こった論争の文章を集成した『頼山陽先生品行論』(一八八一年刊)を訓読し、「補注」「口語訳」を施す。巻頭に「解題」を置く。

(2) 書簡集

『頼山陽書翰集』全三冊(上巻・下巻・続編)、徳富猪一郎(蘇峰)・木崎愛吉(好尚)・光吉元次郎(澆華)編、民友社、一九二七～二九年刊

＊合計千三百余通の書簡を収録し、適宜「注」を付す。山陽の人となりと人間関係の機微を知ることができる山陽伝記の基本資料である。なお、名著普及会から一九八〇年に覆刻本が刊行されている。

頼山陽名著全集第七巻『書翰集』木崎愛吉編、章華社、一九三六年刊

＊『頼山陽書翰集』三冊の中から抜粋した書簡に、編者が新たに収集した書簡を付け加えた全二百二十八通の書簡を、編年で排列する。

『竹原市史』第五巻所収「頼家所蔵頼山陽未刊書翰」頼桃三郎・頼祺一校訂、一九六七年刊

＊広島・竹原頼家の諸人に宛てた山陽の書簡九十五通を編年で排列する。

(3) 伝記、評伝、総合的研究

『頼山陽及其時代』森田文蔵(思軒)著、民友社、一八九八年刊

『家庭の頼山陽』木崎愛吉(好尚)著、金港堂、一九〇五年刊

『頼山陽』坂本辰之助(箕山)著、敬文館、一九一三年刊
＊一九一六年に山陽遺蹟研究会から『頼山陽大観』として再刊されている。
『山陽先生の幽光』光本半次郎(鳳伏)口述・山崎楠岳筆記、藝備日日新聞社、一九二五年刊
『随筆頼山陽』市島謙吉(春城)著、早稲田大学出版部、一九二五年刊
＊一九三六年に改訂版が刊行されている。
『頼山陽』徳富猪一郎(蘇峰)著、民友社、一九二六年刊
『青年頼山陽』木崎好尚著、章華社、一九三六年刊
『頼山陽』木崎好尚著、新潮社、一九四一年刊
『頼山陽とその時代』中村真一郎著、中央公論社、一九七一年刊
＊復刊本に中公文庫上・中・下三冊(篠田一士解説)、一九七六〜七七年刊、ちくま学芸文庫上・下二冊(揖斐高解説)、二〇一七年刊がある。
『菅茶山と頼山陽』東洋文庫195、富士川英郎著、平凡社、一九七一年刊
『歴史への帰還者』日本の旅人11、野口武彦著、淡交社、一九七四年刊
＊江戸遊学と西国遊歴に焦点をあてた評伝。
『頼山陽』日本の名著28、頼惟勤責任編集、中央公論社、一九七二年刊
『日本漢学論集——嶺松廬叢録』頼惟勤著作集Ⅲ、頼惟勤編著、汲古書院、二〇〇三年刊
＊頼惟勤著の山陽関係の諸論のほか、頼弥次郎編・頼惟勤校の「山陽脱藩始末」などを収録する。
『山紫水明——頼山陽の詩郷』池田明子著、渓水社、二〇一〇年刊
『頼山陽のことば』長尾直茂著、斯文会/明徳出版社、二〇一七年刊

『西遊詩巻――頼山陽の九州漫遊』谷口匡著、法藏館、二〇二〇年刊

(4) 歴史的研究、思想史的研究
『日本外史と読史余論』田口卯吉著、経済雑誌社、一八九二年刊
『頼山陽の人と思想』木崎好尚著、今日の問題社、一九四三年刊
『頼山陽の社会経済思想――通議と新策の研究』徳田進著、芦書房、一九七一年刊
『頼山陽と明治維新――「通議」による新考察』徳田進著、芦書房、一九七二年刊
『頼山陽の思想――日本における政治学の誕生』濱野靖一郎著、東京大学出版会、二〇一四年刊
『頼山陽と戦争国家』見延典子著、南々社、二〇一九年刊

(5) 展覧会目録、図録
『頼山陽遺墨展覧会目録』京都博物館、一九三一年刊
『頼山陽先生百年祭記念遺芳帖』頼山陽先生遺蹟顕彰会編、審美書院、一九三一年刊
『頼山陽』文人画粋編第十八巻、中央公論社、一九七六年刊
＊中村真一郎「頼山陽、その矛盾的肖像」、松下秀麿「文人――その典型 山陽・春琴・海屋の画事」、中田勇次郎「頼山陽の画論」、入矢義高「山陽詩選 付海屋の詩」、「印章」「落款」を付す。
『没後百五十年 頼山陽展』頼山陽旧跡保存会・日本経済新聞社、一九八二年刊
『頼山陽と芸備の文化』(頼山陽史跡資料館展示案内)、頼山陽記念文化財団、一九九五年刊
『西尾にも来た！ 頼山陽を知ってますか？』(岩瀬文庫特別展)、西尾市岩瀬文庫、二〇一八年刊

※このほかに頼山陽記念文化財団・頼山陽史跡資料館から企画展・特別展の図録として以下のようなものが継続的に刊行されている。『頼山陽の生涯』(二〇〇〇年)、『頼山陽の書風』(二〇一〇年)、『風流才子の交わり――頼山陽と田能村竹田を中心に』(二〇一五年)、『頼家と広島の医学』(二〇一六年)、『頼山陽と酒』(二〇一七年)、『頼山陽と九州』(二〇一八年)、『頼山陽と絵画』(二〇一九年)、『広島頼家ことはじめ』(二〇二〇年)、『頼山陽をめぐる女性群像』(二〇二〇年)、『頼山陽遺墨選』(二〇二一年)、『青年頼山陽』(二〇二二年)。

(6) 戯曲・小説

『頼山陽』真山青果作、『真山青果全集』第三巻、講談社、一九七六年刊
　＊初出は『報知新聞』一九三一年十月四日～。同年同月、帝国劇場で初演。
『梅颸の杖』吉川英治作、一九三〇年。『吉川英治全集』第四十四巻、講談社、一九七〇年刊
『雲か山か――若き日の頼山陽』梶山季之作、集英社、一九七四年刊
『すっぽらぽんのぽん――頼山陽の母・梅颸八十四年の生涯』見延典子作、南々社、二〇〇〇年刊
『頼山陽』上・下巻、見延典子作、徳間書店、二〇〇七年刊
　＊二〇一一年に徳間文庫として上・中・下巻で再刊。
『竈さらえ』見延典子作、本分社、二〇一四年刊
　＊頼山陽をめぐる短編集。

あとがき

アジア・太平洋戦争後の日本は戦前を否定することに急だった。戦前にもてはやされた思想や文化は、日本を敗戦に導いた元兇として断罪された。幕末に勤王討幕のイデオロギーとして利用され、明治維新後の人々の歴史意識の形成に大きく影響した頼山陽の『日本外史』もまた、戦後になると否定的な評価に晒され、顧みられなくなった。戦後教育のまっただ中で育った私もまた、その内実を知らないまま、頼山陽は大言壮語する反動的な漢詩人・歴史家、極言すれば扇動家《アジテーター》に過ぎないと思い込み、長らく関心の外に置いていた。

その後、江戸の詩人柏木如亭を研究対象にするようになった私は、柏木如亭と頼山陽との交遊を知った。山陽は如亭の自由奔放な生き方に憧れと危うさを感じていたが、如亭生前の依嘱に応えて、京都で窮死した如亭の遺稿詩集『如亭山人遺稿』(文政五年刊)に序文を寄せた。如亭という詩人の本質を鋭く洞察した山陽の序文は、明晰さの中に哀惜の心情のこもった見事な追悼文になっていた。この文章が私の中に頼山陽という人物への関心を芽生えさせた。

ちょうどその頃、中村真一郎氏の評伝『頼山陽とその時代』(一九七一年刊)が出版された。中村氏は神経症という山陽と共通する経験を出発点にして、時に山陽と同化しながら、小説家としての想像力を駆使して、漢詩人・歴史家として躍動する多感な山陽の姿を魅力的に描き切った。すでに私に芽生えていた山陽への関心は、この大作評伝によって大いに掻き立てられ、私は頼山陽という人間にますます引き寄せられるようになっていった。

しばらくして思いがけないことが起こった。漢籍を取り扱っている神田の古書店東城書店の店主東城堅治さんが、山陽の『東遊漫録』と題する旅日記の写本を入手した。珍しい史料であり、内容も面白いので、東城さんはこれを出版したいと考えた。そして、その翻刻と付注の依頼が私のもとに舞い込んだ。解説は富士川英郎先生にお願いすることになっているという。まったく予想もしない出来事であったが、山陽への関心を強めていた私はその依頼を引き受け、富士川先生の解説を戴いて『東遊漫録』が東城書店から一九八二年に出版された。これは山陽にとって生涯の一大事になった脱藩逃亡以前の十八歳の著作だが、優れた詩文の才能と後年の歴史家としての片鱗が窺える颯爽とした旅日記であった。この仕事に携わったことで、私の山陽への関心はいっそう大きなものになった。

本格的に山陽のことを知りたくなった私は、まずは基本資料として『頼山陽全書』全九冊と『頼山陽書翰集』全三冊を古書店から購入して書架に備えた。『頼山陽全書』は総計約八千頁、『頼山陽書翰集』は総計約二千六百頁、一朝一夕に読了できる分量ではない。現在ほどではないにしろ、当時も私立大学教員の業務は繁忙だった。業務のあいまに少しずつ読み進めたが、山陽以外のテーマに興味関心が向かう時期もしばしばあり、その歩みは遅々たるものだった。しかし、教員の定年間近になって、私にもようやく山陽の全体像が見え始め、講義の題目に山陽を取り上げることも可能になった。

このような経過を辿った私の山陽研究の一端は、二千七百首ほどの山陽の詩の中から百二十首を選んで訓読・語注・現代語訳を施した『頼山陽詩選』（二〇一二年刊）としてまずは形になったが、この年、私は大学教員として定年退職を迎えた。その年齢に至ってようやく私の山陽像を呈示することができたということである。またこれも思いがけないことだったが、長びくコロナ禍の中、変則的に二〇二一年三月に行われた講書始の儀において、異例のマスク着用のまま、私は「「勢」と「機」の歴史哲学――『日本外史』の方法」という題目でご進講を務めることになった。ご進講の内容は本書の第十章と重なるが、本書の執筆に取りかかる以前のことである。

本書の草稿執筆は二〇二二年の後半から始め、翌二〇二三年の六月に終えた。新書の一冊という枠があり、まずは入門的な評伝としてまとめようと考えたが、どのような構成にすれば山陽像を明快に伝えることができるかについては、かなり悩むところがあった。本書の中でも触れたが、中国由来の伝統的な史書の体例には、大きく分けて編年体と紀伝体の二つがある。編年体とは年月の順を追って歴史を記述する体例であり、紀伝体とは「本紀」「列伝」という個人の伝記に、「表」（年表・系譜)や「志」(天文・礼楽・地理・藝文などの部門別の歴史)を組み合わせて一代の歴史を記述する体例である。

本書を山陽の評伝として執筆しようとした私は、初め編年体を基本にしたシンプルな構成を考えてみたが、伝記を紹介しつつ漢詩人としての山陽と歴史家としての山陽を総合的に描くには、編年体という体例では難しいことに気づかされた。山陽の漢詩人としての自己形成と詩の特徴、『日本外史』など主要著作の成立事情とその問題点を、編年的な伝記記述の中に織り込もうとすると、記述がおのずからアンバランスなものになりそうな一方で、一つの著作についての分析や批評が別々の年月の箇所に分散して記述されることになり、結果的に散漫な分かりづらい評伝になってしまうことが予想されたからである。

そこで、全体を編年体で押し通すことは諦め、紀伝体を意識しつつ、第I部を伝記、第II部を著作論、第III部を総括という構成で一書にすることにした。もちろんどのような体例を採用しようとも一長一短があり、こうした構成を採用した結果、一つの史料を何箇所にも引用し、同じような記述を繰り返すことになってしまったという反省はあるが、やむを得ないことだった。

本書が概説的な入門書であるとしても、頼山陽の生涯とその人となり、そして漢詩人・歴史家としてどのような仕事を成し遂げたのかということを、私は過不足のないものにしたいと心がけた。しかし、もし山陽が本書を目にすることになったとすれば、本書における私のさまざまな詮索に対して、おそらく「咄《とつ》、田舎児《でんしゃじ》(この田舎者めが!)」と罵るであろうが、その時、「痩せて頬骨が高く、眉の間は狭く眼光は炯々《けいけい》として、見るからに威厳がある」(「山陽先生行状」)と評された峻厳な顔貌の山陽の口元に、いささかであれ笑みが浮かんでいることを願いたいと思う。

本書もまた新書編集部の吉田裕さんのお世話になった。厚く感謝申し上げたい。

二〇二四年三月

著者識

揖斐 高

1946年生まれ．1976年東京大学大学院文学研究科博士課程修了．

日本近世文学専攻．

成蹊大学名誉教授．日本学士院会員．

著書・編著書に，

『江戸詩歌論』(汲古書院，1998年)，『遊人の抒情 柏木如亭』(岩波書店，2000年)，『近世文学の境界──個我と表現の変容』(岩波書店，2009年)，『頼山陽詩選』(岩波文庫，2012年)，『柏木如亭詩集』1・2(東洋文庫，平凡社，2017年)，『蕪村 故郷を喪失した「仮名書きの詩人」』(笠間書院，2019年)，『江戸漢詩選』上・下(岩波文庫，2021年)，『江戸漢詩の情景──風雅と日常』(岩波新書，2022年)ほか多数．

頼山陽──詩魂と史眼　　岩波新書(新赤版)2016

2024年5月17日　第1刷発行

著　者　揖《い》斐《び》 高《たかし》

発行者　坂本政謙

発行所　株式会社 岩波書店
〒101-8002 東京都千代田区一ツ橋2-5-5
案内 03-5210-4000　営業部 03-5210-4111
https://www.iwanami.co.jp/

新書編集部 03-5210-4054
https://www.iwanami.co.jp/sin/

印刷・精興社　カバー・半七印刷　製本・中永製本

ISBN 978-4-00-432016-6　　Printed in Japan

岩波新書新赤版一〇〇〇点に際して

ひとつの時代が終わったと言われて久しい。だが、その先にいかなる時代を展望するのか、私たちはその輪郭すら描きえていない。二〇世紀から持ち越した課題の多くは、未だ解決の緒を見つけることのできないままであり、二一世紀が新たに招きよせた問題も少なくない。グローバル資本主義の浸透、憎悪の連鎖、暴力の応酬――世界は混沌として深い不安の只中にある。

現代社会においては変化が常態となり、速さと新しさに絶対的な価値が与えられた。消費社会の深化と情報技術の革命は、種々の境界を無くし、人々の生活やコミュニケーションの様式を根底から変容させてきた。ライフスタイルは多様化し、一面では個人の生き方をそれぞれが選びとる時代が始まっている。同時に、新たな格差が生まれ、様々な次元での亀裂や分断が深まっている。社会や歴史に対する意識が揺らぎ、普遍的な理念に対する根本的な懐疑や、現実を変えることへの無力感がひそかに根を張りつつある。そして生きることに誰もが困難を覚える時代が到来している。

しかし、日常生活のそれぞれの場で、自由と民主主義を獲得し実践することを通じて、私たち自身がそうした閉塞を乗り超え、希望の時代の幕開けを告げてゆくことは不可能ではあるまい。そのために、いま求められていること――それは、個と個の間で開かれた対話を積み重ねながら、人間らしく生きることの条件について一人ひとりが粘り強く思考することではないか。その営みの糧となるものが、教養に外ならないと私たちは考える。歴史とは何か、よく生きるとはいかなることか、世界そして人間はどこへ向かうべきなのか――こうした根源的な問いとの格闘が、文化と知の厚みを作り出し、個人と社会を支える基盤としての教養となった。まさにそのような教養への道案内こそ、岩波新書が創刊以来、追求してきたことである。

岩波新書は、日中戦争下の一九三八年一一月に赤版として創刊された。創刊の辞は、道義の精神に則らない日本の行動を憂慮し、批判的精神と良心的行動の欠如を戒めつつ、現代人の現代的教養を刊行の目的とする、と謳っている。以後、青版、黄版、新赤版と装いを改めながら、合計二五〇〇点余りを世に問うてきた。そして、いままた新赤版が一〇〇〇点を迎えたのを機に、人間の理性と良心への信頼を再確認し、それに裏打ちされた文化を培っていく決意を込めて、新しい装丁のもとに再出発したいと思う。一冊一冊から吹き出す新風が一人でも多くの読者の許に届くこと、そして希望ある時代への想像力を豊かにかき立てることを切に願う。

（二〇〇六年四月）